*Die Grenzen meiner Sprache bedeuten
die Grenzen meiner Welt.*

Ludwig Wittgenstein, österreichischer Philosoph

Ein Weg entsteht, indem man ihn geht.

Chuang-tzu, chinesischer Philosoph

Freundschaft und Liebe

Was ist Liebe?	Gedicht, Comic, Zeitungstext auswerten
Ein netter Kerl	Personen beschreiben
Gesucht – gefunden?	Kontaktanzeigen untersuchen
Liebe – zeitloses Thema	Bild und Liedtext vergleichen
Alltägliches aus der Beziehungskiste	Konflikte im Gespräch lösen
Mit viel Gefühl	Gefühle äußern und beschreiben
„Erzähl schon!"	Eine Erzählung schreiben
„Welch eine Wonne ..."	Einen Tagebucheintrag verfassen
„Liebe Monika, ..."	Einen persönlichen Brief schreiben
Ideenbörse	Ein Projekt durchführen

Was ist Liebe?

Erich Fried

Was es ist

Es ist Unsinn
sagt die Vernunft
Es ist was es ist
sagt die Liebe

5 Es ist Unglück
sagt die Berechnung
Es ist nichts als Schmerz
sagt die Angst
Es ist aussichtslos
10 sagt die Einsicht
Es ist was es ist
sagt die Liebe

Es ist lächerlich
sagt der Stolz
15 Es ist leichtsinnig
sagt die Vorsicht
Es ist unmöglich
sagt die Erfahrung
Es ist was es ist
20 sagt die Liebe

*(Es ist was es ist.
Verlag Klaus Wagenbach,
Berlin 1983)*

1 Wer spricht in dem Gedicht von Erich Fried? Was wird über die Liebe gesagt?

2 Erklären Sie die Aussage der Liebe: „Es ist was es ist."

3 Schreiben Sie eine Fortsetzung des Gedichts, indem Sie andere Gefühle und Verstandeskräfte zu Wort kommen lassen.

4 In dem Cartoon wird behauptet, Liebe und Macht seien das Gleiche. Erklären Sie diesen Zusammenhang an einem Beispiel und diskutieren Sie.

Psychoterror „aus Liebe"

Stalking-Opfer leiden oft Höllenqualen / Ein Gesetz soll helfen

Von unserem Mitarbeiter Christoph Trost

BERLIN. Menschen werden verfolgt, mit Briefen, E-Mails und anonymen Anrufen belästigt, bedroht: Das so genannte Stalking ist Psychoterror pur – und geschieht meist aus verschmähter Liebe. Dabei leiden die Opfer der aufdringlichen Verehrer oftmals Höllenqualen und tragen sich teilweise sogar mit Selbstmordgedanken. Jetzt soll ein Gesetz Abhilfe schaffen.

Eigentlich kommt der englische Begriff Stalking aus der Jägersprache und bezeichnet das Anschleichen oder Anpir-
5 schen an das Wild. Inzwischen steht Stalking aber auch für das fortdauernde Terrorisieren eines Mitmenschen, in welcher Art und Weise auch
10 immer. Was dies in der Realität bedeuten kann, haben in der Vergangenheit nicht zuletzt

viele Prominente leidvoll am eigenen Leib erfahren müssen.
So musste sich Pop-Queen Madonna gegen einen Verehrer zur
15 Wehr setzen, der in ihr Haus eindrang, ihr einen Heiratsantrag machte und drohte, sie bei Ablehnung „aufzuschlitzen". Ein Fan der Tennisspielerin Steffi Graf griff deren Konkurrentin Monica Seles mit einem Messer an. Graf selbst wurde zudem einst von einem liebeskranken Wissenschaftler drangsaliert, Eiskunstläufe-
20 rin Katharina Witt mit obszönen Fotos belästigt. In den USA musste ein Verfolger des Regisseurs Steven Spielberg ins Gefängnis, weil er seinem Idol allzu sehr auf die Pelle gerückt war.

Wie oft es hierzulande zu solchen Angriffen kommt, lässt sich nur schwer abschätzen.
25 „Es dürfte sich um zigtausende Fälle in Deutschland im Jahr handeln", vermutet Bundesjustizministerin Herta Däubler-Gmelin (SPD). Und
30 der Göttinger Jurist Volkmar von Pechstaedt sagt, man gehe davon aus, dass acht Prozent der Frauen und zwei Prozent der Männer Gefahr liefen, einmal im Leben „gestalkt" zu werden.
35 Im Internet gibt es unter www.liebeswahn.de inzwischen ein Forum für die Betroffenen.
Jetzt können Opfer allerdings hoffen: Gesetzespläne des Bundesjustizministeriums in Berlin sehen vor, dass Gerichte zukünftig aus geringerem Anlass als bisher Belästigungs-, Bedrohungs- oder
40 Annäherungsverbote aussprechen können. Strafgelder oder sogar Haft sollen dann verhängt werden, wenn der Täter nicht von seinem aufdringlichen Tun ablässt.

(Badische Zeitung, 30.3.2000)

⑤ Fassen Sie den Inhalt jedes Abschnitts mit eigenen Worten zusammen.

⑥ Wie erklären Sie es sich, dass Menschen „durchknallen", weil sie unglücklich verliebt sind?

⑦ Kennen Sie Filme oder Bücher, in denen das Thema problematisiert worden ist?

Ein netter Kerl

Ich habe ja so wahnsinnig gelacht, rief Nanni in einer Atempause. Genau wie du ihn beschrieben hast, entsetzlich.

Furchtbar fett für sein Alter, sagte die Mutter. Er sollte
5 vielleicht Diät essen. Übrigens, Rita, weißt du, ob er ganz gesund ist?

Rita setzte sich gerade und hielt sich mit den Händen am Sitz fest. Sie sagte: Ach, ich glaub schon, daß er gesund ist. Genau wie du es erzählt hast, weich wie
10 ein Molch, wie Schlamm, rief Nanni. Und auch die Hand, so weich.

Aber er hat dann doch auch wieder was Liebes, sagte Milene, doch, Rita, ich finde, er hat was Liebes, wirklich.

15 Na ja, sagte die Mutter, beschämt fing auch sie wieder an zu lachen; recht lieb, aber doch gräßlich komisch. Du hast nicht zuviel versprochen, Rita, wahrhaftig nicht. Jetzt lachte sie laut heraus. Auch hinten im Nacken hat er schon Wammen, wie ein alter Mann,
20 rief Nanni. Er ist ja so fett, so weich, so weich! Sie schnaubte aus der kurzen Nase, ihr kleines Gesicht sah verquollen aus vom Lachen.

Rita hielt sich am Sitz fest. Sie drückte die Fingerkuppen fest ans Holz.

25 Er hat so was Insichruhendes, sagte Milene. Ich find ihn so ganz nett, Rita, wirklich, komischerweise.

Nanni stieß einen winzigen Schrei aus und warf die Hände auf den Tisch; die Messer und Gabeln auf den Tellern klirrten.

Ich auch, wirklich, ich find ihn auch nett, rief sie. 30 Könnt ihn immer ansehn und mich ekeln.

Der Vater kam zurück, schloß die Eßzimmertür, brachte kühle nasse Luft mit herein. Er war ja so ängstlich, daß er seine letzte Bahn noch kriegt, sagte er. So was von ängstlich. 35

Er lebt mit seiner Mutter zusammen, sagte Rita. Sie platzten alle heraus, jetzt auch Milene. Das Holz unter Ritas Fingerkuppen wurde klebrig. Sie sagte: Seine Mutter ist nicht ganz gesund, soviel ich weiß.

Das Lachen schwoll an, türmte sich vor ihr auf, warte- 40 te und stürzte sich dann herab, es spülte über sie weg und verbarg sie: lang genug für einen kleinen schwachen Frieden. Als erste brachte die Mutter es fertig, sich wieder zu fassen.

Nun aber Schluß, sagte sie, ihre Stimme zitterte, sie 45 wischte mit einem Taschentuchklümpchen über die Augen und die Lippen. Wir können ja endlich mal von was anderem reden.

Ach, sagte Nanni, sie seufzte und rieb sich den kleinen Bauch, ach ich bin erledigt, du liebe Zeit. Wann 50 kommt die große fette Qualle denn wieder, sag, Rita, wann denn? Sie warteten alle ab.

Er kommt von jetzt an oft, sagte Rita. Sie hielt den Kopf aufrecht.

55 Ich habe mich verlobt mit ihm.

Am Tisch bewegte sich keiner. Rita lachte versuchsweise und dann konnte sie es mit großer Anstrengung lauter als die anderen, und sie rief: Stellt euch das doch bloß mal vor: mit ihm verlobt! Ist das nicht 60 zum Lachen!

Sie saßen gesittet und ernst und bewegten vorsichtig Messer und Gabeln.

He, Nanni, bist du mir denn nicht dankbar, mit der Qualle hab ich mich verlobt, stell dir das doch mal vor!

Er ist ja ein netter Kerl, sagte der Vater. Also höflich ist 65 er, das muß man ihm lassen.

Ich könnte mir denken, sagte die Mutter ernst, daß er menschlich angenehm ist, ich meine, als Hausgenosse oder so, als Familienmitglied.

Er hat keinen üblen Eindruck auf mich gemacht, sag- 70 te der Vater.

Rita sah sie alle behutsam dasitzen, sie sah gezähmte Lippen. Die roten Flecken in den Gesichtern blieben noch eine Weile. Sie senkten die Köpfe und aßen den Nachtisch. Ⓡ 75

(Gabriele Wohmann: Ein netter Kerl. In: Habgier. Erzählungen. Rowohlt Taschenbuchverlag, Reinbek 1978, S. 68 ff.)

❶ Lesen Sie den Text mit verteilten Rollen.

❷ Schreiben Sie die Textpassage Z. 1 bis 11 ab und ergänzen Sie die Satzzeichen der direkten Rede. Zur Zeichensetzung siehe S. 201.

❸ Fassen Sie in einer Tabelle zusammen, welche Personen an dem Gespräch beteiligt sind, welche Meinung sie vertreten und wie ihr Verhältnis zu Rita ist.

❹ Wie entwickelt sich die Handlung? Warum sitzen am Schluss alle mit gesenkten Köpfen still da?

❺ Stellen Sie die Erzählung szenisch dar (siehe S. 44 f.):
a) Überlegen Sie, welche Textpassagen nicht gespielt werden können.
b) Schreiben Sie genaue Regieanweisungen.
c) Spielen Sie die Erzählung mehrere Male vor.

Der Tod in Venedig

Gustav von Aschenbach war ein wenig unter Mittelgröße, brünett, rasiert. Sein Kopf erschien ein wenig zu groß im Verhältnis zu der fast zierlichen Gestalt. Sein rückwärtsgebürstetes Haar, am Scheitel gelich-
5 tet, an den Schläfen sehr voll und stark ergraut, umrahmte eine hohe, zerklüftete und gleichsam narbige Stirn. Der Bügel einer Goldbrille mit randlosen Gläsern schnitt in die Wurzel der gedrungenen, edel gebogenen Nase ein. Der Mund war groß, oft schlaff,
10 oft plötzlich schmal und gespannt; die Wangenpartie mager und gefurcht, das wohlausgebildete Kinn weich gespalten. Ⓡ

(Thomas Mann: Der Tod in Venedig. Fischer Taschenbuchverlag, 55. Aufl. Frankfurt/M. 1998)

❻ Schreiben Sie aus dem Text „Der Tod in Venedig" die Adjektive und Adverbien heraus, die Gustav von Aschenbach anschaulich beschreiben.

❼ Beschreiben Sie den „netten Kerl" in der Erzählung Wohmanns aus der Sicht Nannis.

❽ In welchen Punkten würde sich Ritas Beschreibung von der Nannis unterscheiden?

❾ Mit welchen Adjektiven und Adverbien würden Sie Ihre äußerlichen Merkmale und Ihre persönlichen charakterlichen Wesenszüge beschreiben?

Gesucht – gefunden?

Man begegnet ihnen in Zeitschriften, Zeitungen und im Internet: den Kontaktanzeigen.
Viele Jugendliche und Erwachsene wählen den Weg über ein öffentliches Medium, um
nach einem Partner zu suchen.

```
Zurück    Vorwärts    Abbrechen  Aktualisie...  Startseite    Suchen    Favoriten    Verlauf    E-Mail    Drucken    Bearbeiten    Diskussion
Adresse  http://www.flirt.de/                                                                          Wechseln zu  Links
```

Über FLIRT
Feedback
Werbung
FLIRT-Stories
News

FLiRT

BLINDDATE   WEB-CHAT
E-CARDS   FLIRT-SHOP
FRAGE DER WOCHE

```
Manfred
24 Jahre alt, aus Würz-
burg (D – Bayern)
Manfred hat 1 Nachricht
erhalten
Eintrag vom: 03.05.2001

Franz
22 Jahre alt, aus 80686
München (D – Bayern)
Franz hat 0 Nachrichten
erhalten
```

Herz zu verschenken,
Silke, 26 J.,
eine hübsche Verkäuferin mit
strahl. braunen Augen, zierlicher
Figur, ledig, zärtlich, aber leider sehr alleine.
Wie gern würde ich mit DIR „Hand in Hand"
spazieren gehen oder gemeinsam einen Film
anschauen. Von Flirts u. Abenteuern halte ich
nichts, ich suche die treue, ehrliche Liebe für
immer. Bitte lass mich nicht länger warten u.
melde Dich über . . .

Wo ist der Mann,
in den ich mich verlieben und auf den
ich mich verlassen kann? Bei dem ich
weiche Knie, zu hohen Blutdruck und
Herzflimmern bekomme? Bin eine
selbstbewusste, attrakt., jugendl. Sie,
kurzum eine Frau im besten Alter, 45 J.,
NR, 162, schwarzhaarig. Du solltest
mögen: Kino, Skifahren, auch mal Tanzen, Badewannenliegen, zärtlich schmu-
sen bis zum Morgen, für mich auch mal
Spagetti kochen, auch mal sagen:
„Schatz, lass alles liegen, komm, lass
uns in die Lüfte fliegen", gemeinsam
auch mal ernst sein oder lachen, sich
achten u. respektieren. Ganz arg wichtig: sein eigenes Ich nicht verlieren.
Wenn du jetzt auch noch zw. 40 und
50 J. bist, die Eigenschaften wie Witzig-
keit, Spritzigkeit, Niveau, Esprit und
Stil besitzt, NR bist, schlank und die
Größe ab 1,75 m hast, sollten wir uns
kennen lernen. Mag keine kurzlebige,
sondern eine vertrauensvolle Beziehung.

Unter Buchen, unter
Linden, wirst du, klei-
nes Mädel (20–30), einst
ein Blümchen finden, wel-
ches leise zu dir spricht:
„Freue deines Lebens
dich. Und in deinem guten
Herzen, sei ein Plätzchen
auch für mich!" Stani
(27/186/80) wartet auf
deine Bildzuschrift!

Wo bist du, meine lustige,
natürliche und roman-
tische Traumfrau?
Neudresdener (31/187,
sportbegeistert) sucht
noch immer die große Lie-
be. Bild nicht erforderlich,
ich lasse mich gern auf ein
Blind-Date ein!

Nur ein Telefonanruf
und Sie können Ihr Leben verändern. Marion, 42 J., eine hübsche
Laborantin mit blonden Haaren, bl.
Augen. Sie mag die Natur, Wandern, Haus- u.
Gartenarbeit, und so gerne möchte sie einen
netten Mann mit all ihrer Liebe umsorgen. Welcher ehrl. Mann möchte auch nicht mehr alleine durchs Leben gehen u. meldet sich über ...

1 Untersuchen Sie die Partnerschaftsanzeigen hinsichtlich ihres Informationsgehalts und entscheiden Sie bei
jeder Anzeige, ob charakterliche oder äußerliche Merkmale überwiegen.

2 Schreiben Sie die Adjektive heraus, die äußere Merkmale beschreiben, und die, welche sich auf den Charak-
ter beziehen.

3 Suchen Sie Gründe, warum so viele Menschen über Partnerschaftsvermittlungen einen Freund bzw. eine
Freundin suchen.

Negativ formuliert:

Arbeitsloser Mitdreißiger, finanziell leider in unsicheren Verhältnissen, dabei aber immer noch trieborientiert, sucht auf diesem Wege eine wenn möglich geldmäßig gut ausgestattete Frau, die auch äußerlich etwas hermacht. Sie sollte außerdem gut kochen, putzen und bügeln können. Meine Interessen sind Skat spielen, Fußball schauen und mit Kumpels ein Bier trinken gehen. Wenn Sie sich damit abfinden können, dass ich drei bis vier Abende in der Woche weg bin, dürfen Sie sich ruhig melden — allerdings nur mit Bild, damit ich weiß, ob sich eine Antwort lohnt. Schreiben Sie an: Thomas Müller, Hauptstraße 11, 756342 Hamburg.

Positiv formuliert:

Mann in den besten Jahren, beruflich unabhängig und sehr flexibel, sucht auf diesem Wege eine attraktive Sie, die Zärtlichkeit und mehr schätzt und sich nach einem Mann sehnt, der in der Lage ist, sie zu verwöhnen. Auch liebe ich die Geselligkeit, genieße die Muße in Gemeinschaft und habe mir das Kind im Manne bewahrt. Wenn Sie wie ich ein gemütliches Heim schätzen und bisher auch den kleinen extravaganten Annehmlichkeiten gegenüber nicht verschlossen waren, würde ich mich über eine ernst gemeinte Antwort mit Bild sehr freuen. Alle Zuschriften werden mit äußerster Diskretion behandelt. Zuschriften unter Chiffre.

4 Untersuchen Sie die beiden Anzeigenentwürfe daraufhin, welche als negativ empfundenen Eigenschaften im ersten Text durch beschönigende Umschreibungen im zweiten Text ersetzt worden sind.

5 Entwerfen Sie einen witzigen und dennoch ansprechenden Text, der Ihnen für eine Partnerschaftssuche geeignet erscheint.

6 Diskutieren Sie folgende Behauptung:
In Partnerschaftsanzeigen wird das Idealbild einer Person entworfen, das oft sehr irreführend ist, weil kein Mensch nur positive Eigenschaften aufweist. Besser wäre es, ein ehrliches und klares Profil der Person zu gestalten, die einen Partner/eine Partnerin sucht.

Liebe –
zeitloses Thema in Kunst und Musik

Gustav Klimt: Der Kuss

1 Halten Sie Ihre ersten spontanen Eindrücke schriftlich fest, nachdem Sie sich das Bild „Der Kuss" genau angesehen haben.

2 Wie wirken die Farben auf Sie?

3 Wie versucht der Künstler, die Einheit der beiden Liebenden darzustellen?
a) Beschreiben Sie die Körperhaltung von Mann und Frau.
b) Vergleichen Sie die Muster auf den Gewändern.

Herbert Grönemeyer

Land Unter

Der Wind steht schief
die Luft aus Eis
die Möven kreischen stur
Elemente duellieren sich
5 Du hältst mich auf Kurs
hab keine Angst vor'm Untergehn
Gischt schlägt ins Gesicht
kämpf mich durch zum Horizont
denn dort treff ich dich

10 Geleite mich heim
rauhe Endlosigkeit
bist zu lange fort
mach die Feuer an
damit ich dich finden kann
15 steig zu mir an Bord
übernimm die Wacht
bring mich durch die Nacht
rette mich durch den Sturm
fass mich ganz fest an
20 dass ich mich halten kann
bring mich zu Ende
lass mich nicht mehr los

Der Himmel heult
die See geht hoch
25 Wellen wehren dich
stürzen mich von Tal zu Tal
die Gewalten gegen mich
bist so ozeanweit entfernt
Regen peitscht von vorn
30 und ist's auch sinnlos
soll's nicht sein
Ich geb dich nie verlorn

Geleite mich heim

...

(Herbert Grönemeyer: Der Wind steht schief.
Grönland Verlag, Berlin)

„Was dem Maler die Farben sind, sind dem Liedermacher die Sprache und die Musik!"

4 Schildern Sie Ihre ersten Eindrücke, nachdem Sie den Liedtext „Land Unter" gelesen haben.

5 Erklären Sie den Titel des Liedes.

6 Untersuchen Sie die sprachlichen Bilder des Liedes (siehe S. 23). Welchem Bereich sind sie entnommen? Warum?

7 Welche Instrumente würden Sie für die Untermalung des Textes wählen?

8 Hören Sie das Lied in der Klasse an und diskutieren Sie, warum es bei einem breiten Publikum sehr positiv aufgenommen wurde.

9 Vergleichen Sie das Lied Grönemeyers und das Bild Klimts im Hinblick auf die Aussageabsicht beider Künstler.

Alltägliches aus der Beziehungskiste

Einige Tipps für ein privates Streitgespräch

▲ Nie die Sache, wegen der gestritten wird, aus den Augen verlieren.

▲ Die eigene Position verdeutlichen, ohne persönlich zu werden.

▲ Auf persönliche Angriffe antworten und die Gefühle dazu formulieren.

▲ Daran denken: Wer schreit, ist im Unrecht.

▲ Nachfragen, ob man die Position des anderen auch richtig verstanden hat (Fragen schaffen mehr Raum zur Verständigung).

▲ Versuchen, sich in die Lage des anderen hineinzuversetzen.

Tim: Du, ich hab' da gestern echt Mist gebaut.

Jennifer: Was ist los, erzähl schon.

Tim: Du weißt ja, dass wir gestern bei Marc einen heben waren. Na ja, auf dem Heimweg hab ich meinen Roller geschrottet.

Jennifer: Du mit deiner blöden Sauferei. Kaum bist du mit deinen Kollegen zusammen, haust du dir die Birne zu. Was ist mit dem Roller?

Tim: Die Vordergabel hat was abbekommen. Wird mich wohl einen Tausender kosten. Die Verkleidung ist nämlich auch hinüber.

Jennifer: Echt super. Du bist doch der größte Trottel, der rumläuft.

Tim: Jetzt werd bloß nicht zickig. Du musst es ja nicht bezahlen. Wenn ich mich fertigmachen lassen will, kann ich zu meinen Alten gehen. Und überhaupt: Das mit unserem Urlaub kannst du vergessen, bin nämlich pleite.

Jennifer: Du meinst, *du* kannst das vergessen. Wenn du glaubst, ich verzichte auf die Woche Mallorca, dann hast du dich aber geschnitten.

Tim: Mach doch, was du willst. Ich hau jetzt ab, die Luft wird mir hier zu stickig.

Jennifer: Ja, vielleicht kannst du dir ja die paar Gehirnzellen, die dir geblieben sind, auch noch wegsaufen. Fällt bestimmt nicht weiter auf.

Tim: Jetzt reicht's! Such dir 'nen andern, den du täglich zur Sau machen kannst. Nicht länger mit mir. Und tschüss …

1 Skizzieren Sie die unterschiedlichen Interessen, die in diesem Gespräch aufeinander prallen.

2 Woran liegt es Ihrer Meinung nach, dass sich der Streit zuspitzt?

3 Mit welchen Argumenten könnten Tim und Jennifer ihre Position klarer machen?

4 Schreiben Sie den Dialog so um, dass eine für beide Seiten akzeptable Kompromisslösung gefunden wird. Berücksichtigen Sie dabei die „Tipps für ein privates Streitgespräch".

5 Nennen Sie zentrale Streitfragen, die in Partnerschaften immer wieder auftreten, und diskutieren Sie Gründe hierfür.

Marion: Was machen wir heute Abend? Ich hätte Lust, mal wieder richtig abzutanzen.

Frank: Nö, keinen Bock!

Marion: Sollen wir hier dämlich rumsitzen? Es ist Samstag, ich will unter Leute.

Frank: Das alte Lied. Du weißt genau, dass ich lieber mit Kumpels in die Kneipe gehe.

Marion: Dann geh doch allein. Es macht mir nichts aus.

Frank: Könnte dir so passen, allein auf Tour zu gehen und wieder wie blöde rumzubaggern. Ich hab' noch vom letzten Mal genug.

Marion: Du gehst mir mit deinen ständigen Eifersuchtsszenen so auf den Sender.

Frank: Ich und eifersüchtig! Dass ich nicht lache. Als ob ich's nötig hätte.

Marion: Ich finde, es ist überhaupt nichts dabei, wenn man nicht immer wie Kletten aneinander hängt und sich auch mit anderen Jungs amüsiert.

Frank: Eine auf Disko-Queen machen und den anderen den Kopf verdrehen und mich wie Luft behandeln. Entweder du gehst jetzt mit in die Kneipe oder …

Marion: Oder was?

Frank: Wenn du jetzt gehst, brauchst du gar nicht mehr wiederkommen.

Marion: Und ich lasse mir von dir nicht sagen, was ich zu tun oder zu lassen habe. Wir sind schließlich nicht verheiratet …

Was ist geschehen?

Im Mittelpunkt des Gespräches steht die Frage der gemeinsamen Gestaltung des Samstagabends. Mit ihrem Vorschlag, tanzen zu gehen, gibt Marion einen persönlichen Impuls, der zum Ausdruck bringen soll, dass sie gute Laune hat und mit Frank etwas unternehmen möchte. Bereits die erste Reaktion Franks blockiert das Gespräch. Mit seiner recht abfälligen Ausdrucksweise kränkt er Marion; er ist offensichtlich nicht bereit, ihre Bedürfnisse aufzugreifen. Entsprechend aggressiv reagiert Marion, indem sie nachfragt, wie er sich den Abend denn vorstelle. Die Antwort Franks zeigt, dass er bereits den Vorschlag Marions als Provokation empfunden hat: Er unterstellt ihr, dass sie genau weiß, wie er den Abend gerne verbringen würde. Marions Kompromissvorschlag, jeder könne ja auch alleine fortgehen, stellt eine Zuspitzung dar: Im weiteren Verlauf verlieren beide den eigentlichen Streitgegenstand aus den Augen. Frank unterstellt ihr, sie gehe nur deshalb gerne tanzen, um mit anderen Jungs zu flirten. Gegen diesen sehr allgemein gehaltenen Vorwurf kann sich Marion nicht zur Wehr setzen. Deshalb reagiert sie mit einem ebenso allgemeinen Gegenvorwurf. Das Gespräch hat spätestens zu diesem Zeitpunkt eine Phase erreicht, in der eine Verständigung kaum noch möglich scheint. Der Abbruch des Gesprächs ist die Folge.

6 In welchen Passagen versucht der Beobachter des Gesprächs, die Gefühle von Marion und Frank zu beschreiben? Schreiben Sie die Textstellen heraus.

7 Bewerten Sie die Aussagen des Beobachters: Inwieweit stimmen Sie seiner Gesprächsanalyse zu, inwieweit sind Sie anderer Meinung?

Mit viel Gefühl

Im Mittelpunkt dieser Textsorten stehen subjektive Gefühle, Beobachtungen, Gedanken und Meinungen. Wenn Sie selbst einen solchen Text schreiben, kommt es also darauf an, sich glaubwürdig in eine Person hineinzuversetzen und aus ihrer Perspektive zu schreiben.

Stellen Sie sich vor, Jenny und Florian gehen Hand in Hand durch die Stadt. Als sie an einer Gruppe von Jugendlichen vorbeikommen, hören sie folgenden Satz: *„He, die Alte ist aber ein heißes Gerät. Will wissen, was die mit einem solchen Bettnässer anfangen will."*

❶ Versetzen Sie sich zunächst in die Lage Jennys und schreiben Sie auf, was sie wohl denken und fühlen wird. Machen Sie dann die gleiche Übung, indem Sie sich in Florian hineinversetzen.
Beachten Sie: Die Gefühle müssen nachvollziehbar und glaubwürdig sein.

❷ Sammeln Sie zu den unten genannten Überbegriffen, die Gefühle beschreiben, bedeutungsähnliche Wörter, damit Sie viele Möglichkeiten haben, um Gefühle ausdrücken zu können. Tragen Sie die gefundenen Begriffe in die Tabelle ein.

❸ Noch lebendiger wird Ihr Text, wenn es Ihnen gelingt, Gefühle mit körperlichen Begleiterscheinungen zu verbinden, z. B. das Gefühl der Angst mit zitternden Händen oder kaltem Schweiß auf der Stirn.
Suchen Sie zu den genannten Überbegriffen körperliche Reaktionen, die sich begleitend zu den Gefühlen einstellen können, und ergänzen Sie die Tabelle.

Überbegriffe	Liebe	Hass	Zorn	Angst	Enttäuschung
bedeutungsähnliche Wörter	…	…	…	Furcht	…
körperliche Reaktionen	…	…	…	zitternde Hände, kalter Schweiß auf der Stirn	…

Der Klavierstimmer

Nie werde ich vergessen, wie ich damals, vor sechs Jahren, von deiner Gegenwart auf dem Bettrand erwachte. Nicht die Bewegung des Hinsetzens war es, die mich weckte. Deine Nähe war es, dein Blick und der feine, kaum merkliche Geruch aus Seife und Parfum. Einen winzigen Moment lang glaubte ich, du wolltest zu mir kommen, und setzte an, die Arme nach dir auszustrecken. Doch dann sah ich im fahlen Licht der Morgendämmerung deine Reisekleidung. Nie zuvor bin ich so tief erschrocken wie damals, und jedes andere Erschrecken, das mir seither zugestoßen ist, war verglichen damit ein Nichts. Ich hoffe, nie wieder eine so große, so schmerzhafte Wachheit ertragen zu müssen wie in jenem Augenblick, als mir deine Absicht klar wurde. Du saßest sehr aufrecht, die Hände im Schoß. Es lag eine entsetzliche Bestimmtheit in dieser Haltung und dein Blick besaß eine Entschlossenheit, die keinen Widerspruch duldete. „Adieu" sagtest du nur. Halb aufgerichtet wollte ich gerade fragen, wohin, da hast du nur stumm den Kopf geschüttelt. (Manchmal verfolgt mich dieses Kopfschütteln im Traum auch heute noch.) Wie nach einem Faustschlag sank ich ins Kissen zurück. Deine Entschlossenheit, so schien mir, geriet für einen Augenblick ins Wanken, als du meine Tränen sahst, und du schlossest die Augen, um in deinen Willen zurückzufinden. Immer noch mit geschlossenen Augen beugtest du dich plötzlich zu mir herunter und küsstest mich auf die Stirn. Dann warst du mit einer einzigen schnellen Bewegung bei der Tür, die du, ohne dich noch einmal umzudrehen, hinter dir zumachtest.

Ich hörte deine leisen Schritte auf der Treppe und im Entree[1] und einmal das Schleifen von etwas, das deine Reisetasche sein musste. [...]

Damals breitete sich eine schreckliche Stille aus, die für lange Zeit auch den größten Lärm übertönen sollte: die Stille deiner Abwesenheit. Ich hörte das Geräusch einer jeden Bewegung, die ich machte. Vor allem meine Schritte hörte ich. Es kam mir vor, als sei ich nichts anderes als der Resonanzkörper für die Geräusche, die so schrecklich laut von deinem Verschwinden zeugten. Ich verließ das Haus in der Hoffnung, der Lärm der Straße würde die gespenstischen Laute der Stille aufsaugen. Doch weder das Aufheulen von Motoren noch das ohrenbetäubende Knattern von Presslufthämmern vermochte der betäubenden Stille etwas anzuhaben. Ich hörte weiterhin jeden einzelnen meiner Schritte auf dem Pflaster, jedes Reiben des Ärmels an der Jacke, ja sogar jeden Atemzug, den ich tat. Im Haus spürte ich das Pochen meines Blutes und hörte – seit Jahren das erste Mal mit Bewusstsein – das Ticken der Pendule[2] im Entree. Von da an schien die Welt voll von tickenden Uhren zu sein, sogar das Ticken meiner Armbanduhr meinte ich zu hören. Nichts hätte die plötzliche Leere der Zeit, ihr dürftiges, lebloses und dennoch aufdringliches Verfließen besser zum Ausdruck bringen können als dieses Ticken.

1 Entree: Eingang
2 Pendule: Pendeluhr

(Pascal Mercier: Der Klavierstimmer.
Albrecht Knaus Verlag, München 1998)

4 Fassen Sie den Text kurz zusammen.

5 Schreiben Sie die Passagen heraus, die Ihnen besonders geeignet erscheinen, das Gefühl des Abschiedsschmerzes zu vergegenwärtigen.

6 Können Sie das Gefühl des Abschiedsschmerzes aus eigener Erfahrung beschreiben?

7 Aus welcher Perspektive wird in dem Romanauszug „Der Klavierstimmer" erzählt? (Zur Erzählperspektive siehe S. 21.)

„Erzähl schon!"

Die Kontaktanzeige

Die Entscheidung, mich über eine Kontaktanzeige um eine Partnerin zu bemühen, war mir nicht leicht gefallen. Dementsprechend nervös war ich, als ich um 12.00 Uhr die Kleider richtete, die ich zum ersten
5 Treffen mit der mir unbekannten Frau anziehen wollte. Der bisherige Kontakt bestand aus einem Briefwechsel, und sie hatte mich sowohl über ihr Alter als auch über ihr Äußeres vollkommen im Unklaren gelassen. Wir hatten vereinbart, uns um 14.00 Uhr im
10 Café am Markt zu treffen. Jeder sollte als Erkennungszeichen eine Rose bei sich tragen. Nach einer ausgiebigen Dusche und einer gründlichen Rasur machte ich mich – wie immer viel zu früh – auf den Weg in die Stadt. Da noch eine halbe Stunde Zeit war,
15 beschloss ich, mich unauffällig in der Nähe des Eingangs zum Café zu postieren, um die Frauen beobachten zu können, die hineingingen. Insgeheim dachte ich mir, dass man ja immer noch flüchten könnte, wenn sie nun gar nicht meinen Erwartungen
20 entspräche. Meine innere Unruhe wurde von Minute zu Minute größer, und mit Entsetzen bemerkte ich, wie sich meine Nervosität in einem Schweißausbruch äußerte, der mein Hemd in Sekundenschnelle durchnässte. Peinlich – bei Außentemperaturen um den
25 Gefrierpunkt. Das Café war gut besucht, allerdings war die eintretende Kundschaft alles andere als das, was ich mir unter meiner zukünftigen Partnerin vorstellte. Unmittelbar fiel mir der alte Udo-Jürgens-Schlager „Aber bitte mit Sahne" ein – denn die Kon-
30 fektionsgröße der Damen ließ mich eher an Großraumcontainer als an angenehme Bekanntschaft denken. Die Zeit verrann schleppend, ohne dass ich jemanden bemerkt hätte, der eine Anwartschaft auf einen engeren Favoritenkreis verdienen konnte.
35 Pünktlich um 14.00 Uhr betrat ich das Café und wusste in dem Moment, dass ich etwas vergessen hatte: die Rose! Ich drehte mich um und ging schnell aus dem Café, um im nächsten Blumengeschäft eine Rose zu kaufen. Während ich über die Hauptstraße hetzte, krachte ich mit einer Frau zusammen, die sehr hek-
40 tisch reagierte und etwas von „Tollpatsch" und „Bauerntrampel" vor sich hin murmelte. Ich spürte eine Welle der Aggression in mir aufsteigen, und eigentlich wollte ich mit einem dezenten Schimpfwort wie „blöde Ziege" reagieren. Da ich aber ein eher gelasse-
45 ner und ruhiger Mensch bin und nur unter Stress ausfällig werden kann, unterdrückte ich meine Äußerung, fixierte sie nur kurz mit den Augen und eilte weiter. Im Blumengeschäft wurde ich sofort bedient, sodass ich mit fünf Minuten Verspätung wieder das
50 Café betreten konnte. Ziemlich außer Atem geraten, versuchte ich mich zu beruhigen, bevor ich einen ängstlichen Blick durch den Gastraum schweifen ließ. Die Enttäuschung war groß, denn außer schwergewichtigen Damen mit antiquierter Dauerwelle –
55 was sie nicht daran hinderte, mir einen sehnsuchtsvoll lüsternen Blick zuzuwerfen – war niemand zu sehen, der halbwegs dem von mir im Inserat entworfenen Profil entsprochen hätte. Frustriert bestellte ich mir einen Kaffee, einen zweiten, einen Grappa –
60 nichts zu machen. Ich kam mir vor wie ein Krämer, der schlechte Ware zu überteuerten Preisen anbieten muss, jedoch von allen Kunden durchschaut wird. Resigniert orderte ich die Rechnung und gab ein viel zu hohes Trinkgeld, um wenigstens der Bedienung –
65 auch schon stramm auf die sechzig zugehend – eine Freude zu bereiten. Die Rose schenkte ich ihr auch noch mit den Worten: „Die ist überflüssig geworden!"
...

(Schülerbeispiel)

1 Schreiben Sie zu der Erzählung einen kurzen Schluss mit einem Happy End.

2 Schreiben Sie die Erzählung aus der Sicht der weiblichen Hauptperson, die auf die Kontaktanzeige geantwortet hat.

Erzählung

Erzählperspektive

Die Erzählperspektive ist der Blickwinkel, aus dem erzählt wird.

| **Ich-Erzählung** | Sie erzählen aus der Perspektive einer Person die Geschichte. Gefühle und Stimmungen werden dargestellt, als seien es Ihre eigenen. |

Beispiel:
An diesem Morgen wachte ich in leicht verwirrter Stimmung auf. Was wird dieser Tag wohl bringen, dachte ich mir, und ein ungutes Gefühl beschlich mich bei der Vorstellung, mich einem Bewerbungsgespräch aussetzen zu müssen und nicht zu wissen, welche Fragen man mir wohl stellen wird.

| **Personale Erzählhaltung** | Sie erzählen von Ihrer Hauptfigur in der dritten Person, sind aber in der Lage, in sie hineinzuschauen und ihre Gefühle und Handlungsweisen zu erklären. |

Beispiel:
Schwester Gerda schaute in die Augen des noch sehr jungen Oberarztes und eine Woge von Wärme schien sie zu überfluten. Es war Liebe auf den ersten Blick; dessen war sie sich ganz sicher. Wie konnte er nur so kalt und arrogant über sie hinweggehen? Gerda seufzte leise und ging weiter ihrer Arbeit nach.

| **Allwissende (auktoriale) Erzählhaltung** | Als Erzähler stehen Sie sowohl über den Personen Ihrer Erzählung als auch über dem Erzählgang, da Sie das Ende bereits kennen und voraus- bzw. zurückblicken können. Es ist Ihnen möglich, sich in jede Person Ihrer Erzählung hineinzuversetzen. |

Beispiel:
Wenn Georg gewusst hätte, was ihn an diesem verfluchten Montag noch alles erwarten würde, wäre er sicher überhaupt nicht aufgestanden. Aber wie konnte er ahnen, dass man von so vielen Missgeschicken heimgesucht werden kann. Auch seine Frau Steffi, die noch halb vor sich hinschlummerte, hatte nicht die geringste Vorahnung und bereitete sich innerlich auf einen ganz normalen Tag vor.

Zwei Aufgabenstellungen zur Erzählung finden sich in Klassenarbeiten und Prüfungsaufgaben immer wieder: die Vorgabe einer Überschrift oder eines Erzählanfangs. Während Sie bei der Vorgabe einer Überschrift die Perspektive frei wählen können, ist sie in der Vorgabe des Erzählanfangs häufig bereits vorgegeben. Sie dürfen diese dann während Ihres Aufsatzes nicht wechseln.

„Welch eine Wonne …"

Tagebuch

Der Tagebucheintrag   Im Vergleich zur Erzählung verlagert sich das Gewicht beim Tagebucheintrag von den äußeren auf die inneren Vorgänge. Auch hier hängt die Qualität des Aufsatzes wesentlich davon ab, inwieweit es Ihnen gelingt, sich in eine Person hineinzuversetzen.

1 Überlegen Sie sich einige Gründe, warum es sich Menschen zur Aufgabe machen, ein Tagebuch zu führen.

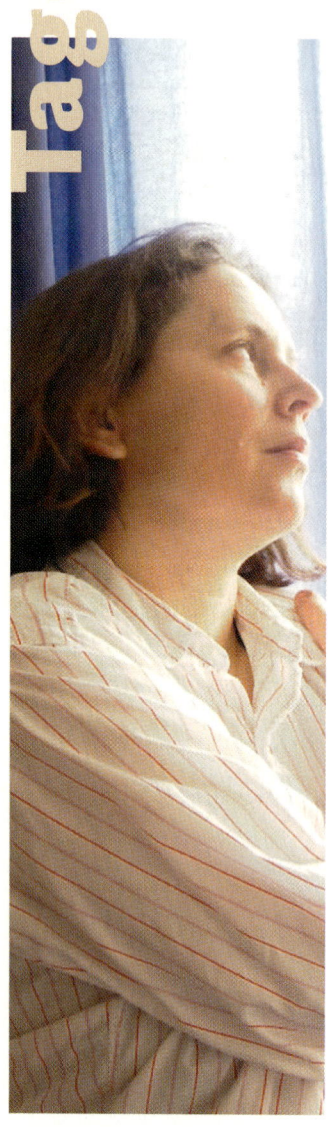

1. Januar 1898

Gott, mein Gott, eine solche Hochflut von Leben, Freude, Seligkeit nach dieser Nacht.

Um halb ein Uhr kam er unter mein Fenster und rief „Prosit Neujahr" herauf. Dann saßen wir von Stunde zu Stunde da und
5   sprachen. Ich habe nie daran gedacht, dass es einmal so kommen würde, nicht, weil gewünscht. Und dann war es plötzlich doch da und schlug über uns zusammen. Es war alles wie ein Märchen, das gar nicht wahr sein konnte. Dies ganze Jahr war ich so einsam und oft so schwermütig gewesen, nun braust
10 wieder die alte, frohe Lebensfreude, mir ist, als ob meine Seele sich nach allen Seiten auflösen möchte, zerschmelzen in lauter Seligkeiten.

Als er um sieben fortging in den Wintermorgen, ging ich zu meinem Kleinen herein. Ich hab' lange an seinem Bettchen
15 gelegen und ihn an mich gedrückt, und es hätte mich fast zersprengen mögen. O Leben, göttliches, göttliches.

Heute so wundervoll übernächtig, weiß kaum, wo ich bin. Vormittags mein Kind genommen und ausgefahren. Es war so wie ein weiches Frühlingswetter, ich wollte durchaus Veilchen
20 haben, konnte aber keine auftreiben. Und den ganzen Tag ging mir die Stimmung dieser Nacht wieder durchs Herz und durch alle Nerven. Abends kam er wieder.

(Franziska zu Reventlow: Tagebücher 1895–1910.
Luchterhand, München 1992, S. 79)

2 Weisen Sie anhand von geeigneten Textstellen nach, dass die Tagebuchnotiz eine sehr persönlich gehaltene Textsorte ist.

3 Warum ist die Veröffentlichung von Tagebüchern berühmter Persönlichkeiten nach deren Tod problematisch?

Bilder, Metaphern und Vergleiche

Auch Tagebucheintragungen haben stilistische Anforderungen, an denen die Qualität Ihres Aufsatzes gemessen wird. Besondere Bedeutung kommt den bildlichen Ausdrücken und Vergleichen zu, die Gefühle, weil sie schwer in Worte zu fassen sind, klarer nachvollziehbar machen sollen.

Beispiel:
Seit der Trennung vor zwei Wochen fühle ich mich innerlich zerrissen. Da klafft eine Lücke, ich bin ausgebrannt und das Gefühl der Leere droht mich zu ersticken. Wie gewaltig war die Zeit mit ihr, ein Strom aus Glück, Leidenschaft und Gefühlsrausch. Jetzt jedoch bin ich ein abgerissenes Kalenderblatt, mein Akku ist leer, die leichtesten Arbeiten werden zu einem unüberwindbaren Berg. Ich stehe in einer Sackgasse, und wer außer ihr könnte mir einen Weg aus dieser Einöde zeigen?

Die unterstrichenen Wörter sind bildliche Ausdrücke, die dadurch, dass wir sie mit konkreten Gegenständen oder Vorgängen verbinden, die Gefühle sinnlich wahrnehmbar erscheinen lassen.

4 Suchen Sie weitere bildliche Ausdrücke, die einen Gefühlszustand beschreiben könnten.

Metaphern sind sprachliche Bilder, die ohne das Vergleichswort „wie" eingesetzt werden. Dabei wird häufig ein konkretes Substantiv mit einem abstrakten in Beziehung gesetzt.

Beispiel:

Konkret		Abstrakt
Hitze	der	Leidenschaft
Woge	der	Begeisterung
Welle	der	Sympathie
Mauer	des	Schweigens

5 Suchen Sie weitere Metaphern, die häufig im alltäglichen Sprachgebrauch auftreten.

Auch anschauliche Vergleiche verhelfen Ihrem Aufsatz zu mehr Lebendigkeit; vor allem die Umgangssprache hat eine Fülle davon zu bieten:

wie ein begossener Pudel
wie bestellt und nicht abgeholt
wie eine Made im Speck
wie ein Fass ohne Boden

6 Suchen Sie weitere Beispiele für Vergleiche, die Gefühle anschaulicher machen können.

„Liebe Monika, …“

Brief

Der Brief

Im Vergleich mit dem Tagebucheintrag hat der Brief einen eindeutigen Adressatenbezug, das heißt, dass derjenige, der den Brief erhalten soll, auch in irgendeiner Form im Brief mitberücksichtigt wird. Vor allem Fragen, die den Empfänger auffordern, einen Antwortbrief zu schreiben (jeder erhält gerne Briefe), lockern den Text stilistisch auf. Mitunter hilft es, sich an ein Ablaufschema zu halten, das aber nicht verbindlich ist, da sich ausdrucksstarke Texte nicht gerne in eine formale Zwangsjacke stecken lassen.

Direkte Anrede des Adressaten

Liebe Monika,
ich weiß gar nicht, wann ich dir das letzte Mal geschrieben habe.

Schreibanlass

Ich muss dir unbedingt schreiben, was in der Zwischenzeit so alles passiert ist.

Schlussaufforderung

Lass doch auch einmal wieder etwas von dir hören. Es wäre schön, wenn wir uns mal wieder treffen könnten.

Briefende

Liebe Grüße
dein Stefan

Achten Sie darauf, dass die Schlussworte dem Schreibanlass angemessen sind. Einen feurigen Liebesbrief mit der Abkürzung „m. f. G." zu beenden, könnte zu Verwicklungen führen.

Liebe Monika,

immer, wenn ich dich treffe, habe ich das Gefühl, du bist für mich die Festplatte, die zu meinem Rechner gehört. Meines Erachtens sind wir in höchstem Maße kompatibel, und du bist für mich wie der Chip, der meine Programme turboschnell zum Laufen bringt. Lass mich deine Mouse sein: Von dir geführt, eröffnen wir uns eine virtuelle Welt, chatten durch das Paradies und verpassen uns immer neue UP-Dates. Seit du in meine Welt getreten bist, druckt mein Schwarz-Weiß-Drucker nur noch farbig, und in deiner Gegenwart fühle ich mich wie ein Tintenstrahler, der sich dem Laser-Licht ausgeliefert sieht. Wenn wir uns erst mal gescannt haben, werden wir sicher viel Spaß an unseren Schnittstellen haben. Sehnsüchtig erwarte ich unsere Vernetzung.
In maximaler Auflösung
Stefan

---

① Warum ist die Bildlichkeit der Ausdrücke hier problematisch? Schreiben Sie die Bilder und Vergleiche heraus und versuchen Sie, die Bilder zu übersetzen.

Die Feindin

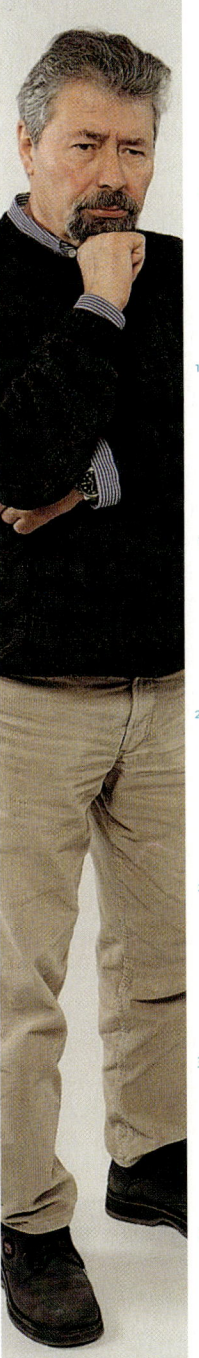

Das hier hat nichts mit der Frau zu tun, von der dieses Buch handelt. Sie ist die Feindin von niemandem, dazu hat sie kein Talent, und sie weiß zu viel. Das hier ist etwas, das ganz weit von ihr entfernt passiert, so wie im Leben ja auch ganz weit von uns entfernt Dinge passieren
5 und uns nicht berühren.

Was wir hier kurz für diejenigen notieren, die etwas damit anfangen können, ist die Geschichte oder die Nicht-Geschichte von zwei Leuten, die sich misstrauen, obwohl zwischen ihren Körpern eine sehr starke Anziehungskraft besteht. Wenn er sie nur anschaut, ist das schon wie
10 eine Berührung, aber sie sind beide voller Misstrauen. Voll von einem Misstrauen, das oft in Hass und manchmal sogar in Verachtung umschlägt. Sie stehen für zwei ganz verschiedene Welterklärungen, die sich kaum berühren, die sich eigentlich ausschließen. Und trotzdem kauft er sich Dinge zum Anziehen, von denen er weiß, dass sie ihr
15 gefallen, und er hasst sich dafür und spürt gleichzeitig in diesen Sachen eine merkwürdige Geborgenheit, und wenn sie ihn trifft, sagt sie, während sie ihn anschaut und seinen Körper mustert: „Ich weiß, es klingt blöde, aber ich freu mich, dich zu sehen."

Einmal hat er sich ein gelbes Sakko gekauft, weil Gelb ihre Lieblings-
20 farbe ist. Er sah in dem Sakko aus wie ein Zirkusaffe, aber sie war ganz begeistert davon. Er ließ sich von ihrer Begeisterung hinreißen und sagte: „Wenn ich heute Abend auch noch meine gelben Socken anziehe – gehst du dann mit mir essen?"

Sie lächelte ihn verheißungsvoll an und sagte: „Nein. Wir würden uns
25 bloß wieder streiten."

Er spürte in diesem Augenblick einen starken körperlichen Schmerz. Wenn jemand so lächelt und dann Nein sagt, wird der ganze Körper davon getroffen. Aber er drängte sie jetzt nicht mehr, weil er schon seit vielen Jahren weiß, dass sie in diesem Punkt unnachgiebig ist. Ihre
30 Körper würden heute nicht mehr zusammenkommen. Es gab keinen Weg.

Sie ist klüger als er. Deshalb ist sie so unnachgiebig. Sie weiß, was passieren würde, wenn ihre Körper, die so große Sehnsucht nacheinander haben und eigentlich füreinander gemacht sind, zueinander kommen
35 würden: Wenn ihre Körper sich gefunden hätten und sich wieder voneinander lösten, dann wäre alles wieder wie zuvor, und sie wäre wieder seine Feindin.

(Günter Ohnemus: Siebenundsechzig Ansichten einer Frau. Maro Verlag, Augsburg 1995)

❷ Erklären Sie kurz, wovon der Text handelt.

❸ Schreiben Sie aus der Sicht des Mannes oder der Frau einen Brief, in welchem Sie erklären, warum Sie die Beziehung endgültig beenden wollen. Gehen Sie dabei auf die im Text genannten Aspekte des Misstrauens, des Schmerzes und der Feindschaft, aber auch der Liebe ein.

Ideenbörse

Regeln zur Präsentation:

▲ Überfrachten Sie Ihren Vortrag nicht mit Informationen, sondern wählen Sie nur wirklich wichtige aus.

▲ Sprechen Sie vor der Klasse frei: Wer abliest, langweilt seine Zuhörer!

▲ Haben Sie an der Schule eine Stellwand zur Verfügung und wollen diese zum Einsatz bringen, bietet es sich an, mit verschiedenfarbigen Karten oder dicken Faserschreibern zu arbeiten (diese sind auch in den hinteren Bänken noch deutlich zu erkennen).

▲ Auch hier gilt es, die Informationen auf Schlagwörter zu reduzieren und die Ergebnisse klar zu strukturieren.

▲ Stehen Sie neben dem Präsentationsmedium (Tafel, Overhead-Projektor, Stellwand) und suchen Sie den Blickkontakt zu Ihren Zuhörern.

▲ Kopieren Sie die Informationen zusätzlich und verteilen Sie diese am Schluss Ihrer Präsentation, damit die Mitschüler nicht beginnen mitzuschreiben. Wer schreibt, kann nur schlecht zuhören!

▲ Wechseln Sie sich beim Vortrag ab, damit jeder gleichermaßen belastet wird. Fünf Minuten frei zu sprechen ist in der Regel lange und schwierig genug.

Projektvorschlag 1:
Das Thema „Freundschaft und Liebe" in Jugendmagazinen

– Machen Sie an Ihrer Schule eine Umfrage zum Leseverhalten der Schüler / innen hinsichtlich der bekannten Jugendzeitschriften.
– Untersuchen Sie die drei am häufigsten genannten Zeitschriften unter folgenden Gesichtspunkten:
  • Welche Themen werden dargeboten zum Thema „Freundschaft, Partnerschaft und Sexualität"?
  • Welches Bildmaterial wird eingesetzt? Untersuchen Sie auch die Wirkung der Bilder (Erotik, Zärtlichkeit, Sex, Tendenz zur Pornographie?).
  • Entwerfen Sie eine Grafik, die Auskunft über den Umfang dieses Themenbereiches im Vergleich zu anderen (Sport, Musik, Lifestyle) gibt. Zu möglichen grafischen Darstellugen siehe S. 134/135.
– Überlegen Sie sich eine passende Präsentationsform (Wandplakat, Folien mit Overhead-Projektor, Powerpoint-Präsentation, Flip-Chart). Zur Präsentation mit dem Computer siehe S. 108.

Projektvorschlag 2:
Freundschaft, Liebe, Partnerschaft in deutschen Liedtexten

– Bilden Sie drei Gruppen und entscheiden Sie sich in ihr für einen Einzelinterpreten / eine Interpretin bzw. eine Musikgruppe, der/die Ihres Erachtens zu diesem Themenbereich gute Songs herausgebracht hat/haben.
– Stellen Sie je ein Lied vor, indem Sie der Gruppe die Lieder und die Texte präsentieren.
– Geben Sie auch Hintergrundinformationen zur Gruppe bzw. zum Sänger oder zur Sängerin (Alter, Karriere, Auszeichnungen, veröffentlichte CDs etc.).
Falls es Ihnen möglich ist, beschaffen Sie sich Informationsmaterial aus dem Internet und erklären Sie der Klasse, wie solch eine Internetrecherche vor sich geht (siehe auch S. 106). Begründen Sie vor der Klasse, warum Ihrer Meinung nach die Texte und die musikalische Gestaltung in den von Ihnen ausgewählten Beispielen besonders gut gelungen sind.
– Versuchen Sie dabei auch eine Sprachanalyse der Texte: Welche Metaphern und Vergleiche fallen besonders auf? Gibt es einen Refrain, einen durchgängigen Reim, Strophen, die das Lied in seinem formalen Aufbau bestimmen?

frAuen und mÄnner

Gefühle ausdrücken

Das Wort „Karikatur" stammt aus dem Italienischen und bedeutet „Spottbild, Zerrbild". Eine Karikatur ist eine Zeichnung, die menschliche Schwächen und Eigenarten, aber auch Gegenstände und Ereignisse dadurch der Lächerlichkeit preisgibt, dass sie „überzeichnet", überbetont werden. Karikaturen haben oft das Verhältnis der Geschlechter zueinander oder „typisches" Verhalten von Frauen und Männern, von Mädchen und Jungen zum Thema.

1 Frauen und Mädchen wollen öfter und lieber über ihre Gefühle sprechen als Männer und Jungen, die sich damit schwer tun. Diskutieren Sie in der Klasse über diese Behauptung. (Beachten Sie die Regeln der Diskussion auf S. 50.)

2 Die in der Karikatur dargestellte Szene hat vermutlich eine Vorgeschichte. Erfinden Sie diese Vorgeschichte: Geben Sie den beiden Namen, bestimmen Sie ihr Alter, legen Sie fest, wie und wo sie sich kennen gelernt haben, warum sie sich gefallen.

3 Beschreiben Sie die Karikatur und machen Sie sich zunächst Stichworte. Beantworten Sie dabei folgende Fragen:
   – Was steht im Mittelpunkt des Bildes?
   – Wie sehen die Personen aus (Kleidung, Haltung)?
   – In welcher Umgebung befinden Sie sich?
   – Welche Stimmung drückt das Bild aus?
   – Was denken die beiden?

4 Fassen Sie die Aussage der Karikatur in Worte:
Ein Pärchen geht Hand in Hand spazieren ...

5 Witze werden erzählt in Form sehr kurzer Geschichten. Versuchen Sie aus dieser Karikatur einen Witz zu formulieren.

6 Zeichnen Sie auf eine einfache Art (Strichmännchen) eine Karikatur und erfinden Sie dazu einen Dialog, in dem die Frauen- und Männerrolle vertauscht ist.

7 a) Suchen Sie aus Zeitungen und Zeitschriften Karikaturen oder Witze, die sich auf das Verhältnis von Mann und Frau beziehen.
    b) Kleben Sie die Karikaturen bzw. die Witze auf einen Karton und klären Sie im gemeinsamen Gespräch, wie Frauen bzw. Männer dargestellt werden. Gibt es häufig wiederkehrende Themenschwerpunkte?

Bildbeschreibung

Zeitform	Präsens (Gegenwart)
Aufbau	Zunächst die im Mittelpunkt stehenden Personen oder Dinge beschreiben, dann Hintergrund, Umgebung, Farben. Die Stimmung, die ein Bild wiedergibt, festhalten.
Sprache	Anschaulich, jedoch sachlich bleiben, passende Adjektive einsetzen. Eventuell Vergleiche verwenden (siehe S. 23).

Bildbeschreibung

Typisch männlich/weiblich?

Gefühllose leben kürzer

Psychologe warnt Männer vor falschem Rollendenken

In herkömmlichen Rollenvorstellungen lebende Männer sind häufiger krank und haben eine kürzere Lebenserwartung als Frauen. Diese Ansicht vertrat der Ravensburger Psychologe und Familienthera- peut Reinhard Hertel jetzt auf dem 3. Stuttgarter Männertag. Zwei von drei chronisch Kranken seien Männer, berichtete er vor den 120 Teilnehmern der Veranstaltung.

Die Selbstmordrate sei dreimal höher als bei Frauen. Als Ursachen nannte Hertel sechs Regeln, die Männer in früher Kindheit lern-
5 ten: Keine Gefühle zu zeigen; der Beste sein zu wollen; die körperli- che Nähe von Männern zu meiden; Arbeit und Beruf über die Partner- beziehung zu stellen; keine Hilfe
10 anzunehmen; selber alles zu wis- sen.
Dies zusammen führt nach An- gaben des Familientherapeuten zu einer ungesunden Einstellung
15 zum eigenen Körper. Oft führe der Weg in die Sucht, die dazu beitra- ge, Gefühle wegzudrücken und sich selbst nicht mehr zu spüren. Nur bedingt sei aber die „neue
20 Körperlichkeit" mit Bodybuilding und anderen Formen ganzheitli- cher Leiberfahrung dazu geeignet,

Der Psychologe meint, dass Männer in früher Kind- heit lernen, keine Gefühle zu zeigen. Ist es unmänn- lich, wenn Jungen über einen Misserfolg traurig und enttäuscht sind?

die eigene Männlichkeit im Ein- klang mit dem Körper zu erleben. Beifall gab es bei den Teilnehmern, 25 die auf Einladung des evange- lischen Landesmännerpfarrers Christoph Rau und des katholi- schen Männerwerks nach Stutt- gart gekommen waren, für die For- 30 derung Hertels nach einer stärker gefühlsbetonten Männlichkeit. Männer sollten Gefühle wie Angst, Traurigkeit, Wut oder Heiterkeit stärker wahrnehmen und zulas- 35 sen. Der Ravensburger Familien- therapeut hält Offenheit im männ- lichen Selbstverständnis für nötig: „Mann soll lernen, sich nicht nach dem zu richten, was andere ver- 40 langen, sondern wahrzunehmen, was in ihm ist und ihm gut tut – ohne daraus neue Kategorien zu bilden."

(KNA)

---

1 Bearbeiten Sie den Text in Kleingruppen und erstellen Sie eine Mind-Map (siehe dazu S. 131):
   a) Welche Ursachen für die höhere Selbstmordrate der Männer nennt der Psy- chologe?
   b) Worin äußert sich die „ungesunde Einstellung zum eigenen Körper"?
   c) Was versteht der Autor unter der „neuen Körperlichkeit"?
   d) Welche Forderungen stellt Hertel an die Männer?

2 Veröffentlichen Sie die Mind-Maps der einzelnen Gruppen an einer Pinnwand und diskutieren Sie über den Standpunkt des Psychologen.

3 Wie ist Ihre Meinung zu dem im Text dargestellten Problem? Wo können Sie dem Psychologen zustimmen, wo sind Sie anderer Meinung?

Werbung eines Automobilherstellers

UND DIE STRASSE WIRD ZUM LAUFSTEG.

Werbung eines Mobilnetzbetreibers

Optimale Netzabdeckung
[Highlights im High Quality Net: Netzabdeckung]

Das zieht alle an:
Exzellente Erreichbarkeit im High Quality Net.

4 a) Für welche Produkte wird hier geworben?
    b) Erklären Sie die Slogans „Optimale Netzab-
       deckung", „Und die Straße wird zum Laufsteg".
       Welchen Bereichen sind sie entnommen?
    c) Welche Beziehung besteht jeweils zwischen der
       abgebildeten Frau und dem Produkt, für das
       geworben wird?

5 Suchen Sie in Illustrierten nach weiteren Werbungen. Halten Sie immer wiederkehrende Beobachtungen und Auffälligkeiten fest.

6 Stellen Sie die Werbungen zu einer Collage zusammen und verfremden Sie diese, indem Sie an Stelle
der Frauen Männer in die jeweilige Werbung einbauen.

Männer, die ihre Frau stehen

In unserer Gesellschaft ist noch immer üblich, dass Kindererziehung und -betreuung Frauensache ist. Im folgenden Text wird ein Mann vorgestellt, der die traditionellen Rollen getauscht hat: Er ist nicht nur Hausmann, sondern auch Tagesvater. Er betreut neben seinen eigenen Kindern inzwischen noch drei weitere.

Zwischen Herd und Kinderbett
Als Tagesvater braucht Thomas Mahnke Ideen und Organisationstalent
von Jeannette Otto

Thomas Mahnke, 40, ist Tagesvater, der einzige in Ahrensburg bei Hamburg, der einzige weit und breit. Zwar soll es im Rest der Republik noch ein, zwei Kollegen geben,
5 aber man kennt sich nicht. Auch beim Bundesverband für Tagesmütter weiß niemand etwas von Thomas Mahnke, der mit dem faltenfreien Hemd, der blank geputzten Brille und der exakt geschnittenen Frisur
10 auch hinter einem Bankschalter stehen könnte. Er aber ist Vater von Beruf. Nicht nur für den eigenen Sohn Dominik, sondern tagsüber auch für den dreijährigen Thilo und für Lennart, 15 Monate. Hätte
15 ihm früher einer erzählt, dass gerade er, der Maler und Lackierer, dafür gemacht ist, nicht nur den Haushalt zu schmeißen, vom Einkaufen, Kochen, Wäschewaschen bis hin zum Bügeln, sondern zusätzlich noch
20 fremde Kinder zu erziehen, zu füttern, zu trösten, zu wickeln – geglaubt hätte er das nicht. Mit seinem Sohn Dominik wurde alles anders. Schnell war entschieden, dass der Vater zu Hause bleibt, die Mutter das
25 Geld als Angestellte bei einem Pflegedienst verdient.
Die Operation Vater–Kind glückte, und das Leben zwischen Herd und Kinderbett gefiel Thomas Mahnke so gut, dass er das väter-
30 liche Talent zum Kleinstgeschäft machte.

Vier bis fünf Mark pro Stunde bekommt er für jedes Tageskind. Thomas Mahnke kann alles, was Tagesmütter auch können. Er kann singen, basteln, Geschichten er-
35 zählen, gesund kochen, er kennt sich aus in Kinderpsychologie und erster Hilfe. Ein halbes Jahr lang hat sich Mahnke bei einem Tagesmütterverein zum Tagesvater qualifizieren lassen, in einer Klasse voller Frauen
40 natürlich. 124 Stunden Unterricht, danach noch 40 Stunden Hospitation[1] bei einer Tagesmutter. Die Kinder hätten Mahnke „abgöttisch geliebt", erzählt Bettina Klein, die den Tagesvater 1998 ausgebildet hat.
45 Das Lob anderer Frauen ist für Mahnke die beste Werbung. Noch immer können sich nur wenige Mütter vorstellen, ihre Kinder in Männerhände zu geben. Tagesvätern wird nicht dieselbe Einfühlsamkeit zuge-
50 traut wie Frauen, nicht dieselbe Disziplin, wenn es um Ordnung und Haushalt geht. Die Angst vor Kindesmissbrauch steckt vielen Eltern tief im Bewusstsein, und gern unterstellen sie den Männern, in anderen
55 Berufen nichts zu taugen. Dabei ist ein Haushaltstag mit drei Kindern mindestens so anstrengend wie acht Stunden auf dem Bau. „Man muss sich absolut streng organisieren, sonst bekommt man gar nichts
60 hin", sagt Mahnke.

Im Hause Reeshoop 31 wird es turbulent. Lennart robbt durch die Küche. Thilo hat die Wohnung zur Rollerrennstrecke erklärt. Dominik sitzt im Schlafzimmer auf dem
65 Bett und zieht sich die Strumpfhose aus, weil ihn keiner beachtet.
Mittagszeit. Es gibt Gemüse, Kartoffelbrei und Würstchen. Mahnke rennt immer wieder vom Herd ins Wohnzimmer, um nach
70 dem weinenden Thilo zu sehen. Das Lied von der Biene Maja dudelt im Hintergrund. Thomas Mahnkes Wangen haben einen rötlichen Schimmer, aber er versucht gelassen zu bleiben. Nur Thilos Gebrüll macht ihn
75 langsam ratlos. Nach dem Essen braucht Mahnke wieder Ideen. Ein bisschen Hoppe Reiter, ein wenig Backe Kuchen, ein Lied singen ... Mittagsschlaf macht hier keiner. Allein der Tagesvater könnte ein Nicker-
80 chen vertragen. Draußen vor dem Fenster ist es trüb und nass. Die Ente Martin wartet vergeblich am Waldsee auf die sonst regelmäßigen Besucher. Die Stunden ziehen sich wie Kaugummi. Zum Glück komme
85 abends seine Frau nach Hause und nehme ihm noch eine Menge Haushalt ab, sagt Mahnke. „Viel mehr als ein berufstätiger Mann tun würde."

1 Hospitation: Praktische Ausbildung

(Die Zeit, Nr. 7/10.2.2000)

① Beschreiben Sie Thomas Mahnke: Wie sieht er aus, welchen Beruf hat er ausgeübt, welche Ausbildung hat er gemacht, was muss er als Tagesvater können?

② Beschreiben Sie den Tagesablauf von Thomas Mahnke.

Männer und Frauen sollten Kindererziehung und Haushaltsführung gleichberechtigt teilen

Zu diesem Thema gibt es unterschiedliche Meinungen in der Bevölkerung, in den gesell-schaftlichen Gruppen wie Kirchen, Gewerkschaften, Arbeitgeberverbänden u. a.
Häufig werden Fachleute gebeten, in öffentlichen Diskussionen zeitlich begrenzte Stel-lungnahmen abzugeben. Das interessierte Publikum diskutiert mit den Fachleuten und stimmt zum Schluss darüber ab, welche Argumente es überzeugender fand. Zu den ver-schiedenen Formen der Diskussion siehe S.50ff.

❸ „Männer und Frauen sollten Kindererziehung und Haushaltsführung gleich-berechtigt teilen." Machen Sie in der Klasse eine anonyme Umfrage zu dieser Behauptung, in der jeder Schüler/jede Schülerin nur einen Zettel mit „Ja" oder „Nein" abgibt, also Zustimmung oder Ablehnung zu der Ausgangsthese äußert.

❹ a) Bilden Sie Gruppen von drei bis fünf Schülerinnen und Schülern. Sammeln Sie gemeinsam Pro- und Kontra-Argumente und halten Sie diese auf Karten gut leserlich fest.
b) Entscheiden Sie sich in der Gruppe, ob Sie vorwiegend Pro- oder Kontra-Argumente gesammelt haben, und bestimmen Sie einen Gruppensprecher/ eine Gruppensprecherin, der/die für die Gruppe auftritt.

❺ Die Gruppensprecher/innen haben jeweils eine Minute Zeit, die gesammelten Argumente vorzutragen. Sie halten sich dabei an die Karten und heften bei ihrem Vortrag schrittweise die Karten an eine Pinnwand, die in Pro und Kontra aufgeteilt ist.

❻ Machen Sie erneut die Umfrage in der Klasse. Vergleichen Sie dann die Ergeb-nisse vor dem Vortrag mit denen nach dem Vortrag.

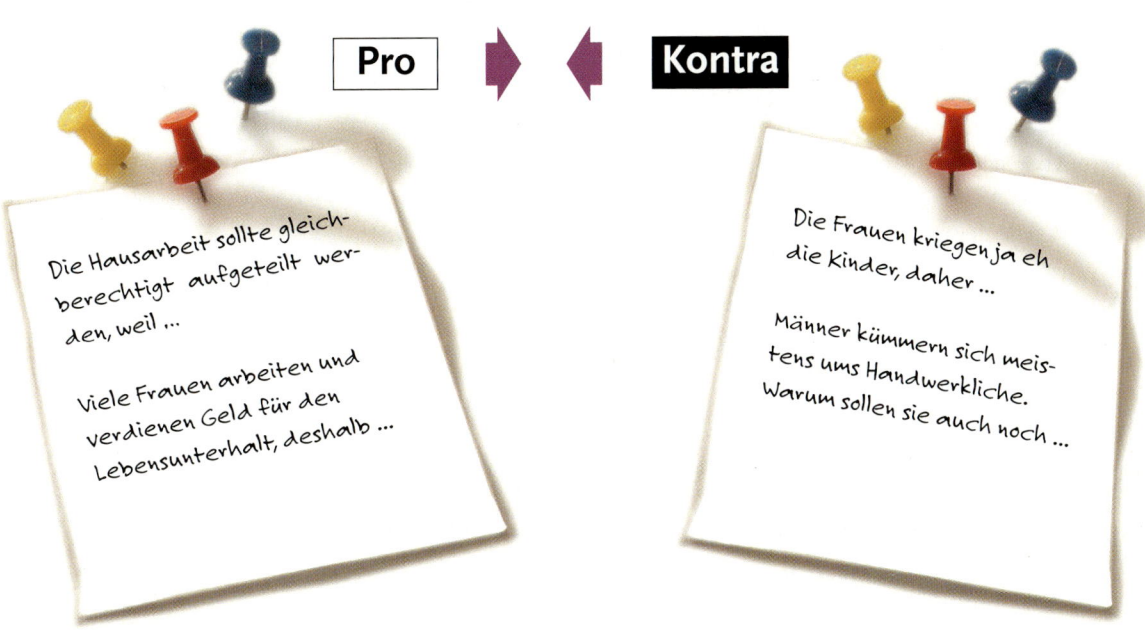

Pro ▶ ◀ Kontra

Die Hausarbeit sollte gleich-berechtigt aufgeteilt wer-den, weil ...

Viele Frauen arbeiten und verdienen Geld für den Lebensunterhalt, deshalb ...

Die Frauen kriegen ja eh die Kinder, daher ...

Männer kümmern sich meis-tens ums Handwerkliche. Warum sollen sie auch noch ...

Frauen, die ihren Mann stehen

*Andrea Fischer (Bündnis '90/Die Grünen), von 1998 bis 2001 Bundesgesundheits-
ministerin in der Regierung Schröder, gibt einen kleinen Einblick, wie es ihr als Frau
in einer Führungsposition in der Männerwelt Politik ergangen ist:*

Die Politikerin aus der Öko-Partei war gewarnt, als sie das Amt
antrat. Wusste, dass sie mit einer notgedrungen unbequemen Politik zur Lieblingsfeindin einflussreicher Berufsgruppen werden
würde. Aber das, was dann über sie hereinbrach, hatte sie sich in
5 ihren schlimmsten Albträumen nicht vorgestellt. Lobbyisten und
ihre Sprachrohre – ausschließlich Männer – fielen über sie her.
Und nahmen mit Vorliebe ihr Äußeres aufs Korn.
„Plötzlich war ich eine Person, über die richtig fiese
und sexistische Dinge gesagt und geschrieben wur-
10 den." „Miss Piggy" und „Heulsuse" wurde sie
genannt. In einer medizinischen Fachzeitschrift
stand: „Jetzt steht sie vor uns wie eine Möchtegern-
Lolita, die mit Körbchengröße D lockt, unterm Pulli
dann aber nur eine Mausekralle anzubieten hat." Ein
15 schiefes Bild, ein dummer Satz. Und trotzdem verlet-
zend. Wie steckt man so was weg? In den ersten
Monaten ihrer Amtszeit fühlte sie sich gekränkt und
überfordert, schlief schlecht. Am liebsten hätte sie
alles hingeschmissen. „Ich dachte, was mache ich da
20 für einen elenden Job. So will ich nicht leben." Sie
trainierte sich professionelle Dickfelligkeit an: „Ich muss es aushalten können, beschimpft zu werden. Das gehört zu meinem
Posten." Sie habe gelernt, Beleidigungen nicht persönlich zu nehmen. „Die meinen ja gar nicht mich."
25 Und sie machte Fleißarbeit. Die gelernte Offsetdruckerin, diplo-
mierte Volkswirtin und anerkannte Rentenexpertin hat sich im Eil-
tempo in die ihr fremde und komplizierte Materie Gesundheits-
wesen eingearbeitet. Beeindruckt inzwischen mit fachkundigem
Detailwissen und ist wild entschlossen, sich durchzusetzen: „Ich
30 bin hier die Chefin", schnauzte sie, als sie erfuhr, dass ihr Wider-
sacher Rudolf Dreßler, Sozialexperte der SPD, mal wieder hinter
ihrem Rücken Ränke schmiedete. Selbst nach politischen Schlap-
pen versteht es die junge Ministerin mitzureißen. Wo andere Politiker sich in ausweichende Nichts-Sätze flüchten, reagiert die charis-
35 matische Frohnatur mit entwaffnender Offenheit. Prustet lachend

ins Mikrofon: „Das ist mir jetzt sturzpeinlich, aber davon habe ich
leider keine Ahnung. Ich verspreche Ihnen, ich werde mich kundig
machen", sagt sie, als ein Homöopath sie nach einem sehr speziel-
len Detail des Seuchengesetzes fragt.
40 Gefühl zu zeigen ist populär. Und davon hat die streitbare Ressort-
chefin – ihrer heftigen Ausbrüche wegen bisweilen „Vulkan"
genannt – viel zu bieten. Eine Frau, die richtig
wütend werden und sich von Herzen freuen kann.
Auch über Kleinigkeiten. Auf der Fahrt zum nächsten
45 Termin öffnet sie den Brief eines Fans und liest ver-
gnügt kichernd vor: „Sagen Sie den Fotografen, dass
sie Ihr Gesicht nicht immer von unten aufnehmen
sollen. In echt sehen Sie nämlich viel hübscher aus
als in den Zeitungen."
50 Tatsächlich wirkt die Ministerin live anziehender als
in den Medien. Ihre Bewegungen sind lebendig, die
Augen blitzen wach, der immer dunkelrot ge-
schminkte Mund kann sich selbst dann zu einem
spitzbübischen Lächeln verziehen, wenn der Präsi-
55 dent der Ärztekammer zum Angriff ausholt. „Ich
kann in jeder Situation noch etwas Komisches entdecken, auch
wenn mir zum Heulen zumute ist. Mein Lachen ist wohl eine
Mischung aus angeborener Fröhlichkeit und Selbstschutz."
Neuerdings probiert sie ein neues Rezept gegen die Härten des
60 politischen Alltags: walken. „Ich und Sport – daran kann man
sehen, wie groß meine Verzweiflung ist." Sie hofft, dass keiner sie
dabei ertappt. „Ich habe, anders als mein Namensvetter Joschka
Fischer, keinen Hang zum Exhibitionismus." Auch über ihre
gescheiterte Ehe mag sie nicht reden. Wird aber lebhaft, als es um
65 Geschlechterrollen geht: „Da hat sich wenig gewandelt. Bei Männern mit Macht steigt der erotische Marktwert, erfolgreiche Frauen
tun sich eher schwer, einen Mann zu finden. Sie haben zwar alle
Möglichkeiten, aber sie zahlen einen hohen Preis dafür", sagt sie
und wirkt dabei richtig sauer.

(Brigitte, Nr. 3/2000, S. 122ff.)

> **„Anfangs
> dachte ich,
> was mache ich
> da für einen
> elenden Job?
> So will ich
> nicht leben"**

❶ In der Reportage über Andrea Fischer sind einige Fremdwörter enthalten.
Schreiben Sie diese heraus und suchen Sie im Lexikon die Bedeutungen.

So finden Sie in einem Fremdwörterbuch das Wort „Lobbyist" (im Text Z. 5):

1 Sie notieren sich die Anfangsbuchstaben des gesuchten Wortes: Lob ...

2 Diese Buchstabenverbindung suchen Sie mit Hilfe der Kopfleiste und finden **lipoid** und **loggen**

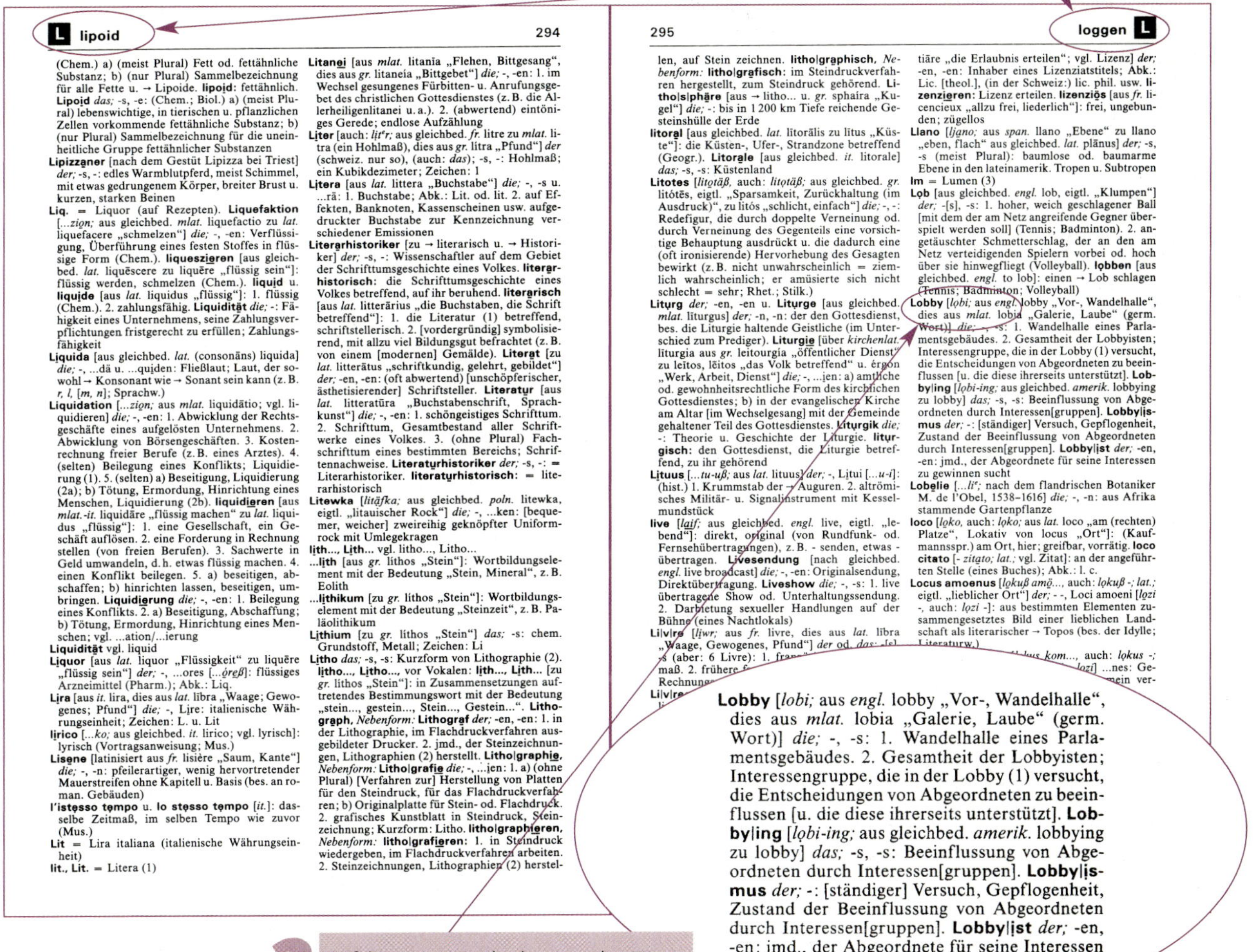

L lipoid   294

(Chem.) a) (meist Plural) Fett od. fettähnliche Substanz; b) (nur Plural) Sammelbezeichnung für alle Fette u. → Lipoide. **lipoid:** fettähnlich. **Lipoid** *das;* -s, -e: (Chem.; Biol.) a) (meist Plural) lebenswichtige, in tierischen u. pflanzlichen Zellen vorkommende fettähnliche Substanz; b) (nur Plural) Sammelbezeichnung für die uneinheitliche Gruppe fettähnlicher Substanzen
Lipizzaner [nach dem Gestüt Lipizza bei Triest] *der;* -s, -: edles Warmblutpferd, meist Schimmel, mit etwas gedrungenem Körper, breiter Brust u. kurzen, starken Beinen
Liq. = Liquor (auf Rezepten). **Liquefaktion** [...*zion;* aus gleichbed. *mlat.* liquefactio zu *lat.* liquefacere „schmelzen"] *die;* -, -en: Verflüssigung, Überführung eines festen Stoffes in flüssige Form (Chem.). **liqueszieren** [aus gleichbed. *lat.* liquēscere zu liquēre „flüssig sein"]: flüssig werden, schmelzen (Chem.). **liquid** u. **liquide** [aus *lat.* liquidus „flüssig"]: 1. flüssig (Chem.). 2. zahlungsfähig. **Liquidität** *die;* -: Fähigkeit eines Unternehmens, seine Zahlungsverpflichtungen fristgerecht zu erfüllen; Zahlungsfähigkeit
Liquida [aus gleichbed. *lat.* (consonāns) liquida] *die;* -, ...dä u. ...quiden: Fließlaut; Laut, der sowohl → Konsonant wie → Sonant sein kann (z. B. r, l [m, n]; Sprachw.)
Liquidation [...*zion;* aus *mlat.* liquidatio | liquidieren] *die;* -, -en: 1. Abwicklung der Rechtsgeschäfte eines aufgelösten Unternehmens. 2. Abwicklung von Börsengeschäften. 3. Kostenrechnung freier Berufe (z. B. eines Arztes). 4. (selten) Beilegung eines Konflikts; Liquidierung (1). 5. (selten) a) Beseitigung, Liquidierung (2a); b) Tötung, Ermordung, Hinrichtung eines Menschen, Liquidierung (2b). **liquidieren** [aus *mlat.-it.* liquidare „flüssig machen" zu *lat.* liquidus „flüssig"]: 1. eine Gesellschaft, ein Geschäft auflösen. 2. eine Forderung in Rechnung stellen (von freien Berufen). 3. Sachwerte in Geld umwandeln, d.h. etwas flüssig machen. 4. einen Konflikt beilegen. 5. a) beseitigen, abschaffen; b) hinrichten lassen, beseitigen, umbringen. **Liquidierung** *die;* -, -en: 1. Beilegung eines Konflikts. 2. a) Beseitigung, Abschaffung; b) Tötung, Ermordung, Hinrichtung eines Menschen; vgl. ...ation/...ierung
Liquidität vgl. liquid
Liquor [aus *lat.* liquor „Flüssigkeit" zu liquēre „flüssig sein"] *der;* -s, ...ores [...*ǫrēß*]: flüssiges Arzneimittel (Pharm.); Abk.: Liq.
Lira [aus *it.* lira, dies aus *lat.* libra „Waage; Gewogenes; Pfund"] *die;* -, Lire: italienische Währungseinheit; Zeichen: L. u. Lit
lirico [...*ko;* aus gleichbed. *it.* lirico; vgl. lyrisch]: lyrisch (Vortragsanweisung; Mus.)
Lisene [latinisiert aus *fr.* lisière „Saum, Kante" *die;* -, -n: pfeilerartiger, wenig hervortretender Mauerstreifen ohne Kapitell u. Basis (bes. an roman. Gebäuden)
l'istesso tempo u. **lo stesso tempo** [*it.*]: dasselbe Zeitmaß, im selben Tempo wie zuvor (Mus.)
Lit = Lira italiana (italienische Währungseinheit)
lit., Lit. = Litera (1)

Litanei [aus *mlat.* litania „Flehen, Bittgesang", dies aus *gr.* litaneia „Bittgebet"] *die;* -, -en: 1. im Wechsel gesungenes Fürbitten- u. Anrufungsgebet des christlichen Gottesdienstes (z. B. die Allerheiligenlitanei u. a.). 2. (abwertend) eintöniges Gerede; endlose Aufzählung
Liter [auch: *lǐ'r;* aus gleichbed. *fr.* litre zu *mlat.* litra (ein Hohlmaß), dies aus *gr.* litra „Pfund"] *der* (schweiz. nur so), (auch: *das*); -s, -: Hohlmaß (schweiz. nur so), (auch: *das*); -s, -: Hohlmaß; ein Kubikdezimeter; Zeichen: l
Litera [aus *lat.* littera „Buchstabe"] *die;* -, -s u. ...rä: 1. Buchstabe; Abk.: Lit. od. Lit. 2. auf Effekten, Banknoten, Kassenscheinen usw. aufgedruckter Buchstabe zur Kennzeichnung verschiedener Emissionen
Literarhistoriker [zu → literarisch u. → Historiker] *der;* -s, -: Wissenschaftler auf dem Gebiet der Schrifttumsgeschichte eines Volkes. **literarhistorisch:** die Schrifttumsgeschichte eines Volkes betreffend, auf ihr beruhend. **literarisch** [aus *lat.* litterārius „die Buchstaben, die Schrift betreffend"]: 1. die Literatur (1) betreffend, schriftstellerisch. 2. (vordergründig) symbolisierend, mit allzu viel Bildungsgut befrachtet (z. B. von einem (modernen) Gemälde). **Literat** [zu *lat.* litterātus „schriftkundig, gelehrt, gebildet"] *der;* -en, -en: (oft abwertend) [unschöpferischer, ästhetisierender] Schriftsteller. **Literatur** [aus *lat.* litterātūra „Buchstabenschrift, Sprachkunst"] *die;* -, -en: 1. schöngeistiges Schrifttum. 2. Schrifttum, Gesamtbestand aller Schriftwerke eines Volkes. 3. (ohne Plural) Fachschrifttum eines bestimmten Bereichs; Schrifttennachweise. **Literaturhistoriker** *der;* -s, -: = Literarhistoriker. **literaturhistorisch:** = literarhistorisch
Litewka [*lǐt'fka;* aus gleichbed. *poln.* litewka, eigtl. „litauischer Rock"] *die;* -, -s: [bequemer, weicher] zweireihig geknöpfter Uniformrock mit Umlegekragen
lith..., Lith... vgl. litho..., Litho...
lith... [aus *gr.* lithos „Stein"]: Wortbildungselement mit der Bedeutung „Stein, Mineral", z. B. Eolith
...lithikum [zu *gr.* lithos „Stein"]: Wortbildungselement mit der Bedeutung „Steinzeit", z. B. Paläolithikum
Lithium [zu *gr.* lithos „Stein"] *das;* -s: chem. Grundstoff, Metall; Zeichen: Li
Litho *das;* -s, -s: Kurzform von Lithographie (2). **litho..., Litho...** vor Vokalen: **lith..., Lith...** [zu *gr.* lithos „Stein"]: in Zusammensetzungen auftretendes Bestimmungswort mit der Bedeutung „...stein..., gestein..., Stein..., Gestein...". **Lithograph,** *Nebenform:* **Lithograf** *der;* -en, -en: 1. in der Lithographie, im Flachdruckverfahren ausgebildeter Drucker. 2. jmd., der Steinzeichnungen, Lithographien (2) herstellt. **Lithographie,** *Nebenform:* **Lithografie** *die;* -, ...jen: 1. a) (ohne Plural) [Verfahren zur] Herstellung von Platten für den Steindruck, für das Flachdruckverfahren; b) Originalplatte für Stein- od. Flachdruck. 2. grafisches Kunstblatt in Steindruck, Steinzeichnung; Kurzform: Litho. **lithographieren,** *Nebenform:* **lithografieren:** 1. in Steindruck wiedergeben, im Flachdruckverfahren arbeiten. 2. Steinzeichnungen, Lithographien (2) herstel-

295

len, auf Stein zeichnen. **lithographisch,** *Nebenform:* **lithografisch:** im Steindruckverfahren hergestellt, zum Steindruck gehörend. **Litholsphäre** [zu → litho... u. *gr.* sphaira „Kugel"] *die;* -: bis in 1 200 km Tiefe reichende Gesteinshülle der Erde
litoral [aus gleichbed. *lat.* litorālis zu litus „Küste"]: die Küsten-, Ufer-, Strandzone betreffend (Geogr.). **Litorale** [aus gleichbed. *it.* litorale *das;* -s, -s: Küstenland
Litotes [*litōtäß,* auch: *litötāß;* aus gleichbed. *gr.* litōtēs, eigtl. „Sparsamkeit, Zurückhaltung (im Ausdruck)", zu litós „schlicht, einfach"] *die;* -, -: Redefigur, die durch doppelte Verneinung od. durch Verneinung des Gegenteils eine vorsichtige Behauptung ausdrückt u. die dadurch eine (oft ironisierende) Hervorhebung des Gesagten bewirkt (z. B. nicht unwahrscheinlich = ziemlich wahrscheinlich; er amüsierte sich nicht schlecht = sehr; Rhet.; Stilk.)
Liturg *der;* -en, -en u. **Liturge** [aus gleichbed. *mlat.* liturgus] *der;* -n, -n: der den Gottesdienst, bes. die Liturgie haltende Geistliche (im Unterschied zum Prediger). **Liturgie** [über *kirchenlat.* liturgia aus *gr.* leitourgia „öffentlicher Dienst" zu leitós, lēitos „das Volk betreffend" u. érgon „Werk, Arbeit, Dienst"] *die;* -, ...ien: a) amtliche gewohnheitsrechtliche Form des kirchlichen Gottesdienstes; b) in der evangelischen Kirche am Altar [im Wechselgesang] mit der Gemeinde gehaltener Teil des Gottesdienstes. **liturgisch:** den Gottesdienst, die Liturgie betreffend, zu ihr gehörend
Lituus [...*tu-uß;* aus *lat.* lituus] *der;* -, Litui [...*u-í*]: (hist.) 1. Krummstab der → Auguren. 2. altrömisches Militär- u. Signalinstrument mit Kesselmundstück
live [*lajf;* aus gleichbed. *engl.* live, eigtl. „lebend"]: direkt, original (von Rundfunk- od. Fernsehübertragungen), z. B. - senden, etwas - übertragen. **Livesendung** [nach gleichbed. *engl.* live broadcast] *die;* -, -en: Originalsendung, Direktübertragung. **Liveshow** *die;* -, -s: live übertragene Show od. Unterhaltungssendung. 2. Darbietung sexueller Handlungen auf der Bühne (eines Nachtlokals)
Livre [*lǐ:vr;* aus *fr.* livre, dies aus *lat.* libra „Waage, Gewogenes, Pfund"] *der od. das;* -[s] (aber: 6 Livre): 1. *franz.* maß. 2. frühere fr.

Lob [aus gleichbed. *engl.* lob, eigtl. „Klumpen"] *der;* -[s], -s: 1. hoher, weich geschlagener Ball [mit dem der am Netz angreifende Gegner überspielt werden soll] (Tennis; Badminton). 2. angetäuschter Schmetterschlag, der an den am Netz verteidigenden Spielern vorbei od. hoch über sie hinwegfliegt (Volleyball). **lobben** [aus gleichbed. *engl.* to lob]: einen → Lob schlagen (Tennis; Badminton; Volleyball)
Lobby [*lǒbi;* aus *engl.* lobby „Vor-, Wandelhalle", dies aus *mlat.* lobia „Galerie, Laube" (germ. Wort)] *die;* -, -s: 1. Wandelhalle eines Parlamentsgebäudes. 2. Gesamtheit der Lobbyisten; Interessengruppe, die in der Lobby (1) versucht, die Entscheidungen von Abgeordneten zu beeinflussen [u. die diese ihrerseits unterstützt]. **Lobbying** [*lǒbi-ing;* aus gleichbed. *amerik.* lobbying zu lobby] *das;* -s, -s: Beeinflussung von Abgeordneten durch Interessen[gruppen]. **Lobbyismus** *der;* -: [ständiger] Versuch, Gepflogenheit, Zustand der Beeinflussung von Abgeordneten durch Interessen[gruppen]. **Lobbyist** *der;* -en, -en: jmd., der Abgeordnete für seine Interessen zu gewinnen sucht

tiäre „die Erlaubnis erteilen"; vgl. Lizenz] *der;* -en, -en: Inhaber eines Lizenziatstitels; Abk.: Lic. [theol.], (in der Schweiz:) lic. phil. usw. **lizenzieren:** Lizenz erteilen. **lizenziös** [aus *fr.* licencieux „allzu frei, liederlich"]: frei, ungebunden; zügellos
Llano [*ljano;* aus *span.* llano „Ebene" zu llano „eben, flach" aus gleichbed. *lat.* plānus] *der;* -s, -s (meist Plural): baumlose od. baumarme Ebene in den lateinamerik. Tropen u. Subtropen
lm = Lumen (3)
Lob [aus gleichbed. *engl.* lob, eigtl. „Klumpen"] *der;* -[s], -s: 1. hoher, weich geschlagener Ball [mit dem der am Netz angreifende Gegner überspielt werden soll] (Tennis; Badminton). 2. angetäuschter Schmetterschlag, der an den am Netz verteidigenden Spielern vorbei od. hoch über sie hinwegfliegt (Volleyball). **lobben** [aus gleichbed. *engl.* to lob]: einen → Lob schlagen (Tennis; Badminton; Volleyball)
Lobby [*lǒbi;* aus *engl.* lobby „Vor-, Wandelhalle", dies aus *mlat.* lobia „Galerie, Laube" (germ. Wort)] *die;* -, -s: 1. Wandelhalle eines Parlamentsgebäudes. 2. Gesamtheit der Lobbyisten; Interessengruppe, die in der Lobby (1) versucht, die Entscheidungen von Abgeordneten zu beeinflussen [u. die diese ihrerseits unterstützt]. **Lobbying** [*lǒbi-ing;* aus gleichbed. *amerik.* lobbying zu lobby] *das;* -s, -s: Beeinflussung von Abgeordneten durch Interessen[gruppen]. **Lobbyismus** *der;* -: [ständiger] Versuch, Gepflogenheit, Zustand der Beeinflussung von Abgeordneten durch Interessen[gruppen]. **Lobbyist** *der;* -en, -en: jmd., der Abgeordnete für seine Interessen zu gewinnen sucht
Lobelie [...*lǐ';* nach dem flandrischen Botaniker M. de l'Obel, 1538–1616] *die;* -, -n: aus Afrika stammende Gartenpflanze
loco [*lǒko,* auch: *lǒko;* aus *lat.* loco „am (rechten) Platze", Lokativ von locus „Ort"]: (Kaufmannsspr.) am Ort, hier; greifbar, vorrätig. **loco citato** [- *zitato; lat.* vgl. Zitat]: an der angeführten Stelle (eines Buches); Abk.: l. c.
Locus amoenus [*lǒkuß amö...,* auch: *lǒkúß -; lat.;* eigtl. „lieblicher Ort"] *der;* - -, Loci amoeni [*lǒzi* -, auch: *lǒzi* -]: aus bestimmten Elementen zusammengesetztes Bild einer lieblichen Landschaft als literarischer → Topos (bes. der Idylle; Literaturw.)

loggen L

3 Auf dieser Seite steht das gesuchte Wort, dahinter die entsprechende Erklärung.

Lobby [*lǒbi;* aus *engl.* lobby „Vor-, Wandelhalle", dies aus *mlat.* lobia „Galerie, Laube" (germ. Wort)] *die;* -, -s: 1. Wandelhalle eines Parlamentsgebäudes. 2. Gesamtheit der Lobbyisten; Interessengruppe, die in der Lobby (1) versucht, die Entscheidungen von Abgeordneten zu beeinflussen [u. die diese ihrerseits unterstützt]. **Lobbying** [*lǒbi-ing;* aus gleichbed. *amerik.* lobbying zu lobby] *das;* -s, -s: Beeinflussung von Abgeordneten durch Interessen[gruppen]. **Lobbyismus** *der;* -: [ständiger] Versuch, Gepflogenheit, Zustand der Beeinflussung von Abgeordneten durch Interessen[gruppen]. **Lobbyist** *der;* -en, -en: jmd., der Abgeordnete für seine Interessen zu gewinnen sucht

(Schülerduden, Fremdwörterbuch. Mannheim 1997)

❷ Beschreiben Sie die Persönlichkeit der Ministerin mit fünf Adjektiven.

❸ In der Reportage wird deutlich, worauf bei Frauen im Vergleich zu Männern in Führungspositionen geachtet wird und wonach sie beurteilt werden. An welchen Textstellen können Sie das erkennen?

❹ Suchen Sie eine Reportage über einen Politiker in einer Zeitschrift und vergleichen Sie diese mit dem Text über Andrea Fischer.

Traumberuf und Wirklichkeit

 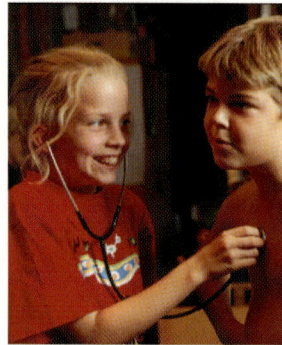

Jungen träumen vom Helden – Mädchen träumen vom Helfen.

Traumjob: Fußballer

In den Augen kleiner Jungen üben Bierhoff, Matthäus und Co. den idealen Beruf aus.

Bei einer Umfrage vom Münchner Institut für Jugendforschung (IJF) wollten 14,6% aller Jungen zwischen 6 und 14 Jahren später
5 Fußballer werden.

Bei den Mädchen im gleichen Alter träumen nur wenige davon, Model oder Schauspielerin zu werden, obwohl diese Berufe täglich im Fernsehen und in den Zeitschriften vorgeführt werden.

Auf der Wunschliste der Mädchen stehen hingegen so handfeste
10 Berufe wie Polizistin, Lehrerin oder Tierpflegerin vorne.

„Jungen orientieren sich stärker an den klassischen Heldenrollen", meint Jugendforscher Villwock. Er meint, dass in den letzten zehn Jahren der Starkult in den Jugendzeitschriften und die Werbekampagnen der Bundesligaklubs den Beruf des Fußballers
15 sehr populär gemacht haben.

1994 war der „gute alte Lokführer" auf der Wunschliste der Jungen noch auf Platz 9, heute rangiert er auf dem Abstellgleis.

Nach Aussage der Jugendforscher ist es typisch für Kinder, sich mehr nach dem alten Bild der geschlechtsspezifischen Rollen zu
20 richten:

Die Mädchen fürs Soziale, die Jungen fürs Technische.

„Klischeehafte Rollenbilder halten einfach länger als sich zaghaft wandelnde Realitäten", meint Jugendforscher Hurrelmann.

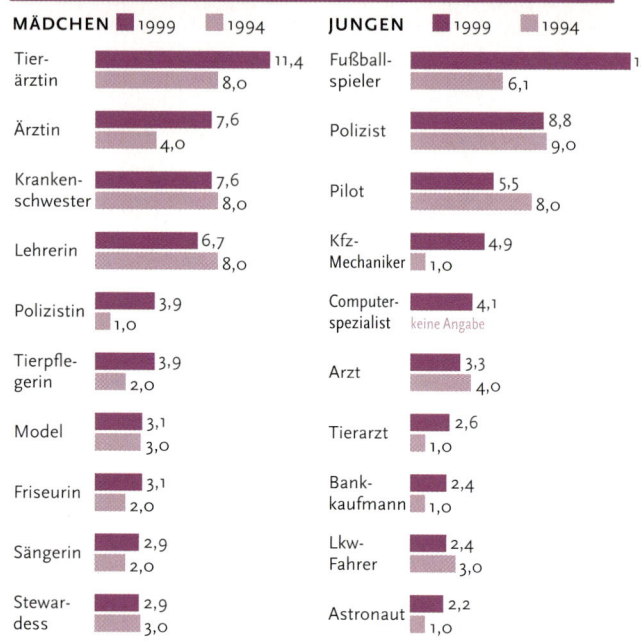

Die Top Ten der Traumberufe
Das Deutsche Institut für Jugendforschung fragte 1000 Kinder im Alter zwischen 6 und 14 Jahren danach, was sie einmal werden wollen.

MÄDCHEN	1999	1994
Tierärztin	11,4	8,0
Ärztin	7,6	4,0
Krankenschwester	7,6	8,0
Lehrerin	6,7	8,0
Polizistin	3,9	1,0
Tierpflegerin	3,9	2,0
Model	3,1	3,0
Friseurin	3,1	2,0
Sängerin	2,9	2,0
Stewardess	2,9	3,0

JUNGEN	1999	1994
Fußballspieler	14,5	6,1
Polizist	8,8	9,0
Pilot	5,5	8,0
Kfz-Mechaniker	4,9	1,0
Computerspezialist	4,1	keine Angabe
Arzt	3,3	4,0
Tierarzt	2,6	1,0
Bankkaufmann	2,4	1,0
Lkw-Fahrer	2,4	3,0
Astronaut	2,2	1,0

1 a) Erklären Sie die Statistik „Top Ten der Traumberufe" mit eigenen Worten.
  b) Worin sieht der Jugendforscher Hurrelmann den wesentlichen Unterschied bei der Berufswahl zwischen Mädchen und Jungen?

2 a) Welche Vorbilder haben die befragten Mädchen und Jungen für ihr späteres Berufsleben?
  b) Suchen Sie Eigenschaften, die für die jeweiligen drei Top-Traumberufe erforderlich sind.

3 a) Machen Sie eine (anonyme) Umfrage in Ihrer Klasse, welche Traumberufe Ihre Mitschüler/innen in der Kindheit hatten.
  b) Wie unterscheidet sich die jetzt getroffene Wahl des Ausbildungsplatzes von den Träumen?

4 Überlegen Sie, woran es liegen könnte, dass Mädchen und Jungen so unterschiedliche Vorstellungen von ihren Traumberufen haben.

„Aus der Traum"?

Die Statistik zeigt, dass die Wirklichkeit mit den Kinder- und Jugendträumen – zumindest was die Wahl des Ausbildungsberufes betrifft – wenig zu tun hat.

Im Jahre 1997 wurden von jungen Frauen folgende 10 Ausbildungsberufe am häufigsten gewählt:

Rechtsanwaltsgehilfin: 10.200 – Kauffrau im Einzelhandel: 17.400 – Friseurin: 15.000 – Bürokauffrau: 20.600 – Zahnarzthelferin: 15.000 – Arzthelferin: 14.800 – Industriekauffrau: 12.600 – Hotelfachfrau: 9000 – Bankkauffrau: 9300 – Fachverkäuferin für Lebensmittel: 12.000

Die jungen Männer wählten folgende zehn Berufe am häufigsten:

Industriekaufmann: 8900 – Maler und Lackierer: 16.300 – Tischler: 15.700 – Maurer: 14.200 – Kaufmann im Einzelhandel: 11.800 – Gas- und Wasserinstallateur: 10.400 – Elektroinstallateur: 14.600 – Metallbauer: 8700 – Kaufmann im Groß- und Außenhandel: 11.100 – Kfz-Mechaniker: 23.100

Sie haben sicher bemerkt, dass diese Art der Aufzählung recht unübersichtlich ist.

5 Ordnen Sie die Berufe – getrennt nach Frauen und Männern – nach der Häufigkeit ihrer Nennung.

6 Erstellen Sie für Frauen und Männer jeweils eine Tabelle, in die Sie die Berufe und die dazugehörigen Zahlen eintragen.

7 Überlegen Sie, welche Form der Visualisierung sich für die Darstellung der Berufswünsche am besten eignet, und nehmen Sie für Ihre Entscheidung die Seiten 133–135 zu Hilfe. Entwerfen Sie das entsprechende Schaubild.

8 Diskutieren Sie, warum Traumberuf und Wirklichkeit meist nicht übereinstimmen.

Eine wertvolle Hilfe kann Ihnen Ihr PC bieten: Mit einem Tabellenkalkulationsprogramm, z.B. „Excel", erstellen Sie auf einfache Weise abwechslungsreiche Schaubilder.

Frauen in die Bundeswehr?

Aus dem Grundgesetz
Artikel 3

(2) Männer und Frauen sind gleichberechtigt. [...]
(3) Niemand darf wegen seines Geschlechtes, seiner Abstammung, seiner Rasse, seiner Sprache [...] benachteiligt oder bevorzugt werden. [...]

Gleichberechtigung von Frau und Mann – ein wichtiges Thema in der öffentlichen Diskussion seit 30 Jahren. Viele Fortschritte hat es in diesen Jahrzehnten gegeben, trotzdem zeigen immer noch genügend Beispiele aus dem privaten und öffentlichen Leben, dass der Anspruch der Verfassung oft nicht eingelöst wird.

❶ Sammeln Sie schriftlich solche Beispiele und diskutieren Sie die Ursachen für die Nichtgleichstellung der Frauen.

4400 Soldatinnen gibt es bislang in der Bundeswehr, die meisten im Sanitäts- und im Musikdienst. Inzwischen sind die ersten Freiwilligen, die den Dienst an der Waffe leisten wollen, in die Kasernen eingerückt.

Girls und Waffen – was ist erlaubt?

Amerikanerinnen beim Militär sind den Männern fast gleichgestellt. Nur auf U-Booten und in Einheiten, die direkt den Feind bekämpfen, ist ihnen der Einsatz verboten.

In acht NATO-Staaten sind Frauen beim Militär. Aber allein in Norwegen dürfen Soldatinnen uneingeschränkt alle militärischen Aufgaben erfüllen.

Keine Gleichberechtigung in Italien: Hier trägt keine einzige Frau eine Waffe. Jedenfalls noch nicht ...

Die Bundeswehr – eine der letzten Männerbastionen – muss auf die Klage einer jungen Frau nun auch offen für Frauen sein.

Spinnen die Politiker?

Jetzt sollen unsere Töchter an die Gewehre

Richter kippten eine „Männerbastion". Gut so, was Gleichberechtigung betrifft. Die Bundeswehr, sagt jetzt ein EU-Gerichtshof-Urteil, muss Frauen dieselbe Chance geben wie Männern. Im Kampf-Jet, Leopard-Panzer, an welcher Waffe auch immer.

Angst um Söhne schlimm genug!

„Das ist nicht gut, sondern schlecht", schreibt eine Mutter an *bella*, „jetzt sollen auch noch unsere Töchter in einem Krieg an die Gewehre!"

Ilona Wex (42) hat einen Sohn, der in Bosnien stationiert ist. „Meine Angst um ihn ist schon schlimm genug!"

Ihre Tochter Sandra (19, Abiturientin) findet dagegen das EU-Urteil gut. Sie bewundert die Energieanlagen-Elektronikerin Tanja Kreil (23), die gegen das „Verbot des Waffendienstes von Frauen" im Grundgesetz (Artikel 12a) geklagt und gewonnen hatte.

Argument der Tochter bei der Familien-Diskussion: „Frauen sind ausgezeichnete Firmenbosse, Ingenieure, Wissenschaftler – warum nicht auch gute Generäle?"

Argument der Mutter: „Es ist kein Fortschritt, ein Recht auf den Kriegsdienst einzuklagen."

Sandra hält ihre Mutter für rückständig: „In den USA ist jeder siebte Soldat eine Frau."

Ilona Wex weiß auch, dass 53 % der Deutschen das Urteil begrüßen.

Aber ihr geht diese Art von Gleichberechtigung zu weit. „Die Väter unseres Grundgesetzes wollten die Frauen schützen. Ich bin sicher, ein Krieg wird nicht menschlicher, nur weil wir Frauen mitkämpfen dürfen."

Bedeutet das auch Wehrpflicht?

Schon jetzt weisen einige Politiker darauf hin, dass wirkliche Gleichberechtigung konsequent auch Wehrpflicht für Frauen bedeuten würde. In diesem Punkt denken viele Frauen jedoch anders. Auszug aus einer Umfrage: „Diese Politiker spinnen", empört sich eine 17-jährige Ver-

käuferin. Eine Krankenschwester (29): „Der Wehrdienst nur für Männer hat wenigstens halbwegs ausgeglichen, dass wir bei der Karriere benachteiligt sind, weil wir die Kinder bekommen."

Als einzige Lösung des Konflikts sehen viele eine Berufsarmee aus Freiwilligen.

„Egal, ob Mann oder Frau – wer zum Militär will, sollte gleichberechtigt die Möglichkeit haben, aber nicht müssen", schreibt Ilona Wex. Tanja Kreil, die mit ihrem Urteil die Männerbastion erschüttert hat, will gern bei der Bundeswehr neue Techniken erlernen. Im Notfall auch ihre „soldatische Pflicht erfüllen". Jetzt kann ihre Bewerbung für das Heer nicht mehr daran scheitern, dass sie eine Frau ist – nur noch an einer winzigen Kleinigkeit.

Tanja ist 1,57 m „klein", drei Zentimeter weniger, als es die „Musterungsvorschrift" verlangt ...

Emily Reuter
(bella, Nr. 7/10.2.2000)

❷ Schreiben Sie aus dem Text die Argumente pro und kontra Frauen in der Bundeswehr heraus und finden Sie weitere Argumente für und wider.

❸ a) Was halten Sie von folgender Aussage: „Wenn schon Gleichberechtigung, dann richtig! Allgemeine Wehrpflicht für die Frauen!" Diskutieren Sie diese Forderung in der Klasse.

b) Fertigen Sie ein Ergebnisprotokoll der Diskussion an (zum Ergebnisprotokoll siehe S. 164).

❹ a) Erklären Sie die Karikatur.

b) Was könnte die Frau antworten? Finden Sie einen Antwortsatz.

c) Versetzen Sie sich in die Rolle eines Gegners der Forderung „Frauen in die Bundeswehr!" Formulieren Sie schriftlich einen Leserbrief an eine Zeitung, in dem Sie ihre Meinung deutlich machen (zum Leserbrief siehe S. 151).

„Aus der Rolle fallen"

Die unwürdige Greisin

Meine Großmutter war zweiundsiebzig Jahre alt, als mein Großvater starb. Er hatte eine kleine Lithographenanstalt in einem badischen Städtchen und arbeitete darin mit zwei, drei Gehilfen bis zu seinem Tod.
5 Großmutter besorgte ohne Magd den Haushalt, betreute das alte, wacklige Haus und kochte für die Mannsleute und Kinder.

Sie war eine kleine magere Frau mit lebhaften Eidechsenaugen, aber langsamer Sprechweise. Mit
10 recht kärglichen Mitteln hatte sie fünf Kinder großgezogen – von den sieben, die sie geboren hatte. Davon war sie mit den Jahren kleiner geworden.

Von den Kindern gingen die zwei Mädchen nach Amerika, und zwei der Söhne zogen ebenfalls weg.
15 Nur der Jüngste, der eine schwache Gesundheit hatte, blieb im Städtchen. Er wurde Buchdrucker und legte sich eine viel zu große Familie zu.

So war sie allein im Haus, als mein Großvater gestorben war.

20 Die Kinder schrieben sich Briefe über das Problem, was mit ihr zu geschehen hätte. Einer konnte ihr bei sich ein
25 Heim anbieten, und der Buchdrucker wollte mit den Seinen zu ihr ins Haus ziehen. Aber die Greisin verhielt sich
30 abweisend zu den Vorschlägen und wollte nur von jedem ihrer Kinder, das dazu imstande war, eine kleine geldliche Unterstützung annehmen. Die Lithographenanstalt, längst
35 veraltet, brachte fast nichts beim Verkauf, und es waren auch Schulden da.

Die Kinder schrieben ihr, sie könne doch nicht ganz allein leben, aber als sie darauf überhaupt nicht einging, gaben sie nach und schickten ihr monatlich ein
40 bißchen Geld. Schließlich, dachten sie, war ja der Buchdrucker im Städtchen geblieben.

Der Buchdrucker übernahm es auch, seinen Geschwistern mitunter über die Mutter zu berichten. Seine Briefe an meinen Vater und was dieser bei einem Besuch und nach dem Begräbnis meiner Großmutter 45 zwei Jahre später erfuhr, geben mir ein Bild von dem, was in diesen zwei Jahren geschah.

Es scheint, daß der Buchdrucker von Anfang an enttäuscht war, daß meine Großmutter sich weigerte, ihn in das ziemlich große und nun leerstehende Haus auf- 50 zunehmen. Er wohnte mit vier Kindern in drei Zimmern. Aber die Greisin hielt überhaupt nur eine sehr lose Verbindung mit ihm aufrecht. Sie lud die Kinder jeden Sonntagnachmittag zum Kaffee, das war eigentlich alles. 55

Sie besuchte ihren Sohn ein- oder zweimal in einem Vierteljahr und half der Schwiegertochter beim Beereneinkochen. Die junge Frau entnahm einigen ihrer Äußerungen, daß es ihr in der kleinen Wohnung des Buchdruckers zu eng war. Dieser konnte sich nicht 60 enthalten, in seinem Bericht darüber ein Ausrufezeichen anzubringen.

Auf eine schriftliche Anfrage meines Vaters, was 65 die alte Frau denn jetzt so mache, antwortete er ziemlich kurz, sie besuche das Kino.

Man muß verstehen, daß 70 das nichts Gewöhnliches war, jedenfalls nicht in den Augen ihrer Kinder.

Das Kino war vor dreißig Jahren noch nicht, was es heute ist. Es handelte sich um elende, schlecht gelüf- 75 tete Lokale, oft in alten Kegelbahnen eingerichtet, mit schreienden Plakaten vor dem Eingang, auf denen Morde und Tragödien der Leidenschaft angezeigt waren. Eigentlich gingen nur Halbwüchsige hin oder, des Dunkels wegen, Liebespaare. Eine einzelne alte 80 Frau mußte dort sicher auffallen.

Und so war noch eine andere Seite dieses Kinobesuches zu bedenken. Der Eintritt war gewiß billig, da aber das Vergnügen ungefähr unter den Schleckereien rangierte, bedeutete es „hinausgeworfenes Geld". Und Geld hinauszuwerfen, war nicht respektabel.

Dazu kam, daß meine Großmutter nicht nur mit ihrem Sohn am Ort keinen regelmäßigen Verkehr pflegte, sondern auch sonst niemanden von ihren Bekannten besuchte oder einlud: Sie ging niemals zu den Kaffeegesellschaften des Städtchens. Dafür besuchte sie häufig die Werkstatt eines Flickschusters in einem armen und sogar etwas verrufenen Gäßchen, in der, besonders nachmittags, allerlei nicht besonders respektable Existenzen herumsaßen, stellungslose Kellnerinnen und Handwerksburschen. Der Flickschuster war ein Mann in mittleren Jahren, der in der ganzen Welt herumgekommen war, ohne es zu etwas gebracht zu haben. Es hieß auch, daß er trank. Er war jedenfalls kein Verkehr für meine Großmutter.

Der Buchdrucker deutete in einem Brief an, daß er seine Mutter darauf hingewiesen, aber einen recht kühlen Bescheid bekommen habe. „Er hat etwas gesehen", war ihre Antwort, und das Gespräch war damit zu Ende. Es war nicht leicht, mit meiner Großmutter über Dinge zu reden, die sie nicht bereden wollte.

Etwa ein halbes Jahr nach dem Tod des Großvaters schrieb der Buchdrucker meinem Vater, daß die Mutter jetzt jeden zweiten Tag im Gasthof esse.

Was für eine Nachricht! Großmutter, die zeit ihres Lebens für ein Dutzend Menschen gekocht und immer nur die Reste aufgegessen hatte, aß jetzt im Gasthof! Was war in sie gefahren?

Bald darauf führte meinen Vater eine Geschäftsreise in die Nähe, und er besuchte seine Mutter.

Er traf sie im Begriffe, auszugehen. Sie nahm den Hut wieder ab und setzte ihm ein Glas Rotwein mit Zwieback vor. Sie schien ganz ausgeglichener Stimmung zu sein, weder besonders aufgekratzt noch besonders schweigsam. Sie erkundigte sich nach uns, allerdings nicht sehr eingehend, und wollte hauptsächlich wissen, ob es für die Kinder auch Kirschen gäbe. Da war sie ganz wie immer. Die Stube war natürlich peinlich sauber, und sie sah gesund aus.

Das einzige, was auf ihr neues Leben hindeutete, war, daß sie nicht mit meinem Vater auf den Gottesacker gehen wollte, das Grab ihres Mannes besuchen. „Du kannst allein hingehen", sagte sie beiläufig „es ist das dritte von links in der elften Reihe. Ich muß noch wohin."

Der Buchdrucker erklärte nachher, daß sie wahrscheinlich zu ihrem Flickschuster musste. Er klagte sehr.

„Ich sitze hier in diesen Löchern mit den Meinen und habe noch fünf Stunden Arbeit und schlecht bezahlte, dazu macht mir mein Asthma wieder zu schaffen, und das Haus in der Hauptstraße steht leer."

Mein Vater hatte im Gasthof ein Zimmer genommen, aber erwartet, daß er zum Wohnen doch von seiner Mutter eingeladen werden würde, wenigstens pro forma, aber sie sprach nicht davon. Und sogar als das Haus voll gewesen war, hatte sie immer etwas dagegen gehabt, daß er nicht bei ihnen wohnte und dazu das Geld für das Hotel ausgab!

Aber sie schien mit ihrem Familienleben abgeschlossen zu haben und neue Wege zu gehen, jetzt, wo ihr Leben sich neigte. Mein Vater, der eine gute Portion Humor besaß, fand sie ganz munter und sagte meinem Onkel, er solle die alte Frau machen lassen, was sie wolle.

Aber was wollte sie?

Das nächste, was berichtet wurde, war, daß sie eine Bregg bestellt hatte und nach einem Ausflugsort gefahren war, an einem gewöhnlichen Donnerstag. Eine Bregg war ein großes, hochrädriges Pferdegefährt mit Plätzen für ganze Familien. Einige wenige Male, wenn wir Enkelkinder zu Besuch gekommen waren, hatte Großvater die Bregg gemietet. Großmutter war immer zu Hause geblieben. Sie hatte es mit einer wegwerfenden Handbewegung abgelehnt, mitzukommen.

Und nach der Bregg kam die Reise nach K., einer größeren Stadt etwa zwei Eisenbahnstunden entfernt. Dort war ein Pferderennen, und zu dem Pferderennen fuhr meine Großmutter.

Der Buchdrucker war jetzt durch und durch alarmiert. Er wollte einen Arzt hinzugezogen haben. Mein Vater schüttelte den Kopf, als er den Brief las, lehnte aber die Hinzuziehung eines Arztes ab.

Nach K. war meine Großmutter nicht allein gefahren. Sie hatte ein junges Mädchen mitgenommen, eine halb Schwachsinnige, wie der Buchdrucker schrieb, das Küchenmädchen des Gasthofs, in dem die Greisin jeden zweiten Tag speiste.

Dieser „Krüppel" spielte von jetzt ab eine Rolle.

Meine Großmutter schien einen Narren an ihr gefressen zu haben. Sie nahm sie mit ins Kino und zum Flickschuster, der sich übrigens als Sozialdemokrat 180 herausgestellt hatte, und es ging das Gerücht, daß die beiden Frauen bei einem Glas Rotwein in der Küche Karten spielten.

„Sie hat dem Krüppel jetzt einen Hut gekauft mit Rosen drauf", schrieb der Buchdrucker verzweifelt. 185 „Und unsere Anna hat kein Kommunionskleid!"

Die Briefe meines Onkels wurden ganz hysterisch, handelten nur von der ‚unwürdigen Aufführung unserer lieben Mutter' und gaben sonst nichts mehr her. Das Weitere habe ich von meinem Vater.

190 Der Gastwirt hatte ihm mit Augenzwinkern zugeraunt: „Frau B. amüsiert sich ja jetzt, wie man hört."

In Wirklichkeit lebte meine Großmutter auch diese letzten Jahre keinesfalls üppig. Wenn sie nicht im Gasthof aß, nahm sie meist nur ein wenig Eierspeise 195 zu sich, etwas Kaffee und vor allem ihren geliebten Zwieback. Dafür leistete sie sich einen billigen Rotwein, von dem sie zu allen Mahlzeiten ein kleines Glas trank. Das Haus hielt sie sehr rein, und nicht nur die Schlafstube und die Küche, die sie benutzte. Jedoch 200 nahm sie darauf ohne Wissen ihrer Kinder eine Hypothek auf. Es kam niemals heraus, was sie mit dem Geld machte. Sie scheint es dem Flickschuster gegeben zu haben. Er zog nach ihrem Tod in eine andere Stadt und soll dort ein größeres Geschäft für Maß- 205 schuhe eröffnet haben.

Genau betrachtet lebte sie hintereinander zwei Leben. Das eine, erste, als Tochter, als Frau und als Mutter, und das zweite einfach als Frau B., eine alleinstehende Person ohne Verpflichtungen und mit bescheidenen, 210 aber ausreichenden Mitteln. Das erste Leben dauerte etwa sechs Jahrzehnte, das zweite nicht mehr als zwei Jahre.

Mein Vater brachte in Erfahrung, daß sie im letzten halben Jahr sich gewisse Freiheiten gestattete, die nor- 215 male Leute gar nicht kennen. So konnte sie im Sommer früh um drei Uhr aufstehen und durch die leeren Straßen des Städtchens spazieren, das sie so für sich ganz allein hatte. Und den Pfarrer, der sie besuchen kam, um der alten Frau in ihrer Vereinsamung Gesell- 220 schaft zu leisten, lud sie, wie allgemein behauptet wurde, ins Kino ein!

Sie war keineswegs vereinsamt. Bei dem Flickschuster verkehrten anscheinend lauter lustige Leute, und es

wurde viel erzählt. Sie hatte dort immer eine Flasche ihres eigenen Rotweins stehen, und daraus trank sie 225 ihr Gläschen, während die anderen erzählten und über die würdigen Autoritäten der Stadt loszogen. Dieser Rotwein blieb für sie reserviert, jedoch brachte sie mitunter der Gesellschaft stärkere Getränke mit.

Sie starb ganz unvermittelt, an einem Herbstnachmit- 230 tag in ihrem Schlafzimmer, aber nicht im Bett, sondern auf dem Holzstuhl am Fenster. Sie hatte den „Krüppel" für den Abend ins Kino eingeladen, und so war das Mädchen bei ihr, als sie starb. Sie war vierundsiebzig Jahre alt. 235

Ich habe eine Fotografie von ihr gesehen, die sie auf dem Totenbett zeigt und die für die Kinder angefertigt worden war. Man sieht ein winziges Gesichtchen mit vielen Falten und einen schmallippigen, aber breiten Mund. Viel Kleines, aber nichts Kleinliches. Sie hatte 240 die langen Jahre der Knechtschaft und die kurzen Jahre der Freiheit ausgekostet und das Brot des Lebens aufgezehrt bis auf den letzten Brosamen.   Ⓡ

(Bertolt Brecht: Gesammelte Werke, Bd. 11: Prosa 1.
Suhrkamp, Frankfurt/M. 1967, S. 315)

❶ a) Schreiben Sie die Wörter, die Ihnen unbekannt sind oder die Sie nicht verstehen, aus der Erzählung von Bertolt Brecht heraus und klären Sie deren Bedeutung mit Hilfe eines Lexikons.

    b) Gliedern Sie die Erzählung: Bilden Sie Abschnitte und finden Sie Überschriften (zur Inhaltsangabe siehe S. 179).

❷ a) Aus wessen Perspektive wird die Greisin beschrieben? (Zur Erzählperspektive siehe S. 21.)

    b) Machen Sie eine Mind-Map (siehe S. 131), in der die Greisin im Mittelpunkt steht. Welche Personen sind um sie herum zu gruppieren?

    c) Ordnen Sie die Personen nach dem Verhältnis, das diese zur Greisin hatten.

❸ Erklären Sie, warum der Autor den Titel „Die unwürdige Greisin" gewählt hat.

Versetzen Sie sich dazu in die Rolle des Buchdruckers und formulieren Sie aus dessen Sicht:

Die Mutter verhält sich unwürdig, weil ...

Interpretation

Was muss eine gute Interpretation enthalten?

▲ Angaben zur Autorin/zum Autor

▲ eine Bestimmung der literarischen Gattung, z. B. Roman, Erzählung, Kurzgeschichte

▲ eine Analyse der Erzählperspektive: Ich-Erzählung, personale Erzählung, allwissende Erzählung (Beispiele siehe S. 21)

▲ eine kurze Darstellung der inhaltlichen Schwerpunkte (Achtung: Eine Interpretation darf keine Nacherzählung werden!)

▲ Angaben zu Besonderheiten des Textes, z. B.: Gibt es Rückblenden oder Vorgriffe, verwendet der Autor/die Autorin gehäuft indirekte oder direkte Rede, benutzt er/sie sprachliche Bilder (Metaphern)?

▲ die eigentliche Interpretation: Sie können entweder den Text Schritt für Schritt erläutern oder aber eine zentrale Textstelle herausgreifen und diese stellvertretend für den Text untersuchen.

▲ eine Wertung des Textes: Überzeugt Sie die Textaussage? Finden Sie den Text durch aktuelle Ereignisse bestätigt? Stellt der Text menschliche oder gesellschaftliche Wertvorstellungen in Frage?

Und so gehen Sie vor:

▲ Sie lesen den Text sorgfältig.

▲ Sie lesen den Text ein zweites Mal und halten wichtige Inhalte in Stichworten fest.

▲ Sie entwerfen schriftlich die Interpretation.

▲ Sie überarbeiten die Interpretation, verbessern dabei Fehler und vermeiden unnötige Wiederholungen, legen eine Gliederung fest.

▲ Sie fertigen die Interpretation an.

4 Fertigen Sie schriftlich eine Interpretation zur Erzählung „Die unwürdige Greisin" (S. 40–42) an.

Ideenbörse

Spielszenen gestalten

Eine Möglichkeit, sich mit literarischen Texten zu beschäftigen, ist, sich in die Situation, in die Gedanken, in die Rolle, ja auch in den Körper der beschriebenen Personen hineinzuversetzen. Das geschieht im Theater, im Film, in Fernsehspielen.

Auch im Unterricht kann man mit einfachen Mitteln Spielszenen gestalten.

Einen „Spiel"-Raum schaffen

Das kann im Klassenraum geschehen. Tische und Stühle werden zur Seite gestellt und ein freier Platz ist geschaffen. Tische und Stühle können auch als Kulissen oder Requisiten benutzt werden.

Requisiten bereitstellen

Überlegen Sie, mit welch einfachen Mitteln man eine Person verändern kann: mit einem Kleidungsstück, einer anderen Frisur, durch Schminken etc.

Die Rollen besetzen

Schauspieler/innen können entweder Freiwillige sein, die Spaß am Spiel haben, oder man schreibt die Rollen auf Karten/Zettel und lässt die Schüler/innen verdeckt ziehen. Dabei sollte jede/r einmal eine Rolle übernehmen. Die Szene wird also mehrfach von unterschiedlich besetzten „Schauspielerteams" dargestellt.

Die restliche Klasse bildet das Publikum, das die Aufführung aufmerksam verfolgt und auch später mit den „Schauspielerinnen" und „Schauspielern" über die Darstellung diskutieren kann.

In die Rolle hineinfinden

Die „Schauspieler/innen" müssen sich anhand des Textes ein genaues Bild von der Figur machen, die sie darstellen wollen:

Wie sieht die Person aus? Wie bewegt sie sich? Welche Körperhaltung nimmt sie ein? Wie spricht sie? Wie verhält sie sich gegenüber den anderen Personen?

Aufwärmübung

Versuchen Sie zunächst, mit Aufwärmübungen in das Spiel hineinzufinden.
Laufen Sie kreuz und quer durch das Klassenzimmer und stellen Sie sich vor: Sie sind ein alter Mann/eine alte Frau/ein Kind/ein fröhlicher Mensch/ein Mensch, der traurig ist.
Begrüßen Sie sich beim Umherlaufen mit Handschlag und stellen Sie sich vor: Sie treffen einen guten Freund/einen ehemaligen Lehrer/einen entfernten Bekannten ihrer Eltern usw.
Versuchen Sie dabei, kleine Dialoge spontan zu erfinden.

Sich mit dem Text auseinander setzen

Die jeweilige Spielgruppe schreibt zunächst ein Drehbuch, in dem festgelegt ist, wie die Rollen besetzt sind, wie der Handlungsablauf ist, welche/r Darsteller/in welchen Text wann zu sprechen hat, wie die Figuren räumlich zueinander stehen, wie sie sich bewegen usw.

Beispiel für ein Drehbuch

Sequenz	Dauer	Inhalt	Kamera	Geräusche/Musik	Kommentar

Es gibt auch die Möglichkeit, das Spiel spontan ohne genau festgelegten Text zu spielen. Die Dialoge entwickeln sich dann im Spiel durch die Fantasie und das Einfühlungsvermögen der Darsteller/innen.

Das szenische Spiel kann im kleinen Rahmen nur innerhalb der Lerngruppe stattfinden, um einen Text zu erfahren, zu interpretieren. Es kann aber auch dazu dienen, vor einem Publikum von außen Lernerfahrungen zu präsentieren, z. B. bei Projektwochen, Tagen der offenen Tür usw.
Für die Umsetzung in Spielszenen eignen sich z. B. die Erzählung „Ein netter Kerl"
(S. 10 f.), das Jugendstück „Eins auf die Fresse" (S. 156 f.) oder der Romanausschnitt „Aischa" (S. 173 ff.).

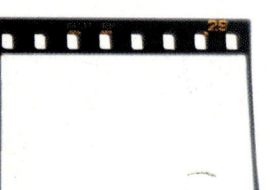

Einen Fotoroman erstellen

Einen Fotoroman können Sie z. B. zu folgenden Situationen anfertigen:
▲ Kennenlernen eines Paares
▲ Zerbrechen einer Beziehung
▲ Konflikte im Familienleben
Mit welchen Schritten Sie einen Fotoroman erstellen, können Sie auf S. 118 nachlesen.

Im Internet recherchieren

Bilden Sie Gruppen.
Suchen Sie auf den Startseiten der bekannten Suchmaschinen (siehe S. 106) nach Verknüpfungen (Links), die auf Frauen- bzw. Männerthemen hinweisen.
Gehen Sie diesen Links nach und dokumentieren Sie die Inhalte, die Sie finden, und werten Sie diese aus.

Zeitschriften analysieren

Besorgen Sie sich einige so genannte typische Frauenzeitschriften sowie Computerzeitschriften, Auto- und Sportmagazine.
Vergleichen Sie die Hauptthemengebiete.
Untersuchen Sie die Werbung, die in den jeweiligen Zeitschriften geschaltet ist. Was wird dargestellt? Wer soll die Produkte kaufen? In welchen Zusammenhängen werden Frauen abgebildet?

Einen Videofilm drehen

Bilden Sie Gruppen. Diskutieren Sie, welche Konflikte häufig zwischen Frauen und Männern, zwischen Mädchen und Jungen auftreten.
Bilden Sie Drehbuchteams, die jeweils ein Drehbuch entwerfen.
Entscheiden Sie sich für einen Entwurf, den Sie filmisch umsetzen wollen.
Legen Sie fest, wie Sie das Filmteam besetzen wollen: Schauspieler/innen, Regisseur/in, Licht, Maske, Ton usw.
Wenn die technische Möglichkeit besteht, sollte der Film nach den Drehaufnahmen geschnitten werden. (Die Landesbildstellen sind oft dafür ausgerüstet.)

gegeneinander?
nebeneinander?
miteinander?

alt und jung

Nachts um elf

Stellen Sie sich folgende Situation vor:

Es ist 23 Uhr. Markus feiert seinen 19. Geburtstag. Aus seiner Wohnung dröhnt laute Musik. Die Party ist in vollem Gange. Die Musik ist super, die Stimmung noch besser. Markus ist glücklich und fühlt sich unheimlich gut. Plötzlich klingelt es. Der Nachbar, Herr Müller, steht im Schlafrock vor der Tür und beschwert sich über den Lärm.

Der Nachbar ist 62 Jahre alt, Rentner und Frühaufsteher. Er geht relativ früh schlafen. Da er einen leichten Schlaf hat, weckt ihn bereits jedes Geräusch. Seit der Nachbarssohn volljährig ist, fühlt sich Herr Müller oft in seiner Ruhe gestört. Abends kommen Freunde zu Markus, die dann spät in der Nacht vor der Haustür noch lange reden und Späße machen. Dann schlagen Autotüren zu und Motoren heulen auf. Heute hält Herr Müller den Lärm nicht mehr länger aus ...

Rollenkarte Markus

Rollenkarte Freund

Rollenkarte Hr. Müller

❶ Führen Sie ein Rollenspiel durch (zum Rollenspiel siehe S. 162).
    a) Schreiben Sie Rollenkarten für die beteiligten Personen.
    b) Spielen Sie die Szene mehrere Male durch, und zwar einmal so, dass sie im Streit endet, und einmal so, dass die Beteiligten zu einem Kompromiss kommen.
    c) Halten Sie eine der gespielten Szenen schriftlich fest: Nennen Sie dabei zunächst das Thema, um das es geht, die Personen, die am Streit beteiligt sind, und ihre jeweiligen Ziele.

❷ Finden Sie weitere Situationen, die zwischen „Alt" und „Jung" immer wieder zu Auseinandersetzungen führen können.
    a) Schreiben Sie die möglichen Konfliktfälle auf Papierstreifen und hängen Sie diese für alle sichtbar an einer Pinnwand auf.
    b) Vergleichen Sie die gefundenen Streitsituationen miteinander und stellen Sie fest, ob es typische Streitanlässe gibt.
    c) Wählen Sie für Sie typische Streitsituationen aus und spielen Sie diese ebenfalls durch.

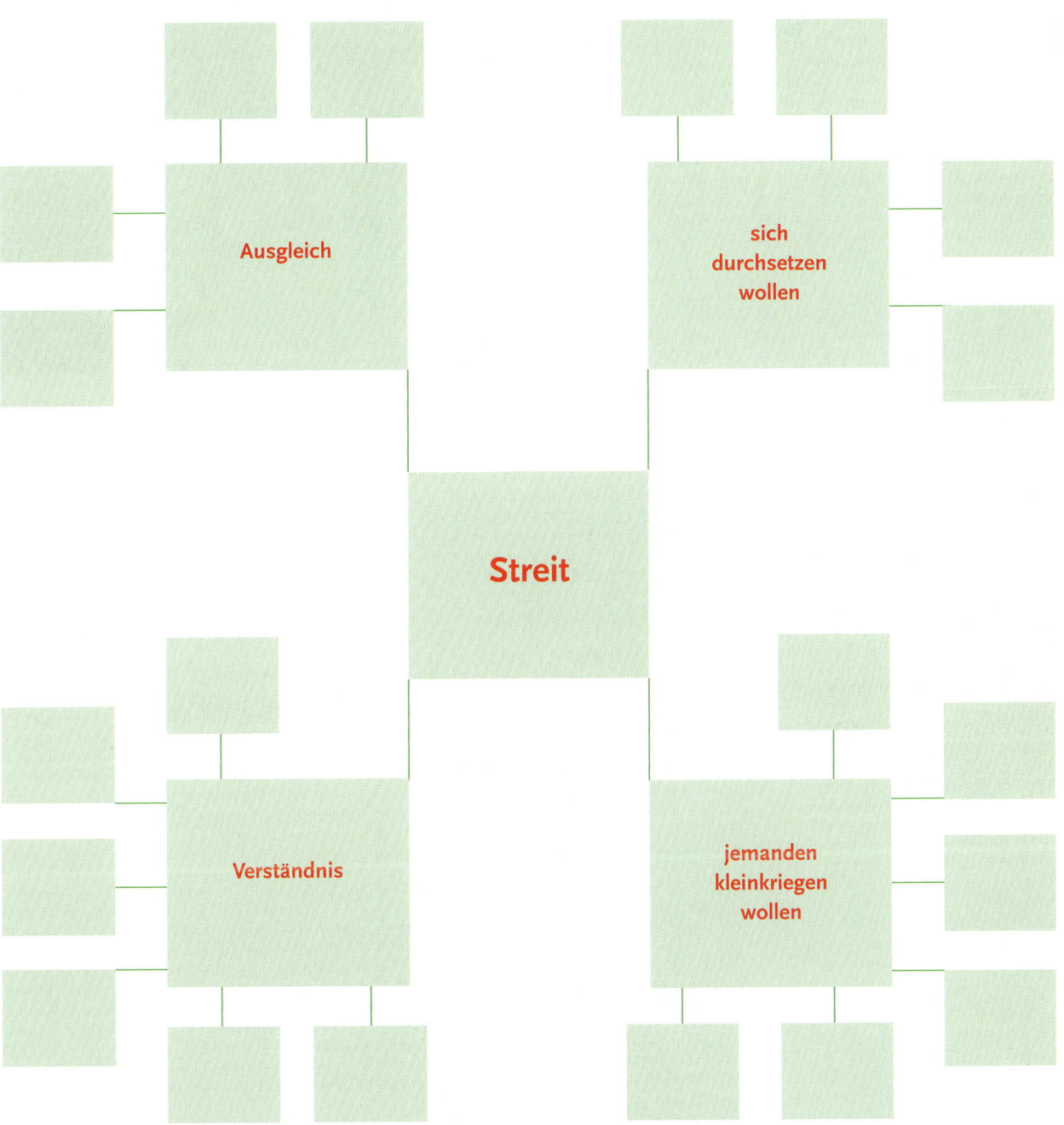

3 a) Sammeln Sie möglichst viele Wörter, die Ihnen zu „Streit" einfallen. Nehmen Sie dazu ein Wörterbuch zu Hilfe.

b) Ordnen Sie die Begriffe, indem Sie Ihnen einen positiven bzw. einen negativen Inhalt zumessen.

c) Ordnen Sie die Begriffe in die Grafik oben ein.

„Hör mir doch erst zu!"

Diskussion

Warum diskutiert man eigentlich?

▲ eigene Interessen formulieren
▲ eigene Interessen durchsetzen
▲ andere von seinem Standpunkt überzeugen
▲ sich aus verschiedenen Positionen eine eigene Meinung bilden
▲ unterschiedliche Meinungen auf ihre Aussage hin überprüfen
▲ zu einer gemeinsamen Einstellung kommen
▲ ...

Wie kann man eine Diskussion vorbereiten?

✓ das gestellte Thema analysieren
✓ Informationen zum Thema beschaffen und auswerten
✓ Argumente pro und kontra sammeln
✓ Argumente auf Stichwortzetteln/Karteikarten notieren
✓ mögliche Gegenargumente überlegen
✓ eine/n Diskussionsleiter/in bestimmen
✓ Redezeit für die einzelnen Redebeiträge vereinbaren
✓ Dauer der Diskussion festlegen

Wie diskutiert man erfolgreich?

✓ nicht dazwischenreden, sondern warten, bis der/die Diskussionsleiter/in das Wort erteilt
✓ aktiv zuhören, Notizen über das Gesagte anfertigen
✓ die anderen ausreden lassen
✓ nicht ironisch oder zynisch werden
✓ immer sachlich bleiben: Nur zur Sache selbst sprechen, den/die Gegner/in nicht persönlich angreifen

Diskussion

Es ist gar nicht so einfach, wie es scheint, seinem Gegenüber in Diskussionen wirklich zuzuhören. Damit Diskussionen einen Sinn haben und zu einem zufriedenstellenden Ergebnis kommen, ist ein genaues Zuhören sehr wichtig. Dieses können Sie üben:

▲ In der Klasse werden zu einem Thema Pro- und Kontra-Argumente gesammelt.

▲ Es bilden sich zwei gleich große Gruppen, z. B. jeweils fünf Schüler/innen.

▲ Beide Gruppen setzen sich in einer Reihe gegenüber.

▲ Die Diskussion wird damit eröffnet, dass Teilnehmer A sein Pro-Argument vorbringt.

▲ Teilnehmer B steht auf und wiederholt das, was A gesagt hat: „Wie ich dich verstanden habe, meinst du, dass ...“ B setzt sich, wendet sich C zu und führt so die Diskussion mit seinem Kontra-Argument weiter: „Ich hingegen halte es für sinnvoll, dass ...“

▲ Teilnehmer C steht auf und wiederholt das, was B gesagt hat: „Wie ich dich verstanden habe, meinst du, dass ...“ C setzt sich, wendet sich D zu und führt so die Diskussion mit seinem Pro-Argument weiter: „Ich hingegen halte es für sinnvoll, dass ...“

▲ Alle übrigen beobachten den Verlauf der Diskussion und machen sich Notizen.

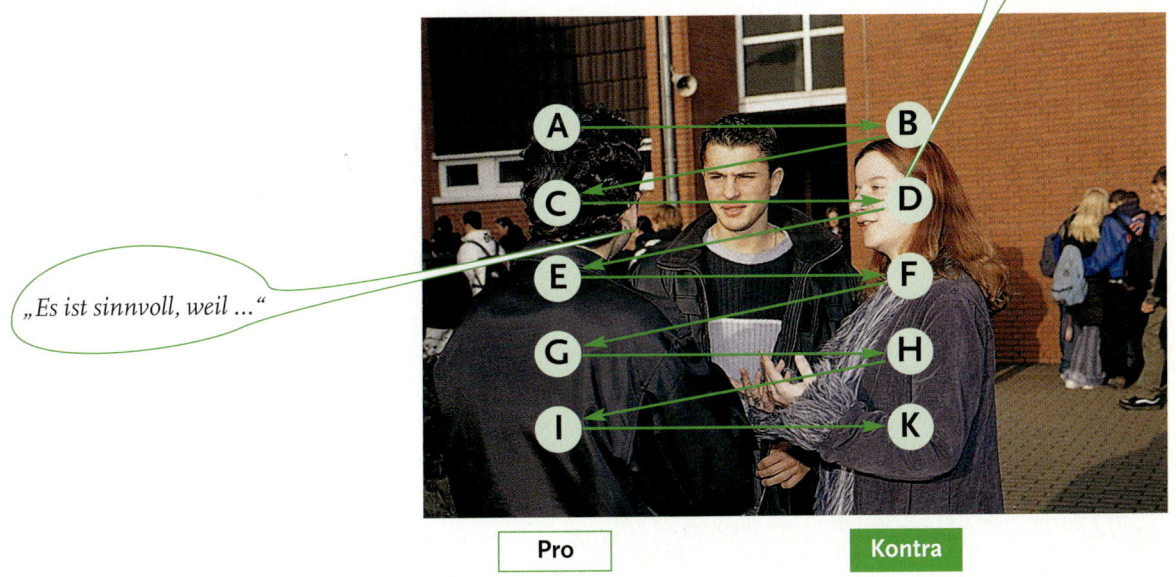

„Wie ich dich verstanden habe, meinst du, dass ... Ich allerdings meine, dass ...“

„Es ist sinnvoll, weil ...“

Pro   Kontra

▲ Am Schluss der Übung wertet die ganze Klasse das Ergebnis aus:
Welche Argumente, welche Gegenargumente wurden vorgebracht?
Gingen die einzelnen Teilnehmer/innen aufeinander ein oder wurden die Argumente nicht richtig wiederholt?
Was ist den Teilnehmerinnen und Teilnehmern leicht gefallen, was weniger?

❶ Führen Sie die Übung mit dem folgenden Thema durch:
Die Jugend von heute ist rücksichtslos und anspruchsvoll.

Mithelfen im Haushalt?

Eine besondere Form der Diskussion ist die Podiumsdiskussion. Bei ihr diskutieren Fachleute (auf einem Podium) vor interessierten Zuhörerinnen und Zuhörern über ein aktuelles Thema.

Im Haus der Jugend ist eine Diskussion angesetzt zum Thema „Ist es sinnvoll, wenn Jugendliche von den Eltern zur regelmäßigen Mithilfe im Haushalt herangezogen werden?"

Genau wie bei einer Diskussion müssen die Teilnehmer/innen zur Vorbereitung einer Podiumsdiskussion zunächst Argumente pro und kontra Mithilfe im Haushalt sammeln:

Eine Mithilfe von Jugendlichen im Haushalt ist sinnvoll, weil
- die Entlastung der Eltern eine Selbstverständlichkeit sein sollte
-
-
-
-

pro

Eine Mithilfe von Jugendlichen im Haushalt ist nicht sinnvoll, weil
- Pflichten noch früh genug kommen
-
-
-

kontra

Elterngruppe I

Vertreter Jugendliche

Diskussions-
leitung

1. **Eröffnung**
   Begrüßung
   Einführung
2. **Rednerliste**
   Worterteilung
3. **Zusammenfassung**

Familienpädagoge

Elterngruppe II

1 Bilden Sie in der Klasse vier Gruppen: eine Elterngruppe pro, eine Elterngruppe kontra, einen Vertreter der Jugendlichen (kontra) und einen Familienpädagogen (pro).

2 Erstellen Sie für jede der vier Gruppen Rollenkarten mit möglichst vielen Argumenten zu Ihrer Position.

3 Wählen Sie aus Ihrer Gruppe einen Sprecher/eine Sprecherin aus, der/die für die Gruppe auf dem Podium argumentiert.

4 Wählen Sie eine/n Diskussionleiter/in, der/die die Diskussion eröffnet und schließt, die Wortmeldungen an die Diskussionsteilnehmer/innen verteilt und die Diskussionsbeiträge moderiert.

5 Als Zuhörer/innen beobachten Sie die Podiumsdiskussion genau und machen sich Notizen über ihren Inhalt und Verlauf (zum Protokoll siehe S. 164).

6 Sammeln Sie im Anschluss an die Podiumsdiskussion alle Pro- und Kontra-Argumente, die genannt wurden.

Pro und Kontra

dialektische Fragestellung

Ist Sparen für junge Leute sinnvoll?

Einleitung
„Werbeversprechungen"

Mit verlockenden Versprechungen und Zukunftsaussichten fordern Banken junge Menschen zum Sparen auf. Das eigene Haus, das komfortablere Auto oder exklusive Urlaubsbedürfnisse werden als lohnende Ziele für Berufsanfänger in Aussicht gestellt. Ob sich das Sparen für junge Leute lohnt, dieser Frage soll nun nachgegangen werden.

5

Überleitungssatz zur Pro-Argumentation

Es gibt nicht wenige Befürworter, die diese Frage mit Ja beantworten.

Pro- Argumente
(Auszug)

Denn Sparen, so behaupten sie, bewahre die jungen Leute vor überflüssigen und leichtsinnigen Geldausgaben. Es ist wohl kaum zu bestreiten, dass Sparer kritische Konsumenten sind, die sich nicht so schnell für eine Investition entscheiden, die sie möglicherweise kurze Zeit später wieder bereuen.
Des Weiteren wird das Sparen auch schon von Geringverdienern, die Auszubildende nun einmal sind, als guter Weg zur Vermögensbildung angesehen. Gerade die jungen Leute von heute können sich eine Zukunft ohne anspruchsvollen Lebensstil gar nicht vorstellen. Zu seiner Verwirklichung ist allerdings ein gewisses Sparguthaben notwendig. (...)

10

15

Überleitungssatz zur Kontra-Argumentation

Viele jungen Leute sagen sich jedoch: Sparen ist heute nicht mehr zeitgemäß. Es lohnt sich ja doch nicht. Im Folgenden werden die Argumente der Spargegner genannt und beleuchtet.

Kontra-Argumente
(Auszug)

Sparen bedeutet für einen jungen Menschen zuallererst, dass er einen gewissen Betrag seines geringen Einkommens zurückhält und dadurch gewisse Einschränkungen in seinem Lebensstil hinnimmt. Er muss sich disziplinieren und bei jeder Anschaffung oder Ausgabe überlegen, ob er sich das noch leisten kann oder ob das schon über seinen selbstverordneten Etat hinausgeht. Da kann es dann durchaus passieren, dass man im Freizeitverhalten oder bei der Mode mit anderen nicht mehr mithalten kann. Nicht selten führt dies bei Bekannten, Freunden oder Verwandten zu Verdächtigungen, man sei ein Geizhals. Das ist bei Jugendlichen einfach nicht „in".
Ein besonderer Risikofaktor für alle Sparer ist die Geldentwertung durch schleichende oder galoppierende Inflation. (...)

20

25

Schluss:
Zusammenfassung, Würdigung der Argumente, eigene Meinung

Wenn man sich die Argumente für und gegen das Sparen genau betrachtet, ist es nicht einfach, zu einer eindeutigen Position zu gelangen. Sparen hat für junge Erwachsene schon in gewisser Weise einen Sinn, genießt aber längst nicht mehr die Bedeutung, die es bei der Eltern- oder Großelterngeneration hatte. Diese haben für heutige Jugendliche statistisch gesehen ein Vermögen in bisher nie da gewesener Höhe angesammelt, die als Erbschaft im Todesfall der Eltern den heutigen Jugendlichen zur Verfügung steht. Da verliert das Sparen den Sinn, den es einmal hatte und den die Banken immer noch ansprechen.

30

35

Der mündlichen Form der Diskussion entspricht in schriftlicher Form die Erörterung.

Eine Erörterung besteht aus einer Abfolge von

Thesen (Behauptungen)   *Meine Eltern lassen mir keinerlei Freiheit.*
↓

Argumenten   *Immer wenn ich etwas vorhabe, verbieten sie es mir.*
↓

und **Beispielen**   *Letzte Woche haben sie mir verboten, bei meiner Freundin zu übernachten. Obwohl ich mit meiner Clique in der Disko verabredet war, musste ich letzten Sonntag zu einer erbärmlich langweiligen Familienfeier mitgehen.*

Arbeitsschritte einer Erörterung

▲ **Das Thema analysieren**

Ist eine lineare Erörterung oder eine dialektische Erörterung verlangt?

Beispiel für eine lineare Erörterung: *Warum ist Sparen für junge Leute sinnvoll?* – Es wird das Sammeln möglichst vieler Gründe verlangt.

Beispiel für eine dialektische Erörterung: *Ist Sparen für junge Leute sinvoll?* – Gefragt sind Argumente für (pro) und gegen (kontra) Sparen.

▲ **Ideen sammeln für den Hauptteil**

Schreiben Sie alles auf, was Ihnen zum Thema einfällt (Brainstorming, zum Begriff siehe S. 182). Überlegen Sie, was das Thema mit Ihnen, mit Ihrer Familie, mit politischen und gesellschaftlichen Fragen zu tun hat. Suchen Sie nach konkreten Beispielen aus Ihrem Erfahrungsbereich.

▲ **Den Aufbau des Hauptteils planen**

Ordnen Sie Zusammengehöriges und bilden Sie passende Oberbegriffe.

Überprüfen Sie, was tatsächlich zum Thema gehört, und streichen Sie alles Übrige.

Nummerieren Sie die Oberbegriffe und die dazugehörigen Gedanken durch: 1.1, 1.2, 1.3 , 2.1, 2.2 ...

Beginnen Sie mit dem weniger Wichtigen und stellen Sie Ihr Hauptargument an den Schluss.

Achten Sie auf die logischen Zusammenhänge der Argumente. Sprachliche Signale können Ihre Gedankengänge unterstützen, z. B.:

aufzählende Konjunktionen   **gegeneinander abwägende Formeln**
überdies, ferner, außerdem, zudem, weiterhin,   *die einen sagen ... – die anderen kontern ...;*
schließlich, nicht nur – sondern auch,   *zwar ..., aber ...; sicherlich ..., aber ...*
nicht zu vergessen ...

Werten der ausgeführten Argumente (Pro oder Kontra)

„heißt es"; „sagen viele", „behauptet xy"

„Gravierend (jedoch) ist der Einwand ..."

„Dieses Argument leuchtet (nicht) ein" + Begründung; „Nicht von der Hand zu weisen ist ...";

„Abzuwägen ist ..."; „Einleuchtend erscheint ..."; „Überzeugend ist ..."; „Nicht zu übersehen ist ...";

„Entscheidend für ... halte ich ..."

▲ **Eine Einleitung formulieren**   ▲ **Einen Schlussgedanken überlegen**
Die Einleitung problematisiert die gestellte Frage durch   Der Schluss

– ein aktuelles Beispiel   – fasst das gestellte Thema zusammen

– einen Rückgriff auf persönliche Erfahrungen   – gibt einen Ausblick

– ein Zitat   – verweist auf ein ähnlich gelagertes

– ...   Problem

Erörterung

Hotel „Bei Muttern"?

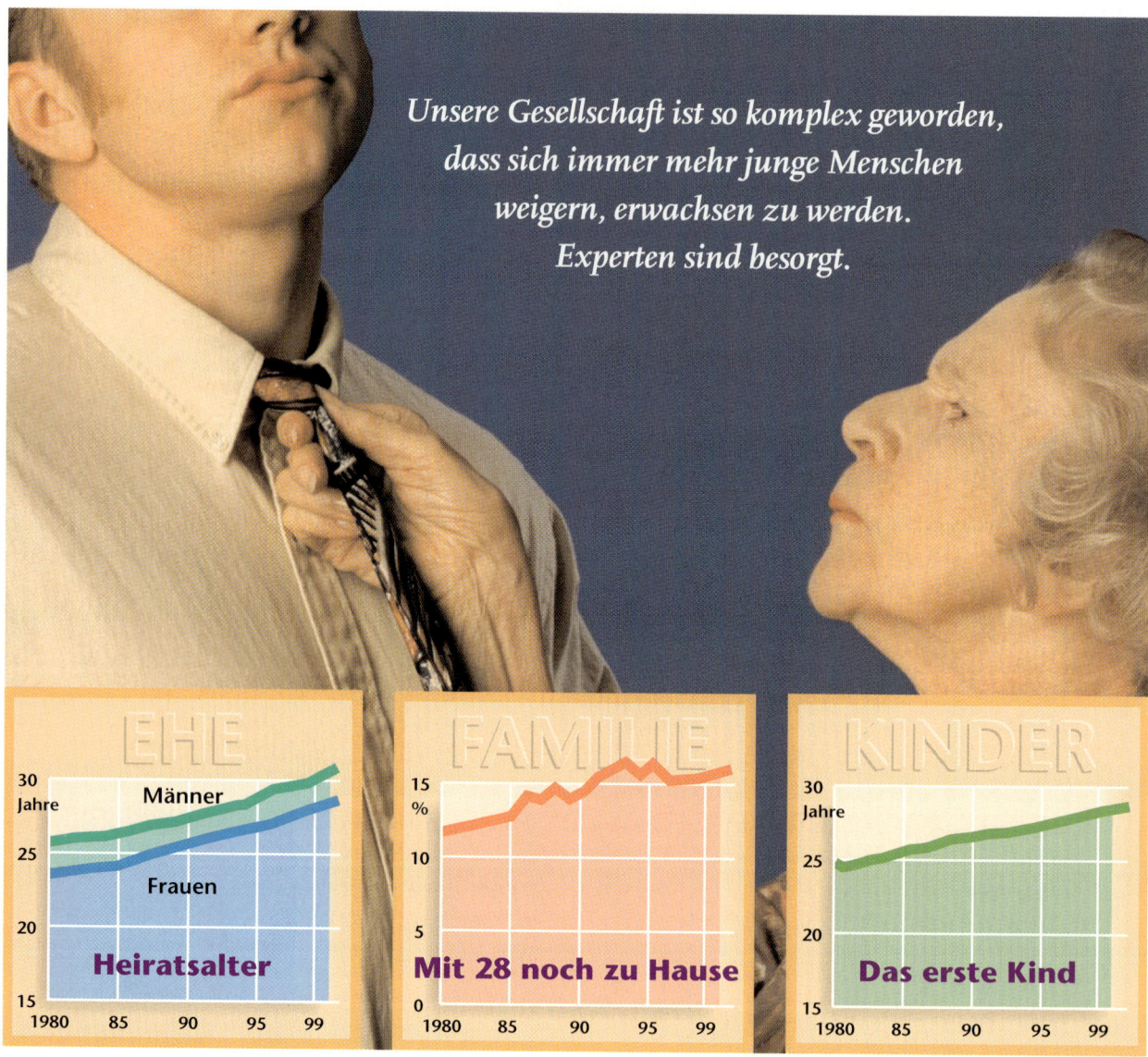

*Unsere Gesellschaft ist so komplex geworden,
dass sich immer mehr junge Menschen
weigern, erwachsen zu werden.
Experten sind besorgt.*

EHE

Heiratsalter

Männer

Frauen

30 Jahre — 25 — 20 — 15
1980 85 90 95 99

FAMILIE

Mit 28 noch zu Hause

15 % — 10 — 5 — 0
1980 85 90 95 99

KINDER

Das erste Kind

30 Jahre — 25 — 20 — 15
1980 85 90 95 99

1 Äußern Sie spontan Ihre Eindrücke zu diesem Bild.
Finden Sie geeignete Adjektive für das Verhalten der Mutter und für das Verhalten des Sohnes.

2 In der Überschrift wird behauptet, „dass sich immer mehr junge Menschen weigern, erwachsen zu werden".
Stellen Sie fest, worin diese Weigerung besteht, und formulieren Sie dazu mit eigenen Worten die Aussage
jeder einzelnen Grafik.

3 Worin könnte sich Ihrer Meinung nach eine Weigerung, erwachsen zu werden, noch ausdrücken?

4 Teilen Sie die Meinung, „dass sich immer mehr junge Menschen weigern, erwachsen zu werden"? Gibt es
auch andere Gründe, die junge Menschen dazu veranlassen, nicht „erwachsen zu werden"?

Ihr seid doch alles Weicheier!

Was ist eigentlich mit euch los? Was denkt ihr euch bloß dabei? Jung seid ihr, ver-
dammt jung. Die neue Generation. Die Hoffnung. Dass ich nicht lache!
Weicheier seid ihr. Schlafmützen, Langweiler.
Ihr macht euch doch überhaupt keine Gedanken. Ihr hockt da im gemachten Nest
5 von uns Eltern, gebt das Geld aus, das ihr nicht verdient, und kümmert euch einen
Teufel darum, wo das alles herkommt. Euer Anspruchsdenken ist unerträglich.
Ihr strebt nach guten Schulnoten, nach gutem Aussehen, nach Wohlstand und
Sicherheit. Inzwischen sind wir jugendlicher als ihr selbst. Man möchte euch rüt-
teln, ihr Sauertöpfe. Macht doch mal die Augen auf und seht, was so vorgeht in der
10 Welt.
Aber nein. Bloß nicht. Lieber bei Mama bleiben, sich von ihr bekochen lassen, bloß
nicht raus ins raue Leben. Da könnte man Schrammen abbekommen. Bloß nicht
den Absprung wagen. Es ist doch viel bequemer hinter dem warmen Ofen. Die
Miete wird bezahlt, alles wird gerichtet, Kindsein ist schön. Auch noch mit 20.
15 Oder 25. Man tut ja keinem weh. Und außerdem erbt man das ganze Zeug
ohnehin eines Tages.
Ja, ja, um Spaß geht es. Ein paar Wochen jobben, Kohle abzocken. Dann ein Trip
zur Love-Parade oder zum Ballermann 6. Fit for fun.
Ihr seid eine Generation konfliktscheuer Anpasser. Ihr habt Angst, euer Leben
20 selbst in die Hand zu nehmen. Ihr wollt Spaß, den andere bezahlen. Papa wird's
schon richten. Wie immer.

(Ellen Bruder, in: PZ, Nr. 92/Dezember 1997, S. 7)

⑤ Listen Sie die Vorwürfe, die Ellen Bruder der heutigen jungen Generation macht,
Punkt für Punkt auf. Was sagen Sie zu den Vorwürfen?

⑥ Nehmen Sie Stellung zum sprachlichen Stil, den Ellen Bruder wählt, z. B.
„Weicheier", „Kohle abzocken" (Z. 17). Was will sie mit diesem Sprachstil
erreichen?

⑦ Schreiben Sie der Autorin einen (Leser-)Brief und antworten Sie ihr sachlich auf
ihre Vorwürfe (zum Leserbrief siehe S. 151).

„Die haben keine Ahnung vom Leben"

Ich muss an Elli denken, die mir einmal sagte: „Bei uns ist Dreck unter den Fingernägeln normal."

Elli kommt aus einer bayerischen Großstadt. Ihre Eltern sind nicht nur „gutsituiert", sie sind reich.

5 Eigentlich geschieden, sind beide Eltern wieder verheiratet mit ebenfalls gut verdienenden Ehepartnern. Ihr Vater ist im Management tätig und oft längere Zeit im Ausland unterwegs, außerdem steht er in einer hohen politischen Funktion. Die Mutter ist ebenfalls

10 berufstätig. Geld hat nie eine Rolle gespielt.

Elli gehört zu den Kindern, die „eigentlich immer alles gehabt haben", doch auf meine Frage, ob sie nicht einfach zu den verwöhnten und verzogenen Wohlstandskindern gehört, antwortet sie schlicht und

15 auch ein bisschen traurig: „Wenn ich in der Schule eine Eins geschrieben habe, bekam ich immer 50 Mark, aber gefreut hat sich mit mir keiner."

Schon früh wurde Elli gezwungen, sich wie eine Tochter aus gutem Hause zu benehmen. „Freizeit habe ich

20 nie so richtig gehabt. Nach der Schule musste ich lernen, dann zum Schwimmverein und danach zum Klavierunterricht. Später wurde ich im Schwimmverein abgemeldet und musste Tennis spielen. Wenn meine Freundinnen nach dem Tennis noch was

25 unternehmen wollten, musste ich schon wieder los, um pünktlich in der Klavierstunde zu sein. So lief das immer."

Elli ist mit fünfzehn abgehauen, nachdem sie schon mehrere Anläufe genommen hatte, aber nie durch-

30 hielt. Sie hat soeben vier Monate Hausarrest durch ihre Eltern hinter sich, als es wieder mal nach Stunk riecht. Den Tag über treibt sie sich rum. Irgendwann trifft sie in ihrer Heimatstadt auf zwei ehemalige Schulfreunde, die vor einiger Zeit nach Berlin abge-

35 hauen sind. Sie wollen nach München und von dort aus zurück nach Berlin. Da Elli genügend Geld in der Tasche hat, beschließt sie, ihre Freunde bis zum Mün-

chener Bahnhof zu begleiten. Als sie sich am Bahn-
steig verabschieden wollen, entscheidet sie sich plötz-
40 lich mitzufahren. [...]

So kommt sie nach Berlin. Durch ihre Freunde fühlt
sie sich sozial sofort eingebunden und kann zunächst
in einem besetzten Haus unterkommen.

In der ersten Nacht in Berlin hat sie zum ersten Mal
45 gekifft, das war „total gut". Als sie später ihren Eltern
mitteilt, wo sie ist, gibt es Aufregung. Die Eltern
beschließen – ohne dass Elli davon weiß –, sie von der
Polizei aus dem besetzten Haus herausholen zu lassen, und kommen zusammen mit ihrem älteren Bru-
50 der nach Berlin. Die Aktion wird hektisch und eska-
liert, das Ganze gerät zu einer großen Auseinandersetzung, bei der ihr Bruder von einem Besetzer kräftig verprügelt wird. Die „Befreiung" scheitert. Elli
bleibt im Haus.

55 Nach dieser Auseinandersetzung schaltet sich der
Verein „Karuna" ein. Die Mitarbeiter der Einrichtung
fahren sogar zu Ellis Eltern nach Bayern und kommen zu dem Entschluss, dass es wohl tatsächlich keinen Sinn hat, das Mädchen zwangsweise zurückzu-
60 bringen. Sie machen den Vorschlag, dass Elli in eine
betreute Einrichtung zieht, nach den Sommerferien
wieder die Schule besucht, dafür aber in Berlin bleiben kann. Die Eltern willigen schließlich ein.

Ihren Eltern, die sie „spießig" findet, wirft sie vor, dass
65 sie sich in Wirklichkeit nie für sie interessiert haben.
„Wenn sie sich meinetwegen gestritten haben, ging es
nie um mich, sondern immer um ihre Krise. Um
mich hat sich überhaupt keiner gekümmert."

Als ich Elli einmal frage, was sie denn genau gegen
70 Spießer habe, antwortet sie: „Die haben keine
Ahnung vom Leben."

*(Uwe Britten: Abgehauen. Wie Deutschlands Straßenkinder leben.
Palette Verlag, Bamberg 1995, S. 32–34)*

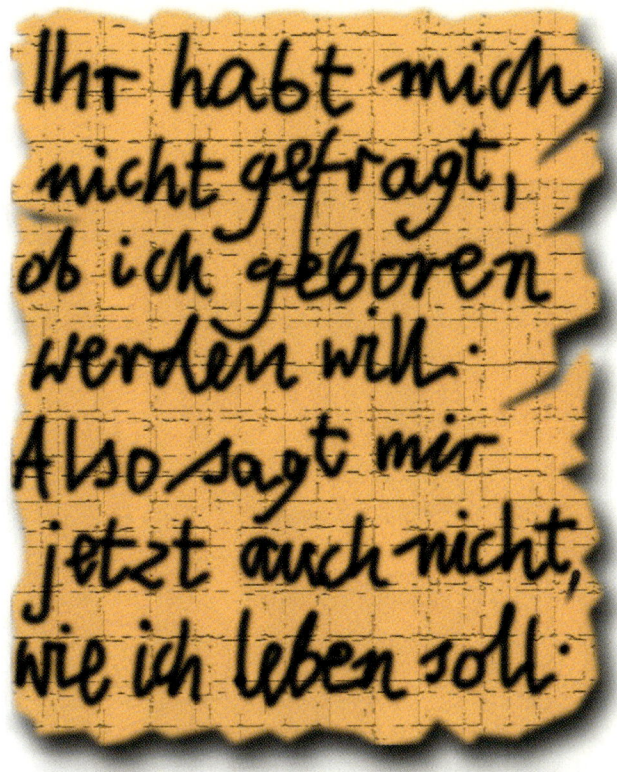

Ihr habt mich nicht gefragt, ob ich geboren werden will. Also sagt mir jetzt auch nicht, wie ich leben soll.

❶ Fassen Sie zusammen, was Elli an ihrem Zuhause
gestört hat. Schreiben Sie Ihre Zusammenfassung
in einen Tagebucheintrag Ellis um (siehe S. 22).

❷ Elli schreibt aus Berlin an ihre Eltern einen Brief, in
dem sie ihre neue Situation mit ihrer früheren zu
Hause vergleicht.
Was fasziniert Elli an ihrem neuen Leben, was
könnte ihr Angst machen?
Schreiben Sie den Brief (siehe S. 24).

❸ Ellis Eltern haben sich an die Polizei gewandt. Der
diensthabende Beamte nimmt ein Protokoll auf:
*Am Dienstag, dem 15.11. .., 8.30 Uhr erstattete Frau
A. F. eine Vermisstenmeldung. Nach ihren Angaben
ist ihre 15-jährige Tochter Elli F. ...*
Schreiben Sie das Protokoll zu Ende (siehe S. 164).

❹ Ellis Mutter berichtet einem Mitarbeiter der Be-
ratungsstelle „Karuna" von den Vorfällen:
*Ich hatte keine Ahnung! Wir haben doch immer nur
das Beste für unser Kind gewollt ...*
Führen Sie die Aussagen der Mutter weiter.

❺ Erklären Sie das Graffito auf dieser Seite (oben).

Augenblicke

Kaum stand sie vor dem Spiegel im Badezimmer, um sich herzurichten, als ihre Mutter aus dem Zimmer nebenan zu ihr hereinkam, unter dem Vorwand, sie wolle sich nur die Hände waschen.

5 Also doch! Wie immer, wie fast immer.

Elsas Mund krampfte sich zusammen. Ihre Finger spannten sich. Ihre Augen wurden schmal. Ruhig bleiben!

Sie hatte darauf gewartet, dass ihre Mutter auch die-
10 ses Mal hereinkommen würde, voller Behutsamkeit, mit jener scheinbaren Zurückhaltung, die durch ihre Aufdringlichkeit die Nerven freilegt. Sie hatte – behext, entsetzt, gepeinigt – darauf gewartet, weil sie sich davor fürchtete.

15 – Komm, ich mach dir Platz, sagte sie zu ihrer Mutter und lächelte ihr zu.

– Nein, bleib nur hier, ich bin gleich so weit, antwortete die Mutter und lächelte.

– Aber es ist doch so eng, sagte Elsa, und ging rasch hinaus, über den Flur, in ihr Zimmer. Sie behielt eini- 20 ge Augenblicke länger als nötig die Klinke in der Hand, wie, um die Tür mit Gewalt zuzuhalten. Sie ging auf und ab, von der Tür zum Fenster, vom Fenster zur Tür. Vorsichtig öffnete ihre Mutter. Ich bin schon fertig, sagte sie. 25

Elsa tat, als ob ihr inzwischen etwas anderes eingefallen wäre, und machte sich an ihrem Tisch zu schaffen.

– Du kannst weitermachen, sagte die Mutter.

– Ja, gleich. 30

Die Mutter nahm die Verzweiflung ihrer Tochter nicht einmal als Ungeduld wahr.

Wenig später allerdings verließ Elsa das Haus, ohne ihrer Mutter Adieu zu sagen. Mit der Tram fuhr sie in die Stadt, in die Gegend der Post. Dort sollte es eine 35 Wohnungsvermittlung geben, hatte sie einmal gehört. Sie hätte zu Hause im Telefonbuch eine Adresse nachsehen können. Sie hatte nicht daran gedacht, als sie die Treppen hinuntergeeilt war.

40 In einem Geschäft für Haushaltungsgegenstände fragte sie, ob es in der Nähe nicht eine Wohnungsvermittlung gebe. Man bedauerte. Sie fragte in der Apotheke, bekam eine ungenaue Auskunft. Vielleicht im nächsten Haus. Dort läutete sie. Schilder einer

45 Abendzeitung, einer Reisegesellschaft, einer Kohlenfirma. Sie läutete umsonst.

Es war später Nachmittag, Samstag, zweiundzwanzigster Dezember.

Sie sah in eine Bar hinein. Sie sah den Menschen

50 nach, die vorbeigingen. Sie trieb mit. Sie betrachtete Kinoreklamen.

Sie ging Stunden umher. Sie würde erst später zurückkehren. Ihre Mutter würde zu Bett gegangen sein. Sie würde ihr nicht mehr gute Nacht zu sagen

55 brauchen.

Sie würde sich, gleich nach Weihnachten, eine Wohnung nehmen. Sie war zwanzig Jahre alt und verdiente. Kein einziges Mal würde sie sich mehr beherr-

schen können, wenn ihre Mutter zu ihr ins Bad kommen würde, wenn sie sich schminkte. Kein einziges 60 Mal.

Ihre Mutter lebte seit dem Tod ihres Mannes allein. Oft empfand sie Langeweile. Sie wollte mit ihrer Tochter sprechen. Weil sich die Gelegenheit selten ergab (Elsa schützte Arbeit vor), suchte sie sie auf dem Flur 65 zu erreichen oder wenn sie im Bad zu tun hatte. Sie liebte Elsa. Sie verwöhnte sie. Aber sie, Elsa, würde kein einziges Mal mehr ruhig bleiben können, wenn sie wieder zu ihr ins Bad käme.

Elsa floh.   70

Über die Straße künstliche, blau, rot, gelb erleuchtete Sterne. Sie spürte Zuneigung zu den vielen Leuten, zwischen denen sie ging.

Als sie kurz vor Mitternacht zurückkehrte, war es still in der Wohnung. Sie ging in ihr Zimmer und es blieb 75 still. Sie dachte daran, dass ihre Mutter alt und oft krank war. Sie kauerte sich in ihren Sessel und sie hätte unartikuliert schreien mögen, in die Nacht mit ihrer entsetzlichen Gelassenheit.

(Walter Helmut Fritz: Augenblicke, in: Umwege. Prosa. Deutsche Verlagsanstalt, Stuttgart 1964)

2-Zi.-Single-Wohnung, ca. 45 m², 245 € Kaltmiete, 2 MM Kaution, Tel. 41 27 76

2 Zi., KDB, MFH, Altbau 250 € kalt + NK, 50 m², Tel. 89 78 51

1 Schreiben Sie die Textstellen heraus, in denen Elsas Gefühle deutlich werden. Notieren Sie sich dazu jeweils die Zeile.

2 Beschreiben Sie das Problem, das die Tochter mit ihrer Mutter hat.

3 Können Sie aus Ihrer Erfahrung von ähnlichen Problemen berichten?

4 Elsa wendet sich mit ihrem Problem in einem Brief an ihre Freundin. Schreiben Sie diesen Brief (siehe S. 24).

5 Elsas Mutter schreibt Tagebuch. Was wird sie wohl über ihre Tochter ins Tagebuch schreiben (siehe S. 22)?

6 Es kommt im Bad zur Auseinandersetzung zwischen Mutter und Tochter. Entwerfen Sie einen szenischen Dialog (siehe S. 44 f.) und spielen Sie das Streitgespräch.

7 Erörtern Sie: Was spricht dafür, was dagegen, so früh wie möglich aus dem Elternhaus auszuziehen?

Wirklichkeit und Traum

*Auf den letzten Seiten war immer wieder die Rede vom „Ausreißen", „Abhauen".
Wie sieht es damit in der Wirklichkeit aus?*

Abgehauen

Im vereinten Deutschland sterben jährlich über 100 Minderjährige aufgrund von Tötungen, sei es durch die Eltern, sei es durch andere nahe stehende Personen. Rund 1100 bringen sich jedes Jahr um, bei rund 13 000 Selbstmordversuchen, vorrangig kurz vor Schuljahresende, also vor den Zeugnissen. Dazu kommen jährlich 2000 Minderjährige, die vermisst gemeldet werden, rund 300 davon bleiben mehr als neun Monate oder für immer verschwunden. Das ist aber nur ein Bruchteil der wirklich für kürzer, länger oder für immer von zu Hause abgehauenen Kinder. Sie ertragen die Atmosphäre in ihren Elternhäusern nicht mehr. Viele der abgehauenen Kids verbinden mit den Eltern nur noch bedrückende Gefühle.

Soziale Einrichtungen schätzen die Zahl der dauerhaft oder phasenweise auf der Straße lebenden Minderjährigen in Berlin auf rund 3000. Dabei ist die Stadt lediglich ein Sammelpunkt der ganzen Republik. Von überall kommen die Kinder, aus Niedersachsen und Bayern genauso wie aus Nordrhein-Westfalen und Thüringen, und das, obwohl Straßenkinder inzwischen zum Erscheinungsbild aller großen Städte Deutschlands gehören, ob in Hamburg oder Hannover, Köln oder Bonn, Düsseldorf oder Dortmund, Dresden oder Leipzig, Frankfurt oder Nürnberg, München oder Stuttgart. Über genaue Zahlen verfügt niemand, kann auch niemand verfügen, denn die Dunkelziffer ist viel zu hoch. Die jährlichen Vermisstenzahlen jedenfalls sagen nicht viel aus, denn viele Eltern melden ihre Kinder oft gar nicht vermisst. Die einen aus Angst vor dem Skandal, die anderen, weil sie froh sind, sie endlich los zu sein. Schätzungen belaufen sich auf 20 000 bis 40 000 Straßenkinder in Deutschland, Tendenz steigend.

*(Uwe Britten: Abgehauen. Wie Deutschlands Straßenkinder leben.
Palette Verlag, Bamberg 1995, S. 23 und 7 f.)*

1 Fassen Sie den Text zusammen: Welche Zahlen nennt er, welche Fakten?

2 Überlegen Sie, welche Gründe Jugendliche haben könnten, von zu Hause abzuhauen.
Fertigen Sie eine Stoffsammlung an und ergänzen Sie die Tabelle:

Gründe, die in der Person selbst liegen	Gründe, die in der Situation zu Hause liegen	Gründe, die durch äußere Einflüsse bedingt sind
…	…	…

3 Was würden Sie den von zu Hause Abgehauenen raten?

Gefährten oder Tod

Ein Weiser mit Namen Choni ging einmal über Land
und sah einen Mann, der einen Johannisbrotbaum
pflanzte. Er blieb bei ihm stehen und sah ihm zu und
fragte: „Wann wird das Bäumchen wohl Früchte tragen?"
Der Mann erwiderte: „In siebzig Jahren."
Da sprach der Weise: „Du Tor! Denkst du in siebzig
Jahren noch zu leben und die Früchte deiner Arbeit zu
genießen? Pflanze lieber einen Baum, der früher
Früchte trägt, dass du dich ihrer erfreust in deinem
Leben."
Der Mann aber hatte sein Werk vollendet und sah freu-
dig darauf, und er antwortete: „Rabbi, als ich zur Welt
kam, da fand ich Johannisbrotbäume und aß von
ihnen, ohne dass ich sie gepflanzt hatte, denn das hatten meine Väter getan. Habe ich nun genossen, wo ich
nicht gearbeitet habe, so will ich einen Baum pflanzen
für meine Kinder oder Enkel, dass sie davon genießen.
Wir Menschen mögen nur bestehen, wenn einer dem
andern die Hand reicht. Siehe, ich bin ein einfacher
Mann, aber wir haben ein Sprichwort: Gefährten oder
Tod."

(Else Schubert-Christaller: In deinen Toren, Jerusalem.
Salzer-Verlag, Heilbronn o. J.)

4 Formulieren Sie das Thema der Geschichte in einem Satz.

5 Überlegen Sie, wie die Überschrift der Geschichte gemeint ist.

6 Was sagt die Geschichte im Hinblick auf das Zusammenleben der Generationen in einer Gesellschaft aus?

Generationenvertrag

Das Zusammenleben der Generationen in einer Gesellschaft ist auch dadurch bestimmt, wie die Lasten zwischen ihnen verteilt sind. Dies regelt der so genannte Generationenvertrag.

Kennzeichnend für die wechselseitigen Verpflichtungen in einem Familienverband ist der Generationenvertrag. Er regelt, wie Generationen füreinander Verantwortung übernehmen können, und beinhaltet die
5 moralische Verpflichtung der Eltern, für ihre Kinder zu sorgen. Als Gegenleistung übernehmen die Kinder die Aufgabe, den Lebensunterhalt der Eltern im Alter zu gewährleisten. Das nennt man familiale Alterssicherung.
10 Solange die Lebenserwartung gering war, die Bevölkerung bis ins hohe Alter arbeitete und der Familienverband intakt und leistungsfähig war, funktionierte die familiale Alterssicherung und es gab keinen staatlichen Handlungsbedarf. Mit der Industrialisierung
15 änderte sich die Situation grundlegend. Durch die Landflucht und die Fabrikarbeit löste sich der enge Familienverband auf, die Lebenserwartung stieg an und das geringe Einkommen der Familien reichte nicht mehr für die Alterssicherung der Eltern. Eine
20 staatliche Alterssicherung wurde notwendig. Sie fand ihren Niederschlag in der Bismarck'schen Sozialgesetzgebung[1] des letzten Jahrhunderts.

Unser Rentensystem funktioniert nach dem generationenübergreifenden Prinzip: Die Rentner von heute haben während ihrer Berufstätigkeit Beiträge in die
25 Rentenversicherung einbezahlt. Diese Gelder kamen den Rentnern von damals als Rente zugute. Die Rentner von heute leben von den Beiträgen, die die nachfolgende Generation, also die heutigen Arbeitnehmer, erwirtschaften und an die Rentenkasse abführen. So
30 übernimmt jede Generation die Verantwortung für die nachfolgende.
Bedeutsam für den Generationenvertrag ist auch, wie die heutige Generation mit den natürlichen Ressourcen umgeht und welche Umweltlasten sie den nach-
35 folgenden Generationen überlässt. Der Generationenvertrag bezieht sich also nicht allein auf rein finanzielle Gesichtspunkte, sondern auf die gesamten Lebensbedingungen der nachfolgenden Generationen, die die heutige Gesellschaft grundlegend beein-
40 flussen kann.

1 Otto von Bismarck: 1871–1890 Kanzler des Deutschen Reiches. Mit der Krankenversicherung für Arbeiter 1883, der Unfallversicherung 1884 und der Invaliditäts- und Altersversicherung 1889 legte Bismarck den Grundstein für ein vorbildliches Sozialversicherungswesen.

(nach: Lexikon der Wirtschaftsethik. Hg. v. Georges Enderle u. a. Herder Verlag, Freiburg 1993, S. 334f.)

Deutsches Reich | Deutschland | Deutschland

90 und mehr Jahre
85 bis 89
80 bis 84
75 bis 79
70 bis 74
65 bis 69
60 bis 64
55 bis 59
50 bis 54
45 bis 49
40 bis 44
35 bis 39
30 bis 34
25 bis 29
20 bis 24
15 bis 19
10 bis 14
5 bis 9
bis 4

Männer | Frauen

Prognose

1910 **64,9 Mio** Einwohner | **1997** **82,0 Mio** Einwohner | **2040** **68,8 Mio** Einwohner

1 Klären Sie mit Hilfe eines Wörterbuchs Begriffe, die Sie nicht verstehen.

2 Fassen Sie jeden Abschnitt des Textes mit eigenen Worten zusammen.

3 a) Erklären Sie die Idee, die dem Generationenvertrag zugrunde liegt.
   b) Erörtern Sie seine Vor- und Nachteile.

4 a) Erklären Sie das Schaubild links mit einigen Worten.
   b) Benennen Sie die wesentlichen Veränderungen im Altersaufbau der deutschen Bevölkerung.

5 Stellen Sie einen Zusammenhang her zwischen dem Altersaufbau der Bevölkerung und dem Generationenvertrag.

Ideenbörse

Interview/Umfragen

Gruppe 1

Umfrage über das Bild von der anderen Generation:
– Was sagt die ältere Generation zum Thema „Typisch Jugend"?
– Was sagen Jugendliche zum Thema „Typisch ältere Generation"?

Gruppe 2

Umfrage bei / Briefaktion an „Promis" Ihres Wohnortes:

– Was waren die besten Ratschläge, die man Ihnen als Jugendlicher gegeben hat?
– Welchen Rat würden Sie Jugendlichen heute geben?

Gruppe 3

Recherche bei sozialen und kirchlichen Einrichtungen, bei Behörden etc.:

Gibt es an Ihrem Wohnort generationsverbindende Aktivitäten oder Projekte?

Gruppe 4

Interview von Mitarbeitern einer Erziehungsberatungsstelle über

– deren Tätigkeit
– die Themen und Probleme der Ratsuchenden

Gruppe 5

Interview Ihrer Lehrerinnen und Lehrer:

Was hat Ihre Entscheidung, mit jungen Menschen zu arbeiten, entscheidend beeinflusst? Was wirkt bei den heutigen Jugendlichen auf Sie störend?

Gruppe 6

Umfrage unter Ihren Mitschülerinnen und -schülern:

Mit welchen älteren Menschen würdet ihr einen Teil eurer Freizeit verbringen? Begründet. Was stört euch am Verhalten der älteren Generation am meisten?

Wie macht man ein Interview?

*Interviews dienen der Informationsbeschaffung. Auch unterschiedliche Meinungen zu
Themen und Problembereichen können über ein Interview abgefragt werden.
Wichtig ist vor allem eine gute Planung.*

Daran sollten Sie denken:

▲ Welche Experten können zum Thema Auskunft geben?
(Schauen Sie in Adressenverzeichnisse, Telefon- und Branchenbücher, ...)

▲ Wann kann ich das Interview durchführen?
(Melden Sie sich telefonisch an und vereinbaren Sie frühzeitig einen Termin.)

▲ Was möchte ich wissen? Wie müssen die Fragen formuliert sein?
In welcher Reihenfolge müssen die Fragen stehen?
(Bereiten Sie sich vor und formulieren Sie Ihre Fragen vorher schriftlich.)

▲ Wird das Gespräch auf Band aufgenommen?
Bei Bandaufnahmen hat der Interviewpartner oder die Interviewpartnerin die
Möglichkeit, ausführlich seine Meinung mit eigenen Worten darzulegen.
Dazu eignen sich eher offene Fragen, z. B.: *Hat die Zunahme des Luftverkehrs
negative Auswirkungen auf die Sicherheit der Passagiere?*

▲ Wird das Gespräch mit einem Fragebogen durchgeführt (eher bei Umfragen
üblich)? Fragebögen enthalten eher geschlossene Fragen, z. B.:
Alternativfragen: *Stimmen Sie der Herabsetzung des Wahlalters auf 16 Jahre zu?*
        ❏ Ja   ❏ Nein

Multiple-Choice-Fragen: Aus einer Auswahl von Antwortmöglichkeiten kann
man alle zutreffenden ankreuzen, z. B.: Welche Ziele sind Ihnen bei der Kindererziehung wichtig?
a) Ordnung b) Gehorsam c) Selbstständigkeit d) Kritikfähigkeit

Mehrfachwahlfragen: Eine der vorgegebenen Antworten kann als zutreffende
angekreuzt werden, z. B.: Welches der gesellschaftlichen Probleme muss die
Politik Ihrer Meinung nach in erster Linie lösen?
a) Rentenproblematik b) Umweltzerstörung c) Jugendarbeitslosigkeit

Skalierungsfragen: Die Einstellung zu einer vorgegebenen Aussage kann angekreuzt werden. Dabei gibt es eine Bandbreite von „völliger Übereinstimmung"
bis „völlige Ablehnung".

▲ Welche Informationen hat das Interview gebracht?
(Werten Sie die Bandaufzeichnung bzw. die Fragebögen aus.)

▲ Wie können die Informationen präsentiert werden?
(Überlegen Sie geeignete Präsentationsformen, z. B. Pinnwand, Schülerzeitung, Ausstellung, ...)

Von der Schule in den Betrieb

Lehrling – Azubi – Stift?

*Der Übergang von der Schule in den Betrieb ist ein Einschnitt im Leben. Junge Menschen
sind nicht mehr nur unter Gleichaltrigen wie in der Schule. In den Betrieben gibt es eine
Hierarchie (Rangordnung), in die sich die Auszubildenden einordnen müssen. Es herrscht
auch oft ein anderer Umgangston.*

herr brockstiepel bleibt bei lehrling

das mit den
auszubildenden ist
alles einbildung
sagt herr
5   brockstiepel.
Für mich bleibt
ein lehrling ein
lehrling
und lehrjahre sind
10   keine herrenjahre
sondern auch
hundeausführjahre
und bierholjahre
und ausfegejahre
15   und zähnezusammenbeißjahre
und kräftige ohrfeigenjahre
und so wird man
ein mensch
wie
20   ich

(Josef Reding: Asphaltgebete. Echter Verlag, Würzburg 2001)

1 a) Warum stört sich Herr Brockstiepel an der Bezeichnung „Auszubildender"?
    b) Entspricht die Einstellung von Herrn Brockstiepel der aktuellen Situation von
      Lehrlingen?

2 Stimmen Sie dem bekannten Spruch „Lehrjahre sind keine Herrenjahre" zu
    oder lehnen Sie ihn eher ab? Begründen Sie Ihre Meinung.

Der erste April

Sie haben mich gleich in den April geschickt. Von der Werkzeugausgabe sollte ich eine Ruderachse besorgen. Die haben mich weitergeschickt. Auch in der Schiffszimmerei gab es keine Ruderachse. Die Elektriker sagten mir, ich müsste ihnen mindestens den Durchmesser angeben, sonst könnten sie nichts machen. Mein Geselle sagte, die Achse müsste so dick sein, wie mein Kopf hohl ist. Das war für die aus den höheren Lehrjahren eine Orgie.

Dann zeigten sie mir eine Ruderachse, die gerade unter einer hydraulischen Presse geschmiedet wurde. Die Achse wog 2,5 Tonnen.
Wenn das so weitergeht.

(Uwe Wandrey: Auf der Werft. Lehrzeit – Erzählungen aus der Berufswelt. Reclam, Stuttgart 1980, S. 120, © Rowohlt, Reinbek)

Da soll ich hingehören?

Jetzt jeden Tag mit so vielen. So viele Alte. Die gucken vor sich hin, muffig sind die, schleppen die Taschen durchs Tor zum Spind, diese kleinen Henkeltaschen, morgens prall und abends schlaff, die Lodenjoppen und die abgeschrubbten Lederjacken. Wie sie so kommen und wie sie gehen, fast unbemerkt, gibt es sie eigentlich gar nicht. Da soll ich zugehören?

(Uwe Wandrey: Auf der Werft. Lehrzeit – Erzählungen aus der Berufswelt. Reclam, Stuttgart 1980, S. 121, © Rowohlt, Reinbek)

Beruf (mittelhochdeutsch: „beruof" = Leumund), seit Luther wird der Begriff in der heutigen Bedeutung gebraucht, zunächst als „Berufung", dann auch für „Stand" und „Amt", die hauptsächliche Tätigkeit (Erwerbstätigkeit) des Einzelnen, die auf das Zusammenwirken von Kenntnissen und Erfahrungen beruht.

Job (engl.-amerikan.), vorübergehende Gelegenheitsarbeit.

Berufung, im Sprachgebrauch der Bibel der Ruf Gottes, der unerwartet an einen Menschen ergeht. Im religiösen Sinne: Bestimmung zu einem besonderen Beruf.

3 a) Schildern Sie, was dem Lehrling in dem Text „Der erste April" passiert ist, aus der Sicht derjenigen, die ihm diesen Streich gespielt haben.

b) Sind Ihnen am Beginn der Ausbildungszeit ähnliche „Streiche" gespielt worden? Bilden Sie eine Gesprächsrunde und tauschen Sie Ihre Erfahrungen aus.

c) Formulieren Sie einen Tagebucheintrag: „Erste Eindrücke in meinem Ausbildungsbetrieb". (Zum Tagebucheintrag siehe S. 22.)

4 a) Lesen Sie die oben aufgeführten Begriffsklärungen genau durch. Wodurch unterscheiden sich demnach Beruf und Job?

b) Können Sie eine Erklärung dafür finden, dass man heute häufiger vom Job als vom Beruf redet? Hat das nur etwas damit zu tun, dass häufig englische Wörter in unserem Alltag benutzt werden, oder gibt es eine gesellschaftlich-wirtschaftliche Entwicklung, die dahinter steckt?

Die Lehre geschmissen

Der Roman „Die neuen Leiden des jungen W." von Ulrich Plenzdorf beginnt mit einer Todesanzeige: Edgar Wibeau ist im Alter von nicht einmal 18 Jahren verstorben. Erst jetzt beginnt sich sein Vater, der die in der ehemaligen DDR lebende Familie verlassen hat, für seinen Sohn zu interessieren. Edgar erzählt seine Geschichte aus dem „Off" (von außen): wie er es in der Spießigkeit der Umgebung seiner Mutter nicht mehr ausgehalten hat und in eine leer stehende Gartenlaube gezogen ist. Eine Lehre als Metallschmied hat er abgebrochen. Von da an lebt er in den Tag hinein – und für seine große Liebe, die er nach dem Vorbild in Goethes Roman „Die Leiden des jungen Werther" nur „Charlie" nennt. Er schickt nun regelmäßig an seinen besten Freund Willi Tonbänder, auf denen er in der Sprache der Goethezeit sein Gefühlsleben schildert.

„Wieso entpuppte er sich als Rowdy?!"

„Er hat seinem Ausbilder den Zeh gebrochen." –

„Den Zeh?"

„Er hat ihm eine schwere Eisenplatte auf den Fuß
5 geworfen, eine Grundplatte. Ich war wie vor den
Kopf geschlagen. Ich meine ...!"

„Einfach so?"

„Ich war nicht dabei, aber der Kollege Flemming
sagte mir – das ist der Ausbilder, ein erfahrener und
10 alter Ausbilder, zuverlässig –, dass es so war: Er verteilt morgens in der Werkstatt die Werkstücke, eben-
diese Grundplatten zum Feilen. Und die Burschen
feilen auch, und beim Nachmessen fällt ihm auf,
Edgars Nachbar, Willi, hat da eine Platte fertig, aber
15 die hat er nicht gefeilt, die war aus dem Automaten.
In der Produktion werden die Grundplatten natürlich automatisch gefertigt. Der Junge hat sie sich
besorgt und zeigt sie jetzt vor. Sie ist natürlich genau
bis auf ein Hundertstel. Er sagt ihm das: Die ist aus
dem Automaten.
20 Flemming: Aus dem Automaten in Halle zwei.
Willi: Ach, da steht ein Automat?! – Das kann ich
doch gar nicht wissen, Meister. In der Halle waren
wir zum letzten Mal, als wir anfingen mit der Lehre,
und da hielten wir die Dinger noch für Eierlege-
25 maschinen. Und das war dann Edgars Stichwort,
das war natürlich alles vorher abgemacht. Also nehmen wir mal an, da steht ein Automat. Kann ja sein.
Da fragt man sich doch, warum wir dann die Grund-

platten mit der Feile zurechtschruppen müssen.
Und das im dritten Lehrjahr."
30 Gesagt hab ich das. Das stimmt. Aber aus dem Hut.
Abgemacht war überhaupt nichts. Ich wusste, was
Willi und die anderen vorhatten, wollte mich aber
raushalten, wie immer.

„Flemming: Was hab ich euch gesagt, als ihr bei mir
35 angefangen habt? – Ich hab euch gesagt: Hier habt
ihr ein Stück Eisen! Wenn ihr aus dem eine Uhr
machen könnt, habt ihr ausgelernt. Nicht früher
und nicht später.

Das ist so sein Wahlspruch.
40 Und Edgar: Aber Uhrmacher wollten wir eigentlich
schon damals nicht werden."

Das wollte ich Flemming schon lange mal sagen. Das
war nämlich nicht nur sein blöder Wahlspruch, das
war seine ganze Einstellung aus dem Mittelalter:
45 Manufakturperiode¹. Bis da hatt' ich's mir immer ver-
kniffen.

„Und anschließend warf ihm Edgar dann diese
Grundplatte auf den Fuß und mit dermaßen Kraft,
dass ein Zeh brach. Ich war wie vom Donner
50 gerührt. Ich wollte das erst nicht glauben."

Stimmt alles. Bis auf zwei Kleinigkeiten. Erstens hab
ich die Platte nicht geworfen. Das brauchte ich nicht.
Diese Platten waren auch so schwer genug, einen
ollen Zeh oder was zu brechen, einfach durch ihre
55 Masse. Ich brauchte sie bloß fallen zu lassen. Was ich
denn auch machte. Und zweitens ließ ich sie nicht
anschließend fallen, sondern erst sagte Flemming
noch einen kleinen Satz, nämlich er tobte los: Von dir
hätte ich das am allerwenigsten erwartet, Wiebau!
60 Da setzte es bei mir aus. Da ließ ich die Platte fallen.
Wie das klingt. Edgar Wiebau! – Aber Edgar Wiebeau!
Kein Aas sagte ja auch Nivau statt Niveau. Ich meine,
jeder Mensch hat schließlich das Recht, mit seinem
richtigen Namen richtig angeredet zu werden. Wenn
65 einer keinen Wert darauf legt – seine Sache. Aber ich
lege nun mal Wert darauf. Das ging schon jahrelang
so. Mutter ließ sich das egal weg gefallen, mit Wiebau
angeredet zu werden. Sie war der Meinung, das hätte
sich nun mal so eingebürgert, und sie wär' nicht
70 gestorben davon und überhaupt, alles, was sie im
Werk geworden ist, ist sie unter dem Namen Wiebau
geworden. Und natürlich hieß unsereins dann auch

Wiebau! Was ist denn mit Wibeau? Wenn's Hitler wär' oder Himmler! Das wär' echt säuisch! Aber so? Wibeau ist ein alter Hugenottenname[2], na und? – Trotzdem war das natürlich kein Grund, olle Flemming die olle Platte auf seinen ollen Zeh zu setzen. Das war eine echte Saue-rei. Mir war gleich klar, dass jetzt kein Schwein mehr über die Ausbildung reden würde, sondern bloß noch über die Platte und den Zeh. Manchmal war mir eben plötzlich heiß und schwindlig, und dann machte ich was, von dem ich nachher nicht mehr wusste, was es war. Das war mein Hugenottenblut, oder ich hatte einen zu hohen Blutdruck. Zu hohen Hugenottenblutdruck.

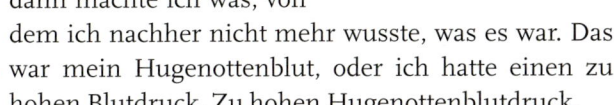

„Du meinst, Edgar hat einfach die Konsequenz der Sache gescheut und ist deshalb weg?"

„Ja. Was sonst?"

Ich will mal sagen: Besonders scharf war ich auf das Nachspiel nicht. „Was sagt der Jugendfreund Edgar Wiebau (!) zu seinem Verhalten zu Meister Flemming?" Leute! Ich hätt mir doch lieber sonst was abge-bissen, als irgendwas zu sülzen von: Ich sehe ein … Ich werde in Zukunft …, verpflichte mich hiermit … und so weiter! Ich hatte was gegen Selbstkritik, ich meine:

gegen öffentliche. Das ist irgendwie entwürdigend. Ich weiß nicht, ob mich einer versteht. Ich finde, man muss dem Menschen seinen Stolz lassen. Genauso mit diesem Vorbild. Alle forzlang kommt doch einer und will hören, ob man ein Vorbild hat und welches, oder man muss in der Woche drei Aufsätze darüber schreiben. Kann schon sein, ich hab eins, aber ich stell mich doch nicht auf den Markt damit. Einmal hab ich geschrieben: Mein größtes Vorbild ist Edgar Wibeau.

Ich möchte so werden, wie er mal wird. Mehr nicht. Das heißt: Ich wollte es schreiben. Ich hab's dann bleiben lassen, Leute. Dabei wäre der Aufsatz höchstens nicht gewertet worden. Kein Aas von Lehrer traute sich doch, mir eine Fünf oder was zu geben.

1 Manufaktur: Fabrikähnlicher Großbetrieb, in dem alle Waren in Handarbeit hergestellt werden.
2 Hugenotten: Anhänger des Calvinismus in Frankreich (Calvin, 1509–1564, französisch-schweizerischer Reformator). Die Hugenotten wurden wegen ihrer Glaubensüberzeugung blutig verfolgt und waren deshalb häufig zu Flucht und Auswanderung gezwungen.

(Ulrich Plenzdorf: Die neuen Leiden des jungen W.
Suhrkamp, Frankfurt/M. 1976)

❶ In dem Romanausschnitt sprechen insgesamt fünf Personen direkt oder indirekt:
– die geschiedenen Eltern von Edgar, die sich über ihren Sohn unterhalten,
– Edgar, die Hauptfigur des Romans, – sein Freund Willi, – sein Ausbilder, Meister Flemming.
 a) Lesen Sie den Text in Stillarbeit und legen Sie dann in Partnerarbeit fest, welche Textpassage von welcher der genannten Personen gesprochen wird.
 b) Lesen Sie nun den Text laut und mit verteilten Rollen. Versuchen Sie sich auch mit Mimik, Gestik und Stimmlage in die jeweilige Person hineinzuversetzen.
 c) Erläutern Sie im Unterrichtsgespräch, welche Rolle die Hauptfigur in der Erzählstruktur des Romanaus-schnitts einnimmt.

❷ Der Lehrling Edgar Wibeau hat offensichtlich ein Problem mit seinem Meister. Können Sie das, was er getan hat, verstehen oder halten Sie sein Verhalten für unverständlich und überzogen?
Schreiben Sie Ihre Meinung in großer Schrift und möglichst in zwei Sätzen auf Karteikarten, veröffentlichen Sie diese an einer Pinnwand und diskutieren Sie in der Klasse die Situation.

❸ Die Erzählung „Die neuen Leiden des jungen W." ist 1973 erschienen. Im Text werden häufig jugend- und umgangssprachliche Ausdrücke verwendet. Suchen Sie die Textstellen heraus und schreiben Sie diese in heutige Jugendsprache um.

„Nicht für die Schule, fürs Leben lernen wir"

Mit diesem Sprichwort sind Sie sicher auch schon einmal „genervt" worden – was soll das? Welches Wissen braucht man für „das Leben"? Das Institut für Demoskopie (Meinungsforschung) in Allensbach hat 2199 Bürger befragt, was in der Schule gelernt werden soll. Die Zusammenfassung der Angaben finden Sie in der folgenden Tabelle:

Was sollten Kinder unbedingt in der Schule lernen?	*(Alle Angaben in Prozent)*
Sehr gute Deutschkenntnisse, gute Rechtschreibung	73
Moderne Sprachen wie Englisch, Französisch und Spanisch	53
Selbstständig arbeiten	48
Den Umgang mit dem Computer, mit dem Internet	45
Selbstbewusstsein entwickeln	44
Sehr gute Mathematikkenntnisse, gut rechnen können	38
Teamfähigkeit, dass man mit anderen gut zusammenarbeiten kann	31
Umgangsformen wie Rücksichtnahme, Höflichkeit, gute Manieren usw.	29
Umweltbewusstsein	24
Naturwissenschaftliche Kenntnisse in Biologie, Chemie und Physik	24
Sich gut durchsetzen können	23
Selbstbeherrschung, Selbstdisziplin	21
Toleranz, Verständnis für andere Religionen und Kulturen	20
Ehrgeiz entwickeln	20
Demokratieverständnis erwerben, demokratische Spielregeln	19
Fantasie und Kreativität entwickeln	19
Die Zusammenhänge zwischen Politik und Wirtschaft verstehen	18
Kritikfähigkeit, Protestfähigkeit	18
Politische Bildung	18
Historische Kenntnisse, Geschichte	16
Wirtschaftliches Verständnis	15
Praktische Fertigkeiten wie Kochen, Handarbeiten, Werken	14
Musische Erziehung, Musik und Kunst	11

❶ Machen Sie in Ihrer Klasse eine eigene Umfrage.
   a) Suchen Sie aus der Tabelle die Ihrer Meinung nach zehn wichtigsten Lernziele heraus.
   b) Schreiben Sie diese in der Reihenfolge der Gewichtung gut lesbar auf Karteikarten und veröffentlichen Sie diese an einer Pinnwand.
   c) Ermitteln Sie die prozentuale Gewichtung, welche die Klasse getroffen hat, und stellen Sie das Ergebnis grafisch dar. (Zur Visualisierung siehe S. 136/137.)
   d) Wie erklären Sie sich, dass in der Umfrage Rechtschreibkenntnisse viel höher bewertet werden als Demokratieverständnis und Kreativität?

② Bilden Sie Arbeitsgruppen und sammeln Sie zunächst Stichwörter zum Thema „Wie soll die ideale Berufliche Schule aussehen?". Ordnen Sie Ihre Gedanken in einer Mind-Map. (Zur Mind-Map siehe S. 131.)

Anregungen:
– Wie sollten die Unterrichtsräume gestaltet sein?
– Was wollen Sie im Unterricht lernen?
– Welche Lehr- und Lernformen würden Sie bevorzugen?
– Was erwarten Sie von Ihren Lehrerinnen und Lehrern?
– Wie soll die Zusammenarbeit zwischen Betrieb und Schule aussehen?
– Welchen Beitrag können Sie als Schülerin/Schüler leisten, dass Sie sich in der Schule wohlfühlen und Ihre Erwartungen erfüllt werden?

Schulabgänger

Seit Jahren finden bei weitem nicht alle Schulabgänger eine Lehrstelle. Und dennoch können zahlreiche Ausbildungsplätze nicht besetzt werden. Eine Befragung des Instituts der deutschen Wirtschaft (Dezember 1997) bei 800 Betrieben aus Industrie, Handel und Handwerk kommt zu einem ernüchternden Ergebnis: Immer mehr Bewerbern fehlen danach die nötigen Qualifikationen für den Einstieg in den Job. Neun von zehn der befragten Unternehmen stellen fest, dass die Leistungen des Absolventenjahrgangs 1996 deutlich unter dem Niveau früherer Jahrgänge liegen. 94% geben an, dass die Rechtschreibleistungen schlechter geworden seien, 90% bestreiten eine Verbesserung beim Rechnen und 87% sind der Meinung, dass das Allgemeinwissen der Schüler abgenommen hat. Es gibt eine Ausnahme: der Umgang mit dem PC. Nach Ansicht von 87% der befragten Unternehmen haben sich die Computerkenntnisse der jungen Leute verbessert. Bei den Schlüsselqualifikationen wird den Auszubildenden zwar immerhin von jedem vierten Unternehmen Teamgeist, Kooperations- und Kommunikationsfähigkeit bescheinigt. Allerdings klagt jeder dritte Betrieb über einen Mangel an Arbeitsmotivation und Verantwortungsbewusstsein sowie über deutliche Schwächen beim selbstständigen Lernen, planvollen Arbeiten und logischen Denken. Das gilt gleichermaßen für die Absolventen unterschiedlicher Schulformen. Um die Beurteilung der Bewerber zu vereinfachen, fordern viele Unternehmen zusätzliche Angaben in den Abschlusszeugnissen, beispielsweise Fehlzeiten ohne Entschuldigung, Beteiligung am Unterricht und überfachliche Qualifikationen.

(SchulBank, Nr. 6/1998)

③ Untersuchen Sie den Artikel.
a) Welche Mängel werden bei Schulabgängern beklagt?
b) Welche Verbesserungen werden festgestellt?
c) Was versteht man unter „Schlüsselqualifikationen"? Wie werden diese bewertet?
d) Diskutieren Sie die Forderungen der Unternehmen nach zusätzlichen Angaben in den Zeugnissen.

Wirkungsvolle Briefe

1 a) Berichten Sie von positiven Schreiberlebnissen, die Sie schon hatten.

b) Suchen Sie Sprichwörter, die mit „Schreiben" zu tun haben. Können Sie diese erklären, sind die Inhalte heute noch aktuell?

c) Diskutieren Sie in der Klasse, ob es heute angesichts von Telefon und Handy noch wichtig ist zu schreiben.

2 Ordnen Sie folgende Anlässe zum Schreiben in die Tabelle ein:

A Einspruch gegen einen Strafzettel

B Lieferung eines fehlerhaften Möbelstücks

C Geburtstag Ihrer Oma

D Einladung zu einer Party

E ...

Sehr wichtig Hier muss man schreiben	Weniger wichtig Es ist sinnvoll zu schreiben	Überhaupt nicht wichtig Man braucht nicht schreiben	Hier schreibe ich gerne
...	...	...	...

Ergänzen Sie die Tabelle mit selbst gewählten Beispielen.

Sehr geehrte Firma!

Der Videorekorder, den wo sie mir vor ein paar Tagen geliefert haben, ist kaputt.

Das hat mich und meine Frau sehr enttäuscht, weil wir gerade als der Rekorder kaputt ging eine interessante Tiersendung aufnehmen wollten. Wir waren an dem Abend eingeladen und konnten also nicht Fernsehen gucken, so haben wir diese Sendung verpasst.

Er war ja noch kaum gebraucht und schon geht er nicht mehr. Bitte tauschen Sie den Rekorder sofort um, sonst müssen wir uns einen Anwalt suchen.

Es grüßt Sie herzlich

Karl Krasser
aus Mörfelden, Hainstr. 5

---

3 Untersuchen Sie den Beschwerdebrief. Was ist in dem Brief überflüssig, was fehlt? Stellen Sie die Fehler, die der Brief enthält, in einer Liste zusammen.

Für einen privaten Geschäftsbrief ist die folgende Form üblich:

Jan Rieger   Frankfurt, 21. 5. 2002
Rosenweg 3
60437 Frankfurt a. M.
Tel.: 060/454545
e-mail: Janri@t-online.de

Elektrohaus Funk
Bergstr. 35

6000 Bad Homburg

Ihre Mahnung vom 18. 5. 2002 – Rechnungsnr.: 234556

Sehr geehrte Frau Funk,

mit großem Erstaunen erhielt ich gestern ein Mahnschreiben Ihres Hauses, in dem
ich aufgefordert werde, die oben genannte Rechnung zu begleichen.
Ich habe den Videorekorder am 10. 4. bei Ihnen gekauft, dieser wurde am nächsten
Tag geliefert, die Rechnung kam auf dem Postweg zwei Tage später, also am
12. 4. 2002.

Am 17. 4. habe ich die Überweisung veranlasst; der Betrag in Höhe von 425,– Euro
wurde am 18. 4. 2002 von meinem Konto bei der Sparkasse abgebucht.

Bitte überprüfen Sie die Zahlungseingänge. Eine Kopie des Bankbeleges füge ich bei
und hoffe, dass sich die Sache damit geklärt hat.

Mit freundlichen Grüßen

Jan Rieger

Anlage
Bankbeleg

---

4 Erarbeiten Sie die Bestandteile dieses Geschäftsbriefes.

5 Schreiben sie nach der vorliegenden Form eine verbesserte
Fassung zum Beschwerdebrief von S. 74.

Bewerbung hat mit Werben zu tun

Die Stellenanzeige

Anzeige in der „Damenschneider-Rundschau" vom 17. März 2001

Wir suchen zum nächstmöglichen Termin

eine **Schneidergesellin** / einen **Schneidergesellen**

für unser Maßatelier in Frankfurt

Wir fertigen hochwertige, elegante Maßkleidung für einen gehobenen Kundenkreis.
Unsere neue Mitarbeiterin/unser neuer Mitarbeiter sollte flexibel in der Gestaltung der Arbeitszeit sein.
Hervorragende Fachkenntnisse sind Voraussetzung.

Bewerben Sie sich bitte mit Angabe der Gehaltsvorstellung bei der Leiterin unseres Ateliers, Frau Bauer.

Modeatelier Friese, Exklusive Maßbekleidung, Burgweg 5, 60333 Frankfurt a. M.

Sie lesen eine solche Anzeige in der Tageszeitung oder der Fachzeitschrift Ihrer Branche.
Informieren Sie sich, welche Zeitschriften für die Branche herausgegeben werden, in der
Sie arbeiten.
Dort finden Sie häufig auch Stellenangebote. Wie gehen Sie vor, wenn Sie eine solche
Anzeige interessiert?

1 Untersuchen Sie die Anzeige oben unter folgenden Gesichtspunkten:
  – Wie stellt sich das Geschäft, der Betrieb vor?
  – Was bietet, was sucht das Unternehmen?
  – Welche persönlichen Eigenschaften erwartet das Unternehmen?
  – Welche einzelnen Tätigkeiten bringt der Beruf mit sich?

2 a) Suchen Sie in der Tageszeitung Ihrer Region nach Stellenanzeigen zu verschiedenen Berufen.
  b) Schneiden Sie diese aus und kleben Sie die Anzeigen auf einen Karton.
  c) Unterstreichen Sie alle Eigenschaften, die von den Bewerber(inne)n erwartet werden, wie z. B. Flexibilität, Engagement, Selbstständigkeit.
  d) Unterstreichen Sie dann die spezifisch beruflichen Qualifikationen, die von den Bewerber(inne)n gefordert werden.
  e) Versuchen Sie die in den Anzeigen genannten Anforderungen im Gruppengespräch zu ordnen und zu analysieren.

Wenn möglich, informieren Sie sich über den Betrieb, das Geschäft. Ist es ein Ladengeschäft, können Sie dort vorbeigehen, die Einrichtung oder das Schaufenster anschauen?
Große Unternehmen haben in der Regel Broschüren, in denen die Firma vorgestellt wird.
Lassen Sie sich solche Broschüren zusenden.
Viele Unternehmen haben auch eine Seite (Homepage) im Internet, auf der Sie sich über das Unternehmen informieren können.

**Sie suchen eine:
Ausbildungsstelle –
Gesellenstelle –
Arbeitsstelle?**

*Haben Sie über die Zeitung, das Arbeitsamt, das Internet oder durch persönliche Direkt-
initiative eine Firma gefunden, bei der Sie gerne mitarbeiten würden, heißt es meist:
„Rufen Sie Frau B. oder Herrn C. an."
Sie müssen zunächst ein Telefongespräch führen. Der Verlauf dieses Gespräches kann
schon entscheiden, ob Sie überhaupt gebeten werden, Ihre Unterlagen zu schicken.*

Wie bereiten Sie die Kontaktaufnahme vor?

3 In der folgenden Übersicht sind die gut gemeinten Ratschläge ducheinander
geraten. Ordnen Sie die Gesichtspunkte und bringen Sie diese in die richtige
Reihenfolge:

a) Sie bedanken sich für das Gespräch und verabschieden sich.

b) Sie nennen den Anlass Ihres Anrufes.

c) Sie stellen selbst eine Frage. Überlegen Sie genau, was Sie wissen möchten.
   Fangen Sie nicht mit dem Gehalt oder der Urlaubsregelung an.

d) Sie legen die Zeitungsannonce, auf die Sie sich bewerben, Ihren Lebenslauf
   und Ihre Zeugnisse in Sichtweite bereit.

e) Sie sind auf Fragen vorbereitet, z. B.: *„Woher wissen Sie, dass wir jemanden
   suchen?", „Wann könnten Sie bei uns anfangen?", „Kennen Sie unsere Firma?",
   „Wären Sie bereit, im Bedarfsfall Überstunden zu machen?"*

f) Sie schaffen eine ruhige Umgebung, stellen das Radio aus und verbannen
   kichernde Freunde oder Geschwister in den Nebenraum.

g) Sie verlangen, mit Frau B. oder Herrn C. zu sprechen.

h) Sie vereinbaren ein Vorstellungsgespräch oder Sie werden gebeten, Ihre
   Unterlagen zu schicken.

i) Sie verzichten während des Gesprächs auf Kaugummi u. Ä.

j) Sie sagen laut und deutlich Ihren Namen.

4 Üben Sie im Rollenspiel die erste Kontaktaufnahme mit einer Firma und vereinbaren Sie einen Termin für ein Vorstellungsgespräch.

„Schicken Sie Ihre Unterlagen!"

Was wird bei einer schriftlichen Bewerbung in der Regel verlangt?

Üblich ist es heute, eine Bewerbungsmappe zu erstellen, in der alle Unterlagen der Reihe nach geordnet sind:

Was gehört in die Bewerbungsmappe?

Bewerbungsmappe

✓ das persönliche Anschreiben (Bewerbungsschreiben)
✓ der Lebenslauf mit Lichtbild
✓ die Zeugniskopien und eventuell Bescheinigungen über Kurse, Praktika, Arbeitszeugnisse

Bedenken Sie: Die Bewerbungsmappe ist Ihre Visitenkarte!

Die Bewerbungsmappe – Ihre Visitenkarte!

Der erste Blick auf die äußere Form entscheidet oft schon, ob ein Bewerber/eine Bewerberin in die nähere Auswahl kommt.
Man sollte positiv auffallen. Dabei kommt es aber darauf an, um welche Stelle man sich bewirbt. Bei der Bewerbung um die Stelle in einer Werbeagentur oder als Grafiker/in kann man Kreativität zeigen. Bewerben Sie sich um eine Stelle in einem handwerklichen oder auch kaufmännischen Beruf, ist eher Sachlichkeit geboten.

Das Anschreiben

Sehr wichtig: die äußere Form!

Die äußere Form

✓ Weißes, ungeknicktes DIN-A4-Papier, ungelocht
✓ Keine Tipp- oder Rechtschreibfehler
✓ Nicht länger als eine DIN-A4-Seite
✓ Übersichtlicher Aufbau
✓ Gut lesbare Schrift und Schriftgröße

Die Werbung benutzt die so genannte **AIDA**-Formel.
Ihre Bewerbung sollte folgende Schritte auslösen:

Attention = **Aufmerksamkeit wecken**
Wer steckt hinter dieser Bewerbung?

Interest = **Interesse erzeugen**
Welche Qualifikationen werden mitgebracht?

Desire = **Wunsch**
Diese(r) Bewerber/in interessiert mich!

Action = **Handlung**
Diesen Bewerber/diese Bewerberin lade ich zum Vorstellungsgespräch ein.

Eva Edel
Tannenweg 5
60437 Frankfurt a. M.
Tel.: 060/55555
e-mail: Evel@t-online.de

Frankfurt, 4. 4. 2001

Modeatelier Friese
Frau Bauer
Burgweg 5

60333 Frankfurt a. M.

Ihre Anzeige in der Damenschneider-Rundschau vom 17. März 2001

Sehr geehrte Frau Bauer,

die von Ihnen ausgeschriebene Stelle spricht mich sehr an.

Im Juni dieses Jahres schließe ich meine Ausbildung zur Damenschneiderin mit der Gesellenprüfung ab und ich möchte dann als Gesellin meine Kenntnisse anwenden und weiter vertiefen. Schon in meiner Schulzeit habe ich meine Begabung für handwerkliche Tätigkeiten festgestellt und erfolgreich an unserer Schule eine kleine Modenschau organisiert, wofür wir in Projektarbeit die Modelle selbst entworfen und genäht haben.

Die dreijährige Lehre zur Damenschneiderin hat mir bisher sehr viel Spaß gemacht. Mein Ausbildungsatelier ist besonders auf exklusive Mode für eine anspruchsvolle Kundschaft spezialisiert; daher habe ich gelernt, mit hochwertigen Materialien umzugehen und aufwändige schneidertechnische Arbeiten durchzuführen. Ich hatte auch Gelegenheit, bei Anproben den Umgang mit den Kunden kennen zu lernen und passformgerechte Anproben unter Anleitung meiner Meisterin selbst durchzuführen. Die Mitarbeit in Ihrem Atelier wäre für mich eine Herausforderung, der ich mich gerne stelle.

Es würde mich sehr freuen, wenn Sie mir die Gelegenheit zu einem persönlichen Gespräch geben würden.

Mit freundlichen Grüßen

Eva Edel

Anlagen
Lebenslauf
Zeugnisse

5 Erarbeiten Sie die Bestandteile eines Bewerbungsschreibens. Wie müssen diese gestaltet sein? Vergleichen Sie die äußere Form des Bewerbungsschreibens mit der Form eines privaten Geschäftsbriefes (siehe S. 75).

6 Suchen Sie in Tageszeitungen oder in Fachblättern Ihrer Branche nach einer Annonce aus Ihrem Arbeitsbereich.
Schreiben Sie eine Bewerbung. Gehen Sie in Ihrer Bewerbung auf die Anforderungen ein, die in der Stellenanzeige genannt sind. Gestalten Sie Ihre Bewerbung in der äußeren Form nach der üblichen Norm.

Der Lebenslauf

Üblich ist die tabellarische Form des Lebenslaufes unter Verwendung von Textverarbeitung. Ein ausführlicher Lebenslauf muss geschrieben werden, wenn dies ausdrücklich gefordert wird. Das gilt auch für einen handgeschriebenen Lebenslauf.
Für einen Berufsanfänger ist die chronologische Form des Lebenslaufes sinnvoll, das heißt die Anordnung der Daten in zeitlicher Reihenfolge.
Was gehört in den Lebenslauf? Wie sollte er aufgebaut sein?

Tipps zum Erstellen des Lebenslaufes

▲ Sammeln sie mit Hilfe Ihrer Zeugnisse und anderer Bescheinigungen zunächst alle wichtigen Daten und Angaben.

▲ Machen Sie einen handschriftlichen Vorentwurf.

▲ Begutachten Sie ihn kritisch und lassen Sie ihn von Eltern, Freunden, Lehrern korrigieren.

▲ Schreiben Sie den Lebenslauf im PC und speichern Sie ihn auf einer Diskette, damit Sie ihn immer wieder aktualisieren können.

7 Tragen Sie zusammen, aus welchen Bestandteilen der Lebenslauf S. 81 aufgebaut ist.

8 Entwerfen Sie Ihren tabellarischen Lebenslauf.

Lebenslauf

Persönliche Daten

Vor- und Zuname   Eva Edel

Anschrift   Tannenweg 5
                         60437 Frankfurt am Main
                         Tel. 060/55555
                         e-mail: Evel@t-online.de

Geburtsdatum   23.01.1982

Familienstand   ledig

Schulbildung   1988–1992 Grundschule
                         1992–1998 Anne-Frank-Schule Frankfurt,
                         Realschulzweig
                         Juli 1998 Abschluss mittlere Reife

Berufsausbildung   17.08.1998 Beginn der Ausbildung
                         zur Damenschneiderin im Atelier „Mode Kreativ"
                         in Bad Homburg
                         Gesellenprüfung Juni 2001

Besondere Kenntnisse Englisch: gute Sprachkenntnisse
                         Französisch: Grundkenntnisse
                         EDV-Grundkenntnisse, Textverarbeitung
                         Modezeichnen (VHS-Kurs)

Auslandsaufenthalte Schüleraustausch England 6 Wochen

Hobby und Aktivitäten Betreuung einer Kindergruppe im Sportverein
                         Jazzdance und Aerobics

                         Frankfurt am Main, 4. April 2001

                         Eva Edel

Das
Bewerbungsgespräch

Hurra, Sie haben es geschafft. Die erste Hürde ist überwunden, Sie werden zu einem Bewerbungsgespräch eingeladen. Freude, Nervosität, Unsicherheit?
Viele Fragen stellen sich: „Was soll ich anziehen?", „Wie soll ich mich verhalten?",
„Was soll ich sagen, fragen?"

1 Versuchen Sie sich in die Rolle des Arbeitgebers/der Arbeitgeberin hineinzuversetzen. Was würden Sie von einer Bewerberin/einem Bewerber erwarten? Machen Sie sich Notizen:

 – *Von einem Bewerber/einer Bewerberin erwarte ich ...*

 – *An einem Bewerber/einer Bewerberin würde mich stören ...*

 – *Ein Bewerber/eine Bewerberin dürfte auf keinen Fall ...*

2 Schreiben Sie Ihre Antworten auf, veröffentlichen Sie diese an einer Pinnwand und vergleichen Sie mit der Klasse, welche Antworten übereinstimmen.

Vorbereitung

– **Informieren** Sie sich über die Firma, das Unternehmen. Viele Firmen präsentieren sich inzwischen auf einer Homepage im Internet. Recherchieren Sie im Internet. Lassen Sie sich Informationsmaterial schicken oder gehen Sie an der Firma vorbei und verschaffen Sie sich einen ersten Eindruck. Befragen Sie Bekannte und Freunde, die mit der Firma schon einmal Kontakt hatten.

– **Erkundigen** Sie sich rechtzeitig über den Weg zur Firma und über eventuelle Verkehrsmittel, weil Pünktlichkeit unerlässlich ist. Gehen oder fahren Sie rechtzeitig los. Planen Sie Zeitpuffer ein.

– **Überlegen** Sie sich, was Sie zur Vorstellung anziehen: In kaufmännischen Berufen eher seriöse Kleidung, für eine Stelle im Verkauf für junge Mode kann man modisch auftreten, jedoch auch da nicht zu übertrieben.

– **Denken** Sie daran: Ein gepflegtes Äußeres ist sehr wichtig (Haare gewaschen, Schuhe geputzt, Fingernägel gepflegt). Verbreiten Sie keine strengen Gerüche – weder mit zu viel Parfüm noch mit Knoblauch. Sie kennen das Sprichwort: „Den/die kann ich nicht riechen."

Gesprächsverlauf

– Geben Sie sich so, wie Sie sind. Bleiben Sie **natürlich** und versuchen Sie nicht, eine Rolle vorzuspielen, die nicht Ihrer Persönlichkeit entspricht.

– Bleiben Sie **ruhig und gelassen**. Trinken Sie vorher keinen Sekt oder zu viel Kaffee.

– Bei der Begrüßung **warten** Sie, bis man Ihnen die Hand reicht.

– **Schauen** Sie Ihren Gesprächspartner **an**, auch während des Gesprächs.

– **Verkrampfen** Sie **nicht**, verschränken Sie nicht die Arme, schlagen Sie nicht die Beine übereinander und wippen Sie auf keinen Fall mit dem Stuhl.

– Hören Sie aufmerksam zu und seien Sie **auf Fragen gefasst**, wie z. B.:

▲ *Warum haben Sie sich gerade bei uns beworben?*
▲ *In welchen Fächern lagen in der Schule Ihre Stärken, wo lagen Ihre Schwächen?*
▲ *Was machen Sie in Ihrer Freizeit?*
▲ *Warum glauben Sie, dass Sie für diesen Beruf/diese Stelle geeignet sind?*
▲ *Welche Zukunftspläne haben Sie?*

Legen Sie sich Antworten für diese Fragen zurecht und besprechen Sie die Antworten vorher mit Freunden, Eltern oder in der Klasse. Prahlen Sie nicht mit Stärken, legen Sie auch nicht ausführlich Ihre Schwächen dar. Sind Sie ein ruhiger Mensch, der nicht viel redet, üben Sie im Rollenspiel das Bewerbungsgespräch öfter, das gibt Selbstsicherheit.
Sie sollten sich auch selbst Fragen überlegen, die Sie im Gespräch stellen können. Welche Fragen könnten das sinnvollerweise sein?

Stärken und Schwächen

Neben der fachlichen Qualifikation, die für die Ausübung eines Berufes notwendig ist, spielen auch persönliche Eigenschaften und Fähigkeiten eine Rolle.

Kennen Sie eigentlich Ihre Stärken und Schwächen? Wissen Sie, was Sie gut, weniger gut oder nur schlecht können?

Es ist hilfreich, sich vor einer Bewerbung die eigenen Eigenschaften und Fähigkeiten bewusst zu machen.

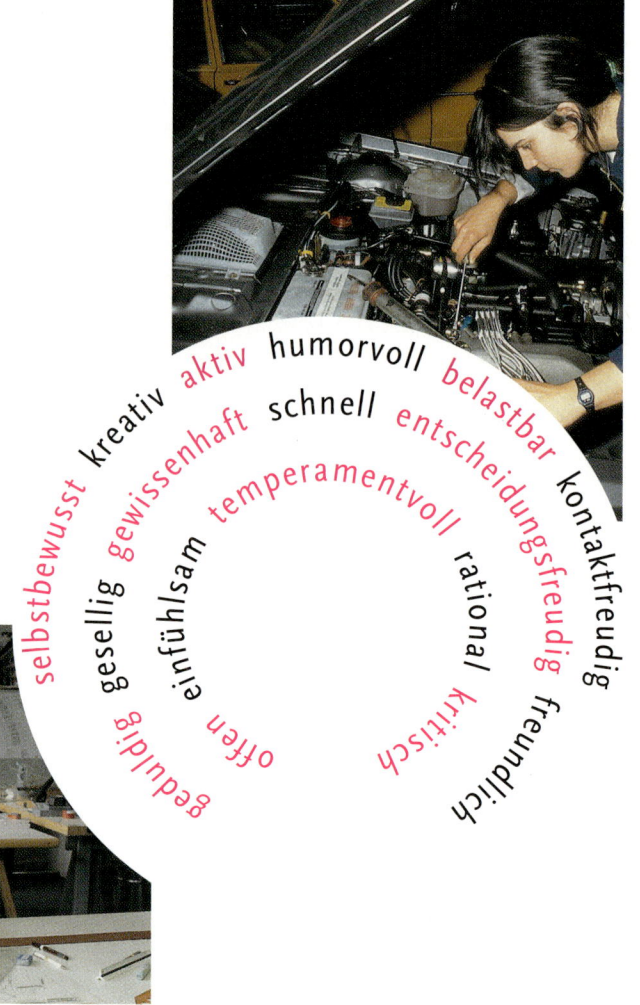

selbstbewusst kreativ aktiv humorvoll belastbar gesellig gewissenhaft schnell entscheidungsfreudig kontaktfreudig einfühlsam temperamentvoll rational freundlich offen kritisch geduldig

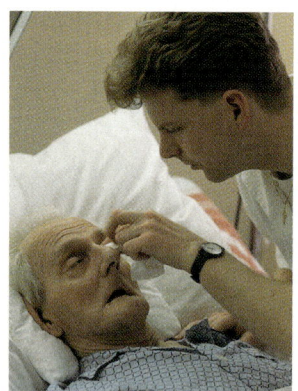

❶ Schreiben Sie auf Karteikarten die drei wichtigsten Eigenschaften, die ein Bewerber/eine Bewerberin für eine Stelle als

▲ Altenpflegehelfer/in
▲ Bürofachkraft
▲ Automechaniker/in
▲ Friseur/in
▲ Verkäufer/in

haben sollte.

Ordnen Sie die Karteikarten an einer Pinnwand und finden Sie heraus, wo die größten Übereinstimmungen liegen.
Diskutieren Sie die Ergebnisse in der Klasse.

❷ Bilden Sie Gesprächsgruppen und tragen Sie gemeinsam die Eigenschaften und Fähigkeiten zusammen, von denen Sie glauben, dass diese für Ihre Berufe wichtig sind.

Von A bis Z

3 Stellen Sie mit Hilfe der folgenden Liste ein ehrliches Selbstbildnis Ihrer Person her. Verwenden Sie dabei folgende Beurteilungsskala:

1 trifft genau auf mich zu
2 trifft teilweise auf mich zu
3 trifft nicht auf mich zu

Nehmen Sie ein leeres Blatt und beantworten Sie die Fragen schnell und ehrlich.

Beispiel: a – 1, das würde heißen:
Sie halten sich für einen entschlossen handelnden Menschen.

a. Ich handle oft entschlossen.

b. Ich bin schnell gereizt.

c. Ich kann andere überzeugen.

d. Ich bin selbstbewusst.

e. Ich bin ein aktiver Mensch.

f. Ich denke meist positiv.

g. Ich bin schnell verärgert.

h. Ich arbeite gern im Team.

i. Ich bin ein ruhiger Mensch.

j. Ich kann andere begeistern.

k. Ich bin im Zusammensein mit anderen im Mittelpunkt.

l. Ich bin ein sehr gründlicher und gewissenhafter Arbeiter.

m. Ich arbeite mehr als andere.

n. Ich komme sehr leicht mit Leuten ins Gespräch.

o. Kritik an meiner Person macht mich schnell wütend.

p. Ich bin kreativ.

q. Ich handle oft gefühlsmäßig.

r. Ich kann mich gut in andere Menschen hineinversetzen.

s. Ich bin ehrgeizig.

t. Ich lerne gerne Neues hinzu.

u. Ich helfe anderen gern.

v. Ich arbeite am liebsten allein.

w. Ich werde schnell wütend, wenn mir etwas nicht gelingt.

x. Ich kann gut meine Meinung vertreten.

y. Ich bin jemand, auf den man sich hundertprozentig verlassen kann.

z. Ich bin temperamentvoll.

Persönliche Eigenschaften und Fähigkeiten

4 Haben Sie die Liste auf Seite 85 bearbeitet? Dann stellen Sie einmal alle positiven Eigenschaften Ihren Schwächen in einer Tabelle gegenüber.

Beispiel:

Meine positiven Eigenschaften	Meine Schwächen
kreativ	schnell verärgert
selbstbewusst	ungeduldig

Sie sollten jetzt vor allem Ihre Stärken und Schwächen im Hinblick auf ihren Berufswunsch betrachten.
Was können Sie verändern? Welche **Schwächen** *können Sie abbauen?*
Welche persönlichen **Stärken** *können Sie bei Ihrer Bewerbung einbringen?*

Interessant und aufschlussreich wäre es jetzt zu sehen, wie andere Sie beurteilen.
Vergleichen Sie das Bild, das Sie von sich selbst haben, mit dem Eindruck, den Sie auf andere Menschen machen.

5 Bitten Sie einen guten Freund/eine gute Freundin, die Checkliste „Von A bis Z" im Hinblick auf Ihre Person zu bearbeiten.

Es können auch mehrere Personen sein, denen Sie diese Liste vorlegen und um eine Einschätzung Ihrer Person bitten. Auch die Beurteilung von weiteren Menschen, die Sie kennen, kann aufschlussreich sein.

Stimmt Ihre Selbsteinschätzung mit dem oder den Fremdbildern weitgehend überein? Das zeigt, dass Sie sich selbst gut kennen und auch so, wie Sie sich selbst erleben, von anderen Menschen erlebt werden.

Stimmt Ihre Selbsteinschätzung in großen Teilen nicht mit den Fremdbildern überein, sollten Sie überlegen, woran das liegt. Geben Sie sich vielleicht nach außen anders, als Sie sich fühlen?

6 Besprechen Sie die Ergebnisse in der Klassengemeinschaft oder mit Freunden, Eltern.

> **!** Es ist wichtig, sich zu Beginn einer beruflichen Laufbahn darüber klar zu werden, ob der gewählte Beruf auch den Eigenschaften und Fähigkeiten entspricht, die man hat. Sich selbst etwas vorzumachen, führt oft schnell zu Frustration und Misserfolg.

Ideenbörse

Rollenspiel

Das Rollenspiel bietet sich als Übung für viele Gelegenheiten an, bei denen man sich in andere Personen hineinversetzen muss und um Sachverhalte aus unterschiedlichen Perspektiven beurteilen zu können. Rollenspiele können aber auch der Vorbereitung auf private und berufliche Situationen dienen. Während des Spiels kann man andere Spieler und sich selbst beobachten und beurteilen und gemeinsam aus der Erfahrung lernen.
Für das Vorstellungsgespräch ist ein Rollenspiel eine hervorragende Übung.

Eine Gesprächsituation kann man üben!

❶ Erarbeiten Sie zunächst gemeinsam drei Stellenanzeigen für drei verschiedene Berufsgruppen und formulieren Sie diese schriftlich. Sie können auch aus Tageszeitungen, Fachzeitschriften oder aus dem Internet Stellenanzeigen entnehmen.

❷ Bilden Sie Kleingruppen: **Gruppe A** Ein Bewerber **Gruppe B** Ein Ausbilder/ eine Ausbilderin **Gruppe C** Drei Beobachter/innen

Gruppe A Lesen Sie sich die Anzeigen durch und bereiten Sie sich auf ein Bewerbungsgespräch vor. Machen Sie sich Notizen, worauf Sie achten wollen, was Sie eventuell fragen wollen, wie Sie auf bestimmte Fragen antworten wollen, und versuchen Sie dabei auf die Anforderungen in der jeweiligen Stellenanzeige einzugehen.

Gruppe B Denken Sie sich in die Rolle des Ausbilders/der Ausbilderin hinein. Wie wird sich diese/r verhalten? Schreiben Sie auf, was Sie die Bewerberin/den Bewerber fragen wollen. Machen Sie sich während des Gespräches ebenfalls Aufzeichnungen.

Es können gleichzeitig mehrere Personen ein Bewerbungsgespräch führen, fallen Sie sich aber dabei nicht gegenseitig ins Wort.

Gruppe C Beobachten Sie die jeweiligen Bewerbungsgespräche genau. Machen Sie sich Notizen über alles, was Ihnen positiv oder negativ auffällt: Körpersprache, Ausdruck, Redegewandtheit ... Beurteilen Sie dabei beide Gruppen, die jeweiligen Bewerber/innen und auch die Ausbilder/innen.

Wechseln Sie auch die Gruppen, damit jeder einmal die Chance einer unterschiedlichen Perspektive hat.

Die Gruppe der Ausbilder/innen muss sich dann für einen Bewerber/ eine Bewerberin entscheiden und die Entscheidung begründen.

Die Beobachter-Gruppe veröffentlicht in Stichworten an einer Pinnwand ihre Beobachtungen.

❸ Diskutieren Sie die Ergebnisse in der Klasse.

!
Bleiben Sie bei dem Rollenspiel ernst, machen Sie vor allem niemanden lächerlich und verletzen Sie niemanden.
Sie sollen sich gegenseitig stärken, indem Sie freundliche und konstruktive Kritik üben.

Texte als Filmszenen gestalten

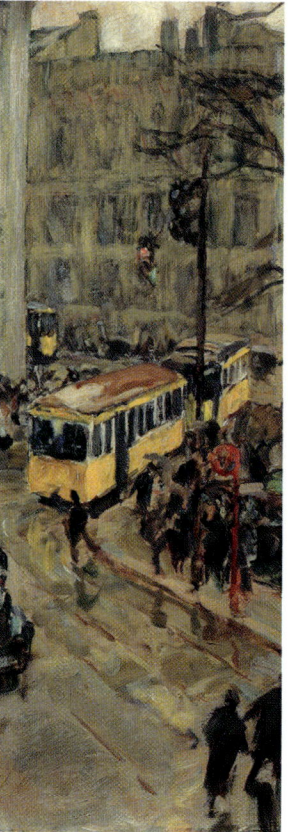

Jeder, der ein Gedicht, eine Erzählung, einen Roman aufmerksam liest, entwickelt Vorstellungen davon, wie die Personen, die Räume, die Gegend aussehen, in der die Handlung spielt. Es werden also unzählige „Filme im Kopf" gedreht. Das kann ein Ausgangspunkt sein, um auch gemeinsam einen Text zum Leben zu erwecken, um sich dem Text anzunähern.

Die beschriebene Vorgehensweise ist nicht so zeitaufwändig wie das tatsächliche Drehen eines Videofilmes oder Videoclips, erfordert aber auch Teamarbeit und Kreativität.

Im folgenden Text von Günter Kunert geht es um einen Menschen, dessen Berufs- und Privatleben in wenigen Sätzen dargestellt wird.

Dahinfahren

Er wurde dafür bezahlt, dass er einen eisernen, mit hässlich-gelber Farbe gestrichenen Wagen durch die Straßen der Stadt lenkte, die eisernen Räder in eisernen Schienen, kreuz und quer durch die rauchbedeckten Quartiere.

Berührte sein Fuß den entsprechenden Hebel, klingelte eine Glocke:

Das geschah ungezählte Male.

Zwischen den Häusern, die in Nacht versanken, begleitet vom Aufblinken der Lichtvierecke an den Fassaden, ging er gemächlich durch die Dämmerung nach Hause. Eine Frau erwartet ihn dort, später noch Kinder, dann Einsamkeit und leere Zimmer und Staub und zuletzt Tod.

(Günter Kunert: Dahinfahren. In: Kurze Beschreibung eines Moments der Ewigkeit.
Kleine Prosa. Philipp Reclam jun., Leipzig 1980)

❶ Welches sprachliche Bild entwirft der Autor in diesem Text, das den Lebens- und Berufsweg des „Er" verdeutlichen soll?

❷ Versetzen Sie sich in die Rolle eines Filmteams. Bilden Sie mehrere Teams in Ihrer Klasse. Alle Mitglieder des Filmteams können Vorschläge machen, Sie diskutieren und legen fest, wie Sie die folgenden Aufgaben lösen wollen.
a) Welche Aussage trifft der Autor Ihrer Meinung nach in seinem Text?
b) Wie wollen Sie diese Aussage filmtechnisch vermitteln?

❸ Der Text von G. Kunert soll eine Filmszene werden. (Zur Erarbeitung eines Drehbuchs siehe S. 44 f.)
a) Legen Sie einen Ort und eine Zeit für die Szene fest, beschreiben Sie diese.
b) Überlegen Sie, welcher Ihnen bekannte Schauspieler aus Film oder Fernsehen für diese Rolle geeignet wäre. Suchen Sie auch eine Schauspielerin für die Rolle der Frau. Sammeln Sie die Vorschläge auf einer Flipchart oder an der Tafel und diskutieren Sie die Rollenbesetzung in der Klasse.
c) Schreiben Sie einen Dialog für die beiden Personen.
d) Überlegen Sie, mit welcher Musik Sie die Szene untermalen wollen.
Jedes Team hält seine Arbeitsergebnisse auf einem Plakat fest, stellt dieses den anderen Teams vor und erläutert sein Konzept.

Auch andere Texte im Buch eignen sich für die Umsetzung in Filmszenen, z. B. die Erzählung „Ein netter Kerl" (S. 10 f.) oder der Romanausschnitt „Aischa" (S. 173 ff.).

„Hier die Firma..."

Die ersten Wochen und Monate in einem Ausbildungsbetrieb stellen je nach Ausbildungszweig große Anforderungen an die sprachlichen Fähigkeiten. Klar, dass man sich in vielen Situationen zunächst überfordert fühlt. Vor allem dort, wo bereits zu Beginn der Ausbildung der direkte oder indirekte Kontakt mit Kunden zum Tätigkeitsfeld gehört, müssen Sie in der Lage sein, mit Kunden umzugehen.

Fallbeispiel

Jutta Klein hat seit drei Wochen eine Lehrstelle im Musikgeschäft „CD-Land". Morgens bedient Sie die Kunden und nimmt die Telefonate entgegen.

Jutta: Ja, bitte?

Peter: Hi, ich bin's. Was geht?

Jutta: Ach, du bist es. Hab deine Stimme gar nicht erkannt.

Peter: Hab wieder Störungen auf meinem Handy. Weshalb ich anruf: Du hast doch in deinem Laden alle möglichen CDs. Habt ihr auch die neue von Madonna? Brauch nämlich noch ein Geschenk.

Jutta: Bist du blöd? Die ist im Moment der absolute Renner. Natürlich haben wir die. Kostet allerdings 17.95. Ich geb dir aber einen Tipp: Im Multiladen gibt es die zurzeit 5 Euro billiger. Falls du das Geld zum Fenster rauswerfen willst, bist du bei uns allerdings an der richtigen Adresse.

Peter: Geiler Tipp. Mach's gut! Bis nächsten Freitag.

1 Jutta wundert sich, dass sie nach dem Gespräch, das ihr Ausbilder mitgehört hat, eine gewaltige Ermahnung bekommt. Ändern Sie das Gespräch so, dass ihr Ausbilder zufrieden ist. Berücksichtigen Sie dabei auch den Umstand, dass Jutta Peters Bekannte ist.

Im Regelfall sind Ihnen die Kunden, die mit Ihnen telefonisch Kontakt aufnehmen, unbekannt. Hinzu kommt, dass Sie als Auszubildende/r nicht immer korrekt Auskunft geben können, da Sie ja noch nicht das Wissen eines langjährigen Mitarbeiters haben können. Einige Regeln helfen Ihnen, Telefonate erfolgreich zu meistern:

Tipps für das Telefongespräch

▲ Nehmen Sie ein Gespräch korrekt auf.
Firma Eisenbeiss, Frau Müller am Apparat. Was kann ich für Sie tun?

▲ Sollte sich der Gesprächspartner nicht oder nur undeutlich mit Namen melden, dann fragen Sie nach.
Verzeihung. Mit wem spreche ich?

▲ Wenn Sie in der Lage sind, klare Auskünfte zu geben, fassen Sie sich kurz und beschränken Sie sich auf das Wesentliche.
Das Ersatzteil, das Sie brauchen, haben wir vorrätig. Sie können es abholen lassen oder wir senden es Ihnen heute noch zu.

▲ Bei Unklarheiten ist es besser, das Gespräch weiterzuleiten oder um Rückruf zu bitten, bis Sie die Information eingeholt haben.
Frau Walter in unserer Fachabteilung wird Ihnen die Auskünfte gerne geben können.

▲ Zum Schluss des Telefonats wiederholen Sie die wesentlichen Vereinbarungen.
Ich habe Ihre Bestellung, zwei Bremsscheiben für einen VW Golf III, Baujahr 1994, notiert und werde sie umgehend weiterleiten. Vielen Dank für Ihren Anruf.

▲ Achten Sie während des Telefonats auf Ihren Ausdruck und Ihre Aussprache:
Sprechen Sie **klar und deutlich**.
Seien Sie **freundlich**, ohne sich anzubiedern.
Denken Sie daran: **Kurze Sätze** erleichtern Ihrem Gesprächspartner das Telefonat.
Gezielte Fragen verringern die Gefahr, dass es Missverständnisse gibt.

▲ Das Wichtigste zuletzt: **Nie ohne Telefonnotiz!**
Jedes Telefongespräch birgt die Gefahr in sich, dass man wichtige Informationen überhört oder ganz einfach vergisst. Deshalb müssen Sie einen Zettelblock und Stifte bereithalten und die wesentlichen Informationen in Stichworten protokollieren:

Datum: . . . . Uhrzeit: . . . .
Name des
Anrufers: . . . .
Grund des
Anrufes: . . . .
. . . .
Vereinbarungen: . . . .
. . . .

Telefongespräch

2 Überlegen Sie sich ein Problem, mit dem sich Kunden an Ihren Betrieb wenden könnten. Bilden Sie Dreiergruppen (ein/e Firmenangehörige/r, ein Kunde/ eine Kundin, ein/e Beobachter/in) und üben Sie das Telefonieren.

Schwierige Kunden

Immer wieder gibt es Kunden, bei denen man sich verunsichert fühlt. Häufig wird man unfreundlich oder ungeduldig angefahren – eine schwierige Situation, mit der man fertig werden muss.

Fallbeispiel

Marina, eine Auszubildende in der öffentlichen Verwaltung, ist seit einigen Wochen auf dem Rechts- und Ordnungsamt. An diesem Morgen ist sie für dreißig Minuten allein im Büro, da eine außerordentliche Dienstbesprechung während der Sprechzeiten stattfindet. Sie soll die Besucher des Amtes darüber informieren und um Verständnis bitten. Folgendes Gespräch mit einem Herrn mittleren Alters ereignet sich:

Herr: Guten Morgen. Ich möchte wegen eines Strafzettels reklamieren.

Marina: Es tut mir Leid, aber es ist im Moment niemand da, der sich damit auskennt.

Herr: Hören Sie, jetzt ist Sprechstunde, und ich will wissen, wer mir diesen Strafzettel angehängt hat. Achtzig Mark für drei Minuten Parken – das ist eine Frechheit!

Marina: Darf ich den Schein einmal sehen?

Herr: Hier, aber machen Sie schnell! Im Gegensatz zu Beamten habe ich es etwas eilig.

Marina: Das war in der Ritterstraße. So weit ich weiß, ist dort Brandschutzzone. Das hat also durchaus seine Richtigkeit.

Herr: Hören Sie einmal, Mädchen. Wenn eure Streckengänger nichts Besseres zu tun haben, als hinter Parksündern herzujagen, dann tut ihr mir Leid. Ich will jetzt, dass du den Strafzettel nimmst und die Anordnung rückgängig machst.

Marina: Mir tut es Leid, aber Sie werden diesen Strafzettel bezahlen. Außerdem verbiete ich Ihnen, mich zu duzen.

Herr: So, darf ich das Fräulein vielleicht darauf aufmerksam machen, dass ich mit dem Oberbürgermeister Tennis spiele? Und ich schwöre dir, dass deine rotzfreche Art noch Folgen haben wird. Du hörst mit Sicherheit wieder von mir.

1 Lesen Sie den Text in zwei Rollen.

2 a) Untersuchen Sie den Gesprächsverlauf. Beachten Sie dabei besonders die Ausdrücke, die darauf hinweisen, dass das Gespräch „aus dem Ruder läuft".
   b) Überlegen Sie, ob Marina zur Verschärfung des Gesprächs beigetragen hat.

3 Hatten Sie selbst schon einmal Ärger mit Kunden? Berichten Sie in der Klasse.

4 Diskutieren Sie in der Klasse folgende Behauptung: Wer die Sprache beherrscht, beherrscht die Menschen.

5 Schreiben Sie folgende Formulierungen, die in Gesprächen mit Kunden nicht vorkommen dürften, so um, dass sie korrekt werden:

nicht richtig	richtig
Was wollen Sie?	Was kann ich für Sie tun? Kann ich Ihnen behilflich sein?
Zuerst einmal brauche ich Ihren Namen.	…
Wohin soll das geschickt werden?	…
Das haben wir nicht im Lager!	…
Wie steht's mit der Bezahlung?	…
Da haben wir noch was Besseres, aber ob Sie sich das leisten können?	…
Jetzt mal langsam, immer schön der Reihe nach!	…
Sonst noch was?	…
Und Tschüss!	…

Vermeiden Sie im Kontakt Befehlsformen und Aufforderungssätze; verwenden Sie stattdessen Höflichkeitsformen.

nicht richtig	richtig
Drücken Sie sich deutlicher aus!	Könnten Sie mir nochmals erklären, wie ich Ihnen helfen kann?
Bezahlen Sie das aber gleich an der Kasse!	Würden Sie die Ware an der Kasse bezahlen?
Gehen Sie zum Chef, wenn Sie Probleme haben!	Da müssten Sie besser das Gespräch mit unserem Chef suchen. Der ist in Ihrem Anliegen der richtige Ansprechpartner.

Ihr Persönlichkeitsprofil im Kundengespräch

freundlich,	aber nicht	anbiedernd
höflich,	aber nicht	unterwürfig
kompetent,	aber nicht	besserwisserisch
zuvorkommend,	aber nicht	aufdringlich
distanziert,	aber nicht	arrogant

Echt cool!

Ulrike absolviert in einem großen Kaufhaus ihre Ausbildung zur Verkäuferin in der Abteilung für Damenoberbekleidung. In der letzten Besprechung sind die Auszubildenden auf ein höfliches Verhalten gegenüber den Kunden und auf eine korrekte Sprechweise hingewiesen worden. Ulrike hat sich das sehr zu Herzen genommen. Sie wendet sich einer Kundin zu, die unentschlossen die Ständer mit festlicher Mode durchsieht.

Ulrike: Guten Tag, kann ich Ihnen helfen?

Kundin: Ja, i brauch ebbes zum Anzieha – mei Dochdr heiradet, wisset Se.

Ulrike: Haben Sie dabei an etwas Bestimmtes gedacht?

Kundin: Hanoi, ebbes für d'Kirch und hindrher fürs Fescht. Es soll scho gut ausseha und es darf au ebbes koschta.

Ulrike: Vielleicht eine raffinierte Kreation aus drapiertem Seidensatin mit durchbrochenem Miedereinsatz und weit ausgestelltem Abendrock? Oder würden Sie ein Glamour-Highlight mit Networking und Paletten im Stil der 20er Jahre bevorzugen?

Kundin: I han koi Wort vrstanda.

Ulrike: Ich zeige Ihnen die Kleidungsstücke. Welche Größe haben Sie?

Kundin: Sechsavierzig.

Ulrike: Hier, das ist die Kombination. – Echt cool!

Kundin: Noi, Grün mag i net. Hen Se ebbes in Blau?

Ulrike: Also, Blau ist mega-out.

Kundin: Was hen Se gsait?

1 Setzen Sie das Verkaufsgespräch in Szene (siehe S. 44 f.).

2 Untersuchen Sie das Verkaufsgespräch.
  a) Warum reden Verkäuferin und Kundin aneinander vorbei?
  b) Auf welchen Sprachebenen verläuft das Gespräch?

3 Übersetzen Sie den Dialog in Ihren Heimatdialekt.

Innerhalb der beruflichen Kommunikation ist es je nach Beruf sehr wichtig, die Sprachebenen zu beherrschen und zu wissen, zu welchem Zeitpunkt man sich welcher Sprache bedient. So kann ein in der Hochsprache geführtes Verkaufsgespräch in einem Fall völlig deplatziert, im anderen Fall die einzig richtige Sprachform sein. Das Verkaufspersonal muss sich je nach Kunde spontan für die richtige Sprachebene entscheiden.

4 In welchen der folgenden Situationen kann Dialekt, in welchen muss Hochsprache gesprochen werden? Begründen Sie Ihre Entscheidung.

Gesprächssituation	Sprachebene
Vorstellungsgespräch	...
Telefongespräch mit einem Kunden	...
Aufnahme einer Bestellung im Restaurant	...
Beratung einer Kundin beim Friseur	...

Dialekte in der Bundesrepublik Deutschland

5 Welche Vorteile und welche Nachteile haben Dialekt und Hochsprache?

6 a) Welche Dialekte kennen Sie?
  b) Suchen Sie in der Karte die Bezeichnung für Ihren Dialekt.
  c) In welche regionalen Mundarten lässt sich Ihr Dialekt aufgliedern?

7 Für „Mädchen" gibt es verschiedene Dialektausdrücke, z. B. Mädle, Deern, Deandl, Mädche, Madl. Nennen Sie weitere Beispiele dafür, dass es für viele Begriffe in den deutschen Dialekten verschiedene Bezeichnungen gibt.

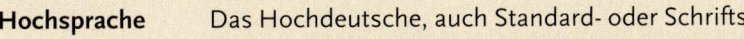

Sprachebenen

Hochsprache   Das Hochdeutsche, auch Standard- oder Schriftsprache genannt, ist die allgemein verbindliche Sprachform. Sie wird z. B. in der Literatur, in der Presse, in den TV-Nachrichten verwendet.

Umgangssprache   Die Umgangssprache, auch Alltagssprache, wird im täglichen Gebrauch gesprochen. Sie ist eine saloppe Ausdrucksweise, die vorwiegend im mündlichen Sprachgebrauch eingesetzt wird.

Dialekt   Der Dialekt ist eine regional gebundene Form der Sprache, die vorwiegend mündlich gebraucht wird.

Gruppensprache   Die Gruppensprache dient dem Zusammengehörigkeitsgefühl der Gruppenmitglieder (z. B. Jugendsprache) und soll andere von der Gruppe abgrenzen.

Fachsprache   Die Fachsprache wird von Fachleuten benutzt, um spezielle Sachverhalte knapp und genau ausdrücken zu können (Sprache des Sports, der Technik, Juristensprache; siehe S. 114–117, 141).

Sprachebenen

„Liebe Kolleginnen und Kollegen, …"

Für viele ist die Vorstellung, vor einem Publikum sprechen zu müssen, der Albtraum schlechthin. Nirgends wird man mit der eigenen Unsicherheit stärker konfrontiert als in den Momenten, in denen man zu anderen sprechen muss.

1 Nennen Sie Anlässe, bei denen Sie zu einem Publikum sprechen könnten.

Fallbeispiel

Liebe Auszubildende,
wie ihr alle wisst, habe ich mich entschlossen, für das Amt der Jugendvertreterin zu kandidieren. Ich halte dieses Amt für ziemlich wichtig und bin mir sicher, dass ich die geeignete Frau für diesen Posten bin. Ohne meine Mitbewerber und Mitbewerberinnen gering
5 *zu schätzen, glaube ich doch kaum, dass es einen echten Konkurrenten für mich gibt. Ihr alle habt mich kennen gelernt und habt euch im ersten Jahr ein Bild von mir machen können. Mein Einsatz für den Betrieb, meine Kollegialität und meine fachlichen Qualifikationen sind nicht nur euch, meine lieben Kolleginnen und Kollegen, sondern auch der Betriebsleitung nur zu gut bekannt. Ich bin der festen Überzeugung, dass nur hoch qua-*
10 *lifizierte Auszubildende dieses Amt übernehmen sollten, denn nur sie werden in den zu erwartenden schwierigen Verhandlungen mit der Betriebsleitung auch Gehör finden und ernst genommen werden. Wenn ihr also mich wählt, dann kann ich euch versichern, dass ich mit dem gleichen Einsatz für die Belange der Auszubildenden kämpfen werde. Ich weiß, dass ich ohne eure Unterstützung nichts erreichen kann: Ich brauche euch, wie ihr*
15 *mich braucht. Mit Gelassenheit sehe ich der Wahl entgegen und bereite mich jetzt schon intensiv auf die neuen Aufgaben vor. Ich danke euch für eure Aufmerksamkeit.*

2 Wie wirkt die Rede auf Sie?

3 Untersuchen Sie die Rede nach folgenden Gesichtspunkten:
a) Wie wird die Rede eingeleitet?
b) Welche Passagen halten Sie für gelungen, welche eher für misslungen?
c) Wie wird die Rede beendet?

4 Schreiben Sie eine verbesserte Fassung.

Tipps für eine Rede

▲ Klären Sie für sich den **Adressatenbezug**: An wen richten Sie Ihre Rede?

▲ Sprechen Sie in **verständlichen, kurzen Sätzen**: Die Aufnahmefähigkeit ist beim Hören weit geringer als beim Lesen!

▲ Gliedern Sie Ihre Rede in **übersichtliche Abschnitte**, die für Ihre Zuhörer nachvollziehbar sind. Kann man die Zusammenhänge nicht erkennen, schaltet man ab!

▲ Beschränken Sie sich auf das **Wesentliche** und bleiben Sie beim Thema.

▲ Lockern Sie Ihre Rede durch **anschauliche Vergleiche, Beispiele und witzige Übertreibung** auf. Ihr Publikum darf ruhig auch mal lachen – ein guter Beweis für die Aufmerksamkeit Ihrer Zuhörer!

Rede

5 Schreiben Sie die folgenden Sätze so um, dass sie verständlich werden:

Es ist nicht einzusehen, dass wir Lehrlinge im ersten Jahr nichts anderes zu tun haben sollen, als unserer Kundschaft die Haare zu waschen, was sicher auch gemacht werden muss, aber mit Sicherheit nicht ausschließlich, da wir doch auch die schwierigen Arbeitsvorgänge wie Schneiden, Dauerwelle legen, Tönen und Färben erlernen möchten.

Die körperlich schweren Arbeiten, die auf dem Bau anfallen, überfordern gerade die jüngeren Auszubildenden doch erheblich, da sie bis an die Grenze ihrer körperlichen Leistungsfähigkeit gehen müssen und deshalb nicht auszuschließen ist, dass sich gesundheitliche Spätfolgen einstellen können, was auch die Zunahme der Frühverrentungen eindrucksvoll zu bestätigen weiß.

Sicher sind wir überqualifiziert, wenn man uns tage- und wochenlang Waren in die Regale einräumen lässt, eine Tätigkeit, die durchaus auch von ungelernten Kräften verrichtet werden könnte, die nur deshalb arbeiten, weil sie schnell ein paar Mark verdienen wollen, wogegen ja auch nichts einzuwenden ist.

6 Suchen Sie aus Ihrem Sprachgebrauch Bilder und Vergleiche, welche die umgearbeiteten Sätze veranschaulichen sollen. (Zu Bildern und Vergleichen siehe S. 23.)

Sprachliche Mittel einer Rede

Neben Vergleichen, Beispielen und witzigen Übertreibungen liefert uns unsere Sprache weitere Möglichkeiten, eine Rede für die Zuhörer interessant zu machen. Das ist insofern wichtig, als der Redner von der Aufmerksamkeit seiner Zuhörer abhängig ist. Seine Aufgabe ist es also, die „Leute bei der Stange" zu halten.

Direkte Anrede des Publikums

Ein rednerischer Trick, der dem einzelnen Zuhörer in der Gruppe das Gefühl gibt, er sei selbst angesprochen. Das erhöht seine Konzentration.

Sie wissen doch alle, was eine Änderung der Arbeitszeiten für uns bedeuten wird.

Einbeziehung der Zuhörer durch „Wir"-Formulierungen

Gerade bei einer umstrittenen Position, die der Redner vertritt, vermittelt er das Gefühl, mit der Gruppe der Zuhörer eine Gemeinschaft zu bilden.

Wenn wir uns gefallen lassen, dass man uns wie unreife Kinder behandelt, brauchen wir uns nicht zu beschweren.

Aufforderungen (Appelle)

Konkrete Anweisungen an die Zuhörer haben ebenfalls den Effekt, dass der Zuhörer genau zuhört, weil er prüfen muss, ob er der Anweisung des Redners folgen wird oder nicht.

Deshalb fordere ich euch, meine lieben Kolleginnen und Kollegen, auf, endlich etwas für das Klima in unserem Betrieb zu tun. Geht auf eure Mitarbeiterinnen und Mitarbeiter zu, arbeitet miteinander statt gegeneinander, und vor allem: Seid bereit zum Gespräch, wenn es Ärger gibt.

Scheinfragen (rhetorische Fragen) an die Zuhörer

Wer eine Frage gestellt bekommt, reagiert darauf mit dem Impuls, eine Antwort geben zu wollen; auch dann, wenn in Wirklichkeit überhaupt keine Antwort erwartet wird.

Glaubt ihr, ich frage euch offen und ehrlich, dass die Vielzahl der unentgeltlichen Überstunden, die wir leisten, wirklich von Seiten der Betriebsleitung honoriert werden wird? Schätzt man unseren Einsatz für den Erhalt unserer Arbeitsplätze?

Ausrufe

Da Ausrufe eigentlich eher spontan kommen und besonders gefühlsbetont sind, sichern sie die Anteilnahme des Publikums. Allerdings verpufft ihre Wirkung rasch, wenn man sie zu häufig einsetzt – man wird unglaubwürdig, wenn man sich über alles aufregt!

Das soll unsere Lage verbessern? Unglaublich!
Ha! Das kann man doch nicht ernst nehmen.

Neue Umgangsformen im Betrieb

Liebe Auszubildende,
zunächst einmal möchte ich euch sagen, wie sehr es mich freut, dass es uns endlich
einmal gelungen ist, uns in unserer Freizeit zu treffen. Ehrlich gesagt, ich war miss-
trauisch, ob überhaupt Interesse besteht, sich über das Klima in unserem Ausbil-
5 dungsbetrieb zu unterhalten. Eure Anwesenheit beweist, dass bei uns doch nicht alles
so glatt läuft, wie wir uns das vielleicht wünschen.

— **Eröffnung**

Wir alle arbeiten in einem großen Hotel und wir wussten, dass diese Ausbildung für
uns kein Zuckerschlecken werden wird. Bereits im letzten Jahr, als wir unsere Ausbildung begonnen haben, waren wir betroffen darüber, wie man mit uns in der Küche
10 spricht. Da schreit man uns an, übersieht uns, wenn wir Fragen haben – ja, es kam
auch schon vor, dass wir einfach beschimpft und links liegen gelassen wurden. Jeder
von euch weiß, wovon ich rede, und jeder könnte seine eigenen Erfahrungen hier einbringen. Jetzt, da wir im zweiten Jahr unserer Ausbildung sind, ist es meines Erachtens an der Zeit, gegen diesen Missstand etwas zu unternehmen. Deshalb bitte ich
15 euch, mir einige Minuten zuzuhören.

— **Redeanlass**

Wir müssen uns, das ist euch allen, glaube ich, klar, überlegen, wie wir uns zur Wehr
setzen können, ohne Gefahr zu laufen, unseren Ausbildungsplatz zu verlieren. Um
die Dringlichkeit deutlich zu machen: Gestern hatte ich den Auftrag, Feldsalat zu putzen. Kaum hatte ich begonnen, den Berg, der sich da vor mir auftürmte, abzuarbeiten,
20 schreit mich unser lieber Herr Fenchel, ihr kennt ja alle sein Temperament, auch
schon an, wie lange ich eigentlich noch brauchen würde. Ich bin der Meinung, wir
sollten uns solche zum Alltag gewordenen Schikanen nicht mehr gefallen lassen. Deshalb schlage ich folgende Schritte vor:
Jeder von uns sollte es sich verbitten, dass in einem solchen Ton mit uns gesprochen
25 wird. Droht notfalls damit, euch bei der Betriebsleitung zu beschweren.
Bleibt dabei – ich weiß, wie schwer einem das fällt – so ruhig und gelassen wie möglich. Zeigt eure Schwäche nicht dadurch, dass ihr auch schreit.
Lasst uns als Auszubildende wenigstens im Umgang miteinander ein Vorbild sein.
Oder glaubt ihr, es nützt etwas, wenn wir uns auch noch gegenseitig fertig machen
30 und uns die Köpfe einschlagen?

— **Redethema**

Ich weiß, dass das alles leichter gesagt als getan ist. Aber den Umgangston in einem
Betrieb zu verändern, ist ein langwieriger Prozess und wir werden nicht von heute auf
morgen Erfolg haben. Aber in einem sind wir uns doch einig: So, wie es bis jetzt gewesen ist, kann es nicht weitergehen. Wir müssen klarmachen, dass wir alle – und damit
35 meine ich nicht nur uns als Auszubildende – mehr leisten wollen und können, wenn
wir uns wohl fühlen. Wird der Umgangston besser, wird auch das Betriebsklima besser – und je besser das Klima, umso leistungsbereiter die Menschen, die in diesem
Betrieb arbeiten. Recht herzlichen Dank dafür, dass ihr mir zugehört habt.

— **Schluss**

❶ Schreiben Sie die sprachlichen Mittel (siehe S. 98) auf, die in der Rede zum Einsatz kommen.

❷ Entwerfen Sie schriftlich eine kurze Rede zu einem der folgenden Anlässe:
Begrüßung neuer Auszubildender – Volljährigkeit eines Kollegen/einer Kollegin – Verabschiedung
eines/einer Auszubildenden, der/die den Betrieb aus privaten Gründen verlässt.

Das Handy

Ohne Zweifel hat sich das Handy sowohl im privaten als auch im betrieblichen Bereich in den letzten Jahren rasant durchgesetzt. Mobiles Telefonieren ist selbstverständlich geworden – auch immer mehr Schülerinnen und Schüler nutzen das Handy, um jederzeit erreichbar zu sein.

Handy- statt Nikotinsucht

Rauchen als „alte Technologie" könnte bei Jugendlichen zunehmend „out" werden, meinen englische Forscher

Viele Jugendliche gewöhnen sich einer neuen Studie zufolge wegen ihrer „Handysucht" das Rauchen ab. Wie das britische Fachmagazin „British Medical Journal" in seiner neuen Ausgabe berichtet, fanden Forscher der Universität von Manchester und
5 einer landesweiten Initiative gegen das Rauchen heraus, dass immer weniger Teenager in Großbritannien zur Zigarette und stattdessen zum Mobiltelefon griffen.

Rauchen als „alte Technologie"
Für Teenager bekäme das Rauchen zunehmend den Geruch „alter
10 Technologie", verglichen mit der schönen neuen Welt aus Handy-Kurztexten (SMS), E-Mail und den internetfähigen WAP-Handys, sagen die Autoren der Studie, Clive Bates und Anne Charlton. Der Gebrauch der neuen Technik gäbe ihnen heute das, was früher die Zigarette im Mundwinkel leistete: den Einstieg in die Welt der
15 Erwachsenen, den Ausdruck von Individualität, gesellschaftlicher Akzeptanz und das sichtbare Zeichen der Zugehörigkeit zu einer Gruppe.

Von 30 auf 23 Prozent
Laut der Studie rauchten 1996 rund 30 Prozent aller 15-Jährigen in Großbritannien mindestens einmal pro Woche. Im vergangenen 20 Jahr hätten dagegen nur noch 23 Prozent der 15-Jährigen gepafft. Im selben Zeitraum sei die Anzahl der Handybesitzer in der Altersgruppe von zehn auf 70 Prozent gestiegen.

Wirkung der Werbung
Nach Angaben der Autoren der Studie ersetzt für die Jugendlichen 25 das Handy die Zigarette bei ihrem Versuch, wie Erwachsene zu wirken. Auch die Werbung für Handys sei mit der für Zigaretten zu vergleichen, schrieben die Forscher. In beiden Fällen verspreche die Reklame Individualität, Image und die Ausbildung eines persönlichen Stils. Als weiteren Grund für die mögliche Verdrängung 30 der Zigarette durch das Handy nannten die Wissenschaftler das Taschengeld der Jugendlichen. Diese könnten sich nicht Tabak und Telefongebühren zugleich leisten.

(ORF, 3.11.2000)

1 Klären Sie mit Hilfe eines Lexikons Begriffe, die Ihnen unbekannt sind.

2 Fassen Sie die wesentliche Ausage des Textes in einem Satz zusammen.

3 Können Sie aus eigener Erfahrung dem Ergebnis der Untersuchung zustimmen oder eher nicht? Begründen Sie Ihre Haltung.

4 Vergleichen Sie Anzeigen der Zigarettenwerbung mit denen für Handys. Können Sie – wie der Artikel behauptet – Überschneidungen erkennen?

5 Der Zeitungsartikel ist zumeist in der indirekten Rede abgefasst (zur indirekten Rede siehe S. 210). Schreiben Sie ihn in die direkte Rede um.

Das Handy ersetzt den Schummelzettel

Seit Mobilfunkfirmen gezielt um Teenager werben, erobern tragbare Telefone die Klassenzimmer

VON ARIANE BEMMER

HAMBURG – Mitten im Unterricht klingelt das Handy und der Lehrer tobt. So gehe das nicht, nein wirklich, das sei verboten. Sagt der Schüler: „Das ist mir total egal. Hier geht es um 10 000 Mark." Der Klassenraum als Börsenparkett, der Pennäler als Handy schwingender Aktienhändler – unter Hamburger Lehrern längst ein alter Witz – ist vielleicht nicht typisch. Aber symptomatisch. Längst ist das Handy als neues Statussymbol in den Klassenzimmern weit verbreitet. Ein Mobilfunkanbieter verkauft seit Anfang Mai das „Kid-Phone" für 8- bis 15-Jährige. Und T-D1, der Mobilfunkanbieter der Telekom, hat bereits mehr als 600 000 so genannter Pre-paid Karten – bei denen deren größter Teil an Jugendliche verkauft wurde – abgesetzt. Und die nehmen ihre Handys mit in die Schule.

Zwar gilt dort durchgängig, dass Handys im Unterricht auszuschalten sind. Aber, so Erziehungswissenschaftler Professor Peter Struck von der Uni Hamburg: „Irgendeiner vergisst das immer." Während normaler Unterrichtsstunden ist das vielleicht nicht mehr als störend. Doch die findigen Pennäler nutzen ihre Telefone längst auch als zeitgemäßen Ersatz für den Schummelzettel.

Zum einen lassen sich über Handy Textnachrichten versenden und empfangen, zum anderen kann man die Telefone problemlos zum „Ich muss mal"-Austreten mitnehmen. „Kein Lehrer schleicht hinterher, um zu kontrollieren, dass von der Toilette aus nicht heimlich telefoniert wird", weiß Peter Braasch, stellvertretender Leiter des Deutschen Lehrerverbands Hamburg. Er erklärt sich den Handyboom der Oberstufenschüler dadurch, dass „50 Prozent einen Nebenjob haben". Der versetzt sie in die Lage, sich den Luxus Mobiltelefon zu leisten. Vom Taschengeld allein könne kaum ein Schüler seinen Lebensstandard bezahlen, so Braasch.

Insgesamt aber scheinen weder Handys noch Internetzugriffe die Lehrer besonders aufzuregen. Gelassen registriert man, dass Referate und Hausaufgaben aus dem Internet heruntergeladen statt selbst erarbeitet werden, ebenso, dass eben per Handy geschummelt wird. Der Marburger Psychologieprofessor Detlef Rost zieht gar ganz andere Schlüsse aus den neuen Entwicklungen: Wer sich beim Schummeln der neuen Medien bediene, erhöhe seine Lebenschancen. Oder, wie Peter Struck es sieht: „Handy-Schummeln ist eine moderne Teamleistung. Und das brauchen wir doch für die Zukunft, oder?"

(Die Welt online, 20.5.1999)

6 Gliedern Sie den Text und bilden Sie zu den einzelnen Abschnitten Überschriften.

7 Erläutern Sie die Funktionen eines Handys (zur Beschreibung siehe S. 117).

8 Welche Vorteile, welche Nachteile hat ein Handy?

9 Erörtern Sie: Soll die Benutzung des Handys an Schulen erlaubt sein oder nicht? (Zur Erörterung siehe S. 55.)

10 Überlegen Sie, was sich in Betrieben, die ihre Mitarbeiter/innen mit Handys ausstatten, alles ändern kann.

E-Mail statt Brief

Immer mehr Betriebe entdecken für sich die Möglichkeit, Informationen mit Hilfe der elektronischen Datenübertragung auszutauschen. Sie verschicken ihre Geschäftspost nicht mehr als Brief, sondern als „elektronische Post" (E-Mail). Der Vorteil liegt darin, dass nicht nur Texte, sondern auch Grafiken und Bilder elektronisch verschickt werden können und dem Empfänger unmittelbar zur Bearbeitung und Nutzung zur Verfügung stehen.

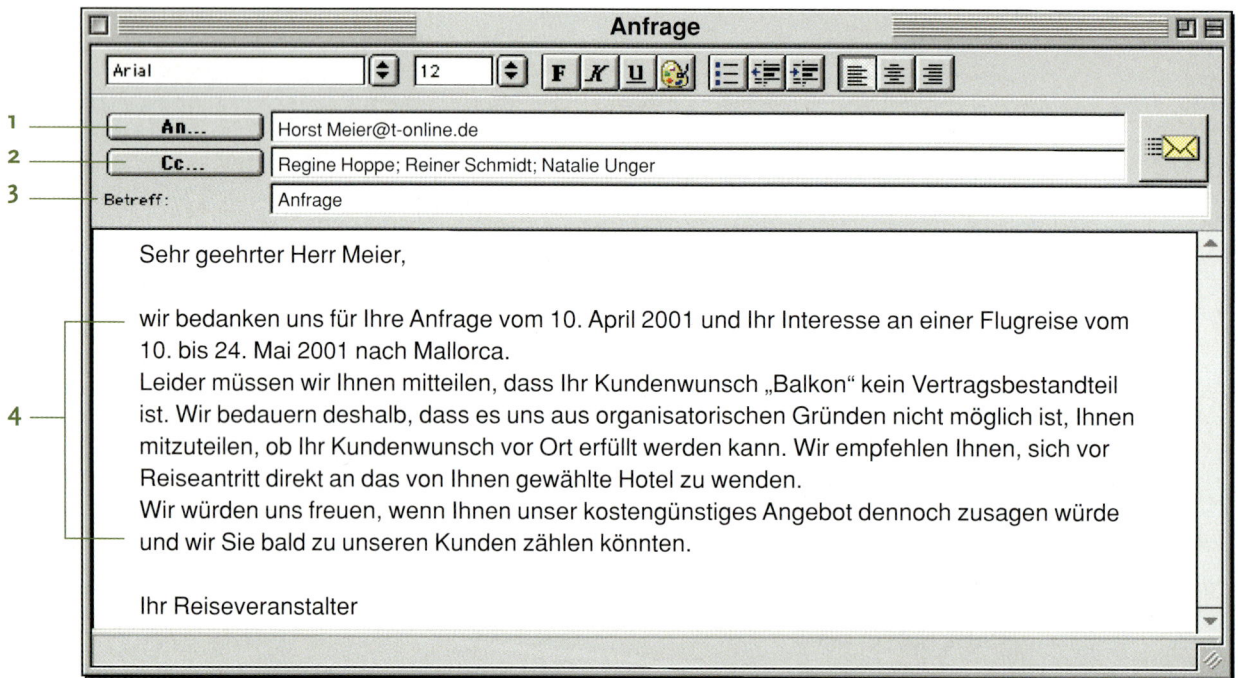

Was zunächst etwas unübersichtlich aussieht, erweist sich in der Anwendung als recht einfach.

Außer dem eigentlichen Text (**4**), der gesendet werden soll, werden der Adressat (**1**), die Personen, die eine Kopie der E-Mail erhalten sollen (**2**), und der Anlass des Schreibens (**3**) eingetragen.

Von Vorteil ist, dass die Programme über ein Adressbuch verfügen, das lästiges Suchen nach Empfängerdaten überflüssig macht. Außerdem braucht die E-Mail nicht den strengen Anforderungen des Geschäftsbriefes genügen (siehe S. 75); der Informationsaustausch steht im Vordergrund. Besonders vorteilhaft ist das Versenden von Attachments: So können z. B. umfangreiche Word-Dateien als Anlage an eine E-Mail angefügt und preiswert verschickt werden.

Die kleine Schwester der E-Mail: SMS (Short Messages Service)

Kurzmeldungen können nicht nur mit Hilfe des Computers verschickt werden, sondern auch mit dem Handy.

Diese Möglichkeit, Nachrichten über das Mobiltelefon zu versenden, wird für den Berufsalltag immer wichtiger.

Das Maß der Dinge: 150 Zeichen

1 Welche sprachlichen Auffälligkeiten weisen Kurzmeldungen dieser Art auf?

2 Wo liegen die Vor-, wo die Nachteile solcher Textbotschaften?

3 Vergleichen Sie die SMS mit Telefonat und Brief als alternative Möglichkeit der Kommunikation.

4 Bilden Sie in der Klasse fünf Gruppen. Kürzen sie in jeder Gruppe den folgenden Brief auf 150 Zeichen, damit Sie ihn als SMS-Nachricht versenden könnten. Vergleichen Sie die Ergebnisse.

Sehr geehrter Herr Müller,

leider kann unsere Besprechung nicht wie vereinbart am 05. Mai stattfinden, da sich der Abflugtermin für meinen Urlaub auf den Malediven verschoben hat und ich meinen Urlaub bereits zwei Tage früher, also am 03. Mai, antreten werde. Sie können sich denken, wie sehr ich mich darauf gefreut habe, endlich einmal ausspannen zu können. Den-

5 *noch liegt mir sehr daran, die offenen Punkte bezüglich des Vertrags noch vor der Abreise zu klären. Wenn es Ihnen möglich sein sollte, könnten wir uns bereits am 02. Mai treffen. Als Tagungsort schlage ich Hamburg vor; das ist für Sie in jedem Fall leichter zu erreichen. Sollte ich nichts mehr von Ihnen hören, treffen wir uns im Tagungshotel um 10.00 Uhr. Dann hätten wir bis 19.00 Uhr Zeit, unsere Besprechung zu einem für beide Seiten erfolg-*

10 *reichen Abschluss zu bringen. Ich hoffe sehr, dass Ihnen die dringend nötige Terminverschiebung nicht allzu viele Unannehmlichkeiten bereitet.*

Mit freundlichen Grüßen
Ihr Martin Kaiser

Kommunikation der Zukunft?

Jeder, der zum Beispiel eine wieder aufladbare Karte für sein Handy besitzt, hat mit einer zukunftsträchtigen, weil Personal sparenden Variante des Telefongesprächs schon zu tun gehabt: dem Telefonautomaten mit einer menschenähnlichen künstlichen Stimme, die den Kunden durch ein System von Dienstleistungsangeboten führt.

Telefonat 2010: Notaufnahme

Guten Tag. Sie sind mit der Notaufnahme des Klinikums Futuria verbunden.
Ich möchte einen Notfall mel...
Wenn Sie einen Patienten anmelden wollen, drücken Sie jetzt die Eins.
Möchten Sie ein Medikament verschrieben haben, drücken Sie die Zwei.
5 *Mein Freund hat sich schwer verletzt. Ich brauche ...*
Benötigen Sie einen Notarztwagen, drücken Sie die Drei.
Zum Beenden des Gesprächs drücken Sie die rote Telefontaste.
[PAUSE]
Sie haben die Drei gedrückt. Geben Sie jetzt den Grund dafür an.
10 Handelt es sich um eine Schwangerschaft, drücken Sie die Eins.
Handelt es sich um eine Verletzung, drücken Sie die Zwei.
Bei akuten psychischen Leiden drücken Sie die Drei.
Zum Beenden des Gesprächs drücken Sie die rote Telefontaste.
[LÄNGERE PAUSE]
15 Sie haben die Zwei gedrückt. Geben Sie nun die Art der Verletzung an.
Für Kopfverletzungen drücken Sie die Eins.
Verletzungen im Halswirbel- und Brustbereich werden mit der Zwei bedient.
Brüche und sonstige Verletzungen, bitte Taste drei drücken.
Zum Beenden des Gesprächs drücken Sie die rote Telefontaste.
20 *Ich glaube, er schafft es nicht.*
Geben Sie nun die Art der Verletzung an.
Kann denn niemand helfen?
Für Kopfverletzungen drücken Sie die Eins.
Verletzungen im Halswirbel- und Brustbereich werden mit der Zwei bedient.
25 *Peter, Peter, hörst du mich noch?*
Brüche und sonstige Verletzungen, bitte Taste drei drücken.
Zum Beenden des Gesprächs drücken Sie ...
Sag doch was!
... die rote Telefontaste.
30 *Peter??*
[SEHR LANGE PAUSE]
Sie haben keine der gewählten Optionen bedient. Das System drückt nun Ihre rote
Telefontaste. Wir danken für Ihren Anruf und hoffen, Sie ganz in Ihrem Sinne
bedient zu haben. Auf Wiederhören – Ihr Klinikum für Notfälle.

❶ Berichten Sie von Ihren Erfahrungen mit automatisierten Antwortmaschinen.

❷ In welchen Bereichen halten Sie automatisierte Antwortmaschinen für sinnvoll, in welchen nicht?

❸ Entwickeln Sie ein kleines Textprogramm für eine solche Antwortmaschine in einem Bereich, in dem sie Ihres Erachtens sinnvoll eingesetzt werden könnte.

AVATARE ALS VIRTUELLE AKTEURE UND MODERATOREN AUF DEN FERNSEHSCHIRMEN

Der starke Auftritt der „Cyber-Weiber"

Avatare sind im Kommen. Die künstlichen Figuren mit menschlichen Zügen und festen Charaktereigenschaften bewegen sich bereits seit einiger Zeit auf Websites von 3D-Animationsagenturen und gastieren auch schon mal als Co-Moderator in TV-Sendungen
5 und Werbespots. Und die Experten sind sich sicher: Was die Multimedia- und Internetwelt heute mit den Avataren auf die Beine stellt, ist der Anfang einer Entwicklung. Die Nase vorn bei der Konzeption und Präsentation einer telegenen Kunstfigur hatte in Deutschland das Zweite Deutsche Fernsehen (ZDF): „Cornelia"
10 heißt der Avatar, den der Mainzer Sender zusammen mit der Agentur Vista New Media in Köln für das ZDF-Webangebot entwickelt hat. Die „Integrationsfigur", so Agenturgeschäftsführerin Alexandra Fuzinski, kommt in der ZDF-Online-Nacht mit Moderator Cherno Jobatey auf den Bildschirm.
15 Damit „Cornelia" möglichst natürlich über den Sender kommt, haben ZDF und Vista New Media einen ungewöhnlichen Weg beschritten. Die „Cyber-Weiber" Lara Croft, Kyoto Date oder ihre männlichen Pendants wie E-Cyas waren noch elektronische Kopfgeburten von Programmierern und 3D-Designern, „Cornelia" da-
20 gegen ist das digitale Double von Cornelia Schliwa, die 1997 als 18-jährige Schülerin in einem Nachwuchswettbewerb von „Cosmopolitan" für die Doppelgängerrolle ausgewählt wurde. Alles, was das inszenierte Leben „Cornelias" ansehenswert machen soll – Gestik, Mimik und das telegene Auftreten – sind Info-Partikel des
25 Originals.
Trotz aller Aktivitäten, virtuelle Stars auf Computer- und Fernsehschirmen als Retortenersatz für Moderatoren und Schauspieler zu präsentieren, gewöhnt sich das Publikum nur langsam an die gesendeten Patrouillen aus der Grafikworkstation. Dennoch deutet
30 unter anderem die Digitalisierung des Fernsehens an, dass in den kommenden Jahren mehr und mehr Avatare im Unterhaltungsbereich und in der Werbung eingesetzt werden.
Der Grund für die Euphorie, die in den Sendern und Multimedia-Agenturen erzeugt wird, liegt nicht zuletzt in der Budget-Einsparung: Virtuelle Moderatoren laufen Kosten sparend als hoch-
35 komplexes Computerprogramm. Nach dem Ende der Entwicklung fallen höchstens Kosten für Wartung und Fehlersuche in den Programmcodes an. Gage und Logis werden hinfällig. Eine auf Knopfdruck funktionierende Kunstfigur ärgert weder Regisseur noch Produzenten.
40 Und selbst für den Fall, dass irgendwann die virtuellen Geschöpfe ihre Fan-Gemeinden erobert und ihre menschlichen Kollegen von den Schirmen verdrängt haben sollten, wird das nicht das Ende der Entwicklung sein. Die Avatare oder „No-DNA-Wesen", wie sie auch genannt werden, erwartet, dass ihnen autonomes, menschlich
45 intelligentes Verhalten antrainiert wird.
Damit ein künstliches, vom Computer gelenktes Wesen ununterscheidbar einen Menschen imitiert, kommt es darauf an, den so genannten Turing-Test zu bestehen. Dabei, so verlangte der englische Mathematiker Turing bereits nach dem Ende des Zweiten
50 Weltkriegs, muss ein Computer die Fragen einer anonymen Person genauso intelligent beantworten können wie ein Mensch. Davon kann aber bei den „Cornelias", Tyras, Aimees oder E-Cyas von heute keine Rede sein.

(Passauer Neue Presse online, 1.10.1999)

❹ Schauen Sie die Wörter, die Ihnen unbekannt sind, in einem Lexikon nach.

❺ Analysieren Sie den Text „Der starke Auftritt der ‚Cyber-Weiber'".
  a) Erläutern Sie, was „Avatare" sind.
  b) Wozu werden „Avatare" eingesetzt?
  c) Nennen Sie Fernsehsendungen, in denen „Avatare" den Menschen ersetzen könnten.
  d) Welche Chancen und welche Gefahren sehen Sie in der Entwicklung von „Avataren"?
  e) Welche Hoffnungen verknüpfen die Fernsehsender mit dem Einsatz von „Avataren"?

Das Internet

Das Internet bietet eine Unmenge von Informationen, ob Sie ein gebrauchtes Auto suchen, nach einem Arbeitsplatz Ausschau halten oder Material zu einem beliebigen Thema brauchen. Damit Ihre Recherche, also die Informationssuche, erfolgreich ist, sollten Sie einige Tipps beachten.

Bei der Suche nach einem Arbeitsplatz können Sie auf die Homepage des Arbeitsamts zugreifen, aber auch auf Suchmaschinen und private Stellenvermittler:

www.arbeitsamt.de	www.jobsuche.de
www.altavista.com	www.job-consult.de
www.fireball.de	www.jobpilot.de
www.yahoo.de	www.job-express.de
www.lycos.de	www.stellenanzeigen.de

Es genügt nicht, nur „Stellenangebote" einzugeben, da Sie sonst mit Adressen überflutet werden. Grenzen Sie ein, z. B.:
+ Stellengebot + Kfz-Mechaniker + Köln

Angenommen, Sie suchen nach Ihrer Ausbildung zum Koch/zur Köchin eine Stelle und möchten im Großraum Dortmund ihrem Beruf nachgehen.
So gehen Sie vor:

1. Schritt   Rufen Sie die Homepage des Arbeitsamtes auf: www.arbeitsamt.de.

2. Schritt   Klicken Sie auf Markt.

3. Schritt   Wählen Sie Stellen – Informations – Service.

4. Schritt   Rufen Sie die Seite Aktuelle Stellenangebote auf.

5. Schritt   Geben Sie Ihren Beruf (Koch) ein, die gewünschte Arbeitszeit (Vollzeit), den Erscheinungszeitraum der Stellenangebote (2 Wochen) und klicken Sie neben „Wirtschaftsraum" auf Auswählen.

6. Schritt   Wählen Sie Ihren Beruf (Koch) mit Berufskennziffer aus und klicken Sie auf Übernehmen.

7. Schritt   Nun wählen Sie einen Wirtschaftsraum aus (Baden-Württemberg) und klicken wieder auf Übernehmen.

8. Schritt   Auf der Seite „Suchen" erscheint die Anzahl der gefundenen Stellen. Klicken Sie auf Anzeigen. Jetzt sehen Sie die aktuellen Stellenangebote.

Ideenbörse

Jobsuche mit dem Internet

Das Internet hat sich zum meist genutzten Medium entwickelt, wenn es um die Suche nach geeigneten Arbeitsplätzen geht. Das hat mehrere Gründe:

▲ Im Vergleich zur herkömmlich geschalteten Stellenanzeige, z. B. im Stellenmarkt einer überregionalen Tageszeitung, spart das Stellenangebot im Internet Zeit und Kosten.

▲ Das Profil der Bewerber/innen kann sehr viel genauer beschrieben werden; damit reduzieren sich die Zahl der Bewerber/innen und die Zeit, die Bewerbungen zu bearbeiten.

▲ Eine Anzeige muss bei Nichtbesetzung der angebotenen Stelle neu geschaltet werden; im Internet kann sie über einen längeren Zeitraum präsentiert werden, ohne dass neue Kosten entstehen.

▲ Meist sind die Stellenangebote in die Homepage einer Firma integriert, sodass sich der Bewerber/die Bewerberin gleichzeitig ein Bild vom Betrieb machen kann.

❶ Bilden Sie je nach Klassengröße Gruppen von vier bis fünf Schülerinnen und Schülern. Achten Sie dabei darauf, dass sich Internet-Experten gleichmäßig auf die Gruppen verteilen.

Jede Gruppe sucht für einen der folgenden Stellensuchenden geeignete Stellenangebote aus dem Internet.

(1) **Kfz-Mechaniker**, 25 Jahre, verheiratet, zwei Kinder, ortsgebunden, Raum Stuttgart

(2) **Kauffrau im Einzelhandel**, 19 Jahre, ledig, ohne Kinder, Lebensmittelbranche

(3) **Floristin**, angelernt, 22 Jahre, ledig, mit Kind, Halbtagsstelle

(4) **Bäckergeselle**, 20 Jahre, ledig, Großbäckerei

(5) **Lagerverwalter**, 27 Jahre, verheiratet, ein Kind

a) Protokollieren Sie Ihre Suche im Internet und schreiben Sie auf, welche Suchmaschinen und welche anderen Anbieter Sie genutzt haben.
b) Halten Sie schriftlich fest, welche Internetseiten Erfolg versprechende Angebote beinhalteten und welche nicht nützlich waren.
c) Stellen Sie das Ergebnis Ihrer Nachforschungen der Klasse vor.
d) Entwerfen Sie einen Handzettel zum Thema „Jobsuche im Internet" mit wichtigen Tipps für Schülerinnen und Schüler anderer Klassen.

Präsentieren mit dem Computer

Entscheiden Sie sich, die Ergebnisse von Gruppenarbeiten (z. B. Ihre Recherche im Internet nach geeigneten Stellenangeboten), Referaten oder einer Rede visuell zu unterstützen, kann Ihnen der PC hilfreiche Dienste leisten. Sie brauchen allerdings zur Präsentation neben dem PC einen Beamer, der das Bild auf Ihrem Monitor an die Wand projiziert. Viele Schulen und betriebliche Seminarräume verfügen bereits über ein solches Gerät. Darüber hinaus benötigen Sie ein Präsentationsprogramm (am weitesten verbreitet ist Power Point, das im Office-Programm von Microsoft zu finden ist). Schließlich sollten Sie noch einige allgemeine Regeln beachten:

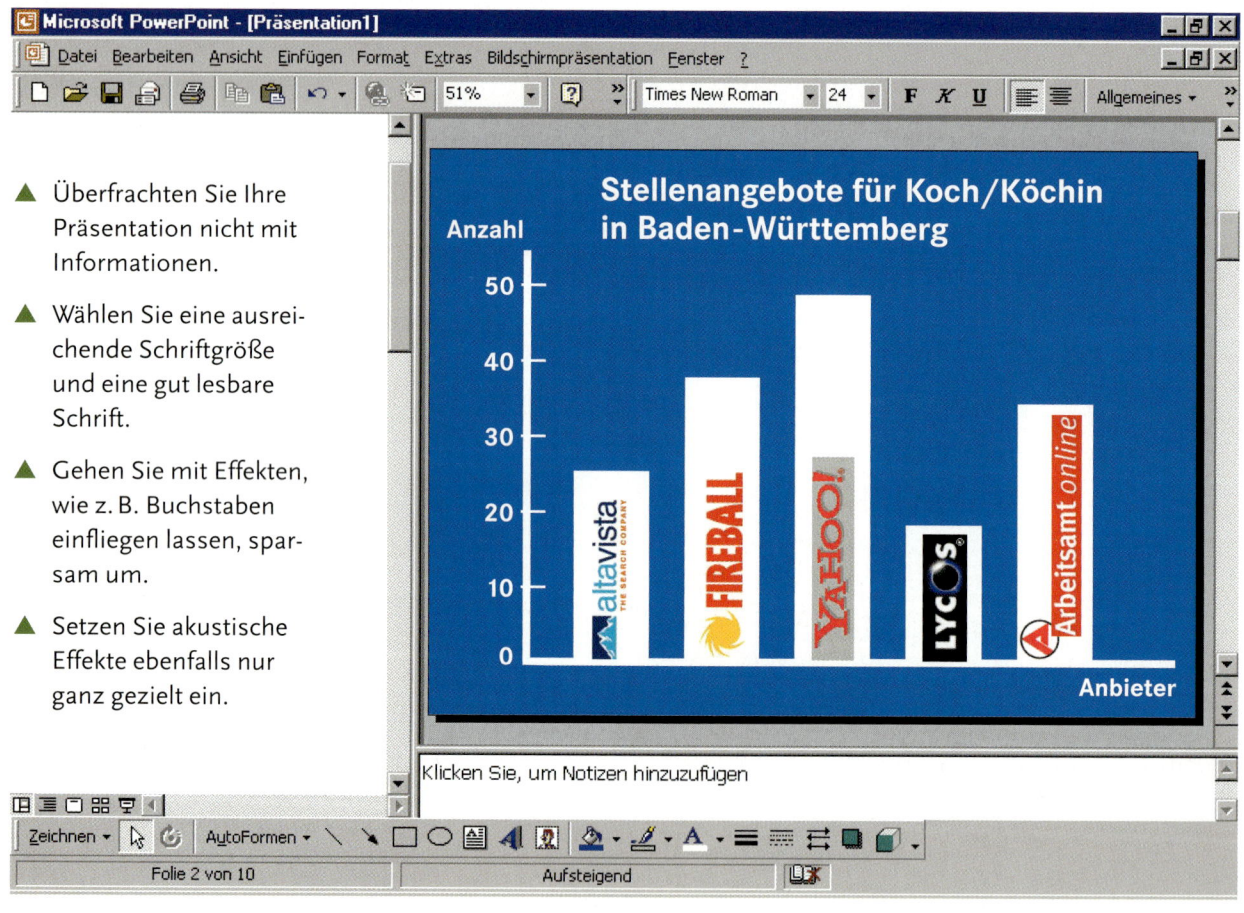

▲ Überfrachten Sie Ihre Präsentation nicht mit Informationen.

▲ Wählen Sie eine ausreichende Schriftgröße und eine gut lesbare Schrift.

▲ Gehen Sie mit Effekten, wie z. B. Buchstaben einfliegen lassen, sparsam um.

▲ Setzen Sie akustische Effekte ebenfalls nur ganz gezielt ein.

Präsentationsbeispiel

Medien und Computer

Medien in der Freizeit

1 a) Welche Medien besitzen Sie in Ihrem Haushalt?
   b) Welche Medien nutzen Sie?

> **Massenmedien**, technische Einrichtungen, die Informationen in Wort, Ton und Bild an ein großes Publikum verbreiten. Dazu gehören vor allem Presse, Fernsehen, Rundfunk und Film sowie Buch, Schallplatte, CD, Tonkassette, Video und neue Medien wie CD-ROM und Computernetze.

2 Führen Sie eine Umfrage in Ihrer Klasse durch:
   Welche Medien nutzen Sie wie lange an einem Werktag, am Wochenende?
   Veranschaulichen Sie das Umfrageergebnis mit Hilfe einer Tabelle und geben Sie die durchschnittliche Mediennutzungsdauer in Ihrer Klasse an.

	Fernsehen	Radio	Tageszeitung	Computer	CD und Schallplatte	Kino
Werktag (in Minuten)						
Wochenendtag (in Minuten)						

3 Führen Sie eine Umfrage bei Verwandten, Bekannten und Freunden durch. Stellen Sie die Ergebnisse grafisch dar und unterscheiden Sie dabei nach Alter (bis 25, bis 40, bis 60, ab 60 Jahre) und Geschlecht. Vergleichen Sie die Ergebnisse. Wie erklären Sie sich Unterschiede in den Ergebnissen?

4 a) Geben Sie die wesentlichen Aussagen der Grafik „Mediennutzung 12- bis 19-Jähriger" mit eigenen Worten wieder.
   b) Tragen Sie Ihr Umfrageergebnis aus Aufgabe 2 in das Schaubild ein.

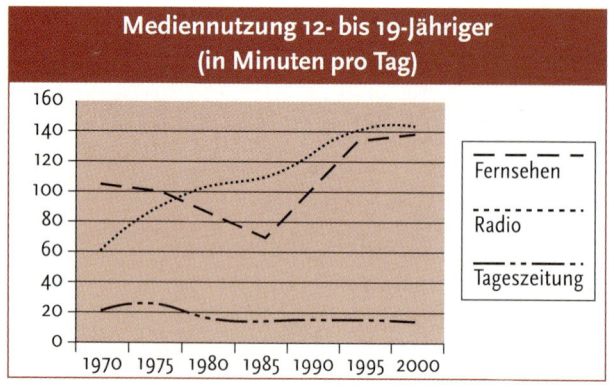

Mediennutzung 12- bis 19-Jähriger (in Minuten pro Tag)

5 Radio, Fernsehen, CDs, Kino oder Bücher begleiten Menschen ihr ganzes Leben. Wie war das bei Ihnen?
Erinnern Sie sich an Ihren ersten Kinobesuch, Ihr erstes Fernseherlebnis oder an erste Radiosendungen? Welches war Ihr Lieblingsbuch? Erinnern Sie sich an eine Hörkassette? Hat Ihnen jemand vorgelesen?
Schreiben Sie Ihre Erlebnisse auf.

Schriftsteller erinnern sich an ihre ersten „Leseerlebnisse":

Horst Krüger, 1919–1999

Ich bin gar nicht sicher, ob es gut ist, sich zu erinnern. Warum? Wer will das hören, heute? Muss das denn sein – Vergangenheit? Es kommt so viel Sumpf und Schmerz, so viel Qual und Kitsch in mir hoch, nichts als Ratlosigkeit, Angst und allerdings auch dumpfe 5 Hoffnung: worauf? Worauf hoffte ich damals? Ich weiß es nicht. [...]
Mein Gott, was habe ich damals nicht alles zusammengelesen – mit fünfzehn. Zu Hause gab es keine Bücher für mich. Es gab die Bibel, das Adressbuch 10 von Groß-Berlin, es gab den Duden auf dem Schreibtisch meines Vaters und allerdings auch das *Jettchen Gebert*, das meine Mutter eine Weile entzückt hatte. Mich ließ das kalt. Ich ging also jetzt mit fünfzehn regelmäßig zur Stadtbücherei. 15

Ror Wolf, geb. 1932

Es war niemand da, der mir Geschichten erzählt hat. Mein Vater war auf Reisen mit vielen Grüßen. Meine Mutter stand hinter der Ladenkasse, unglücklich die Kurbel drehend, bis sie klingelnd aufsprang. Mein Großvater saß mürrisch auf dem Schusterstuhl, un- 5 ablässig auf Sohlen und Absätze einschlagend, die Zwecken zwischen den Lippen. Meine Großmutter schaute zum Fenster hinaus. Dort sah sie den Spitz-berg, den Roten und den Breiten Berg und den Schwarzen Berg und hat mir keine Geschichte 10 erzählt.

(Siegfried Unseld [Hrsg.]: Erste Lese-Erlebnisse. Suhrkamp Verlag, Frankfurt/M. 1975, S. 61, 97)

6 a) Vergleichen Sie die Berichte aus den 30er Jahren des 20. Jahrhunderts mit Ihren eigenen Erlebnissen. Worin unterscheiden sich die geschilderten Medienerfahrungen von heutigen?
   b) Weshalb wird in den Lebenserinnerungen von Krüger und Wolf nur vom Lesen und Vorlesen gesprochen?

7 Informieren Sie sich in einem Lexikon über die Entwicklung von Rundfunk, Film, Fernsehen und Computern in Deutschland und berichten Sie.

Massenblätter

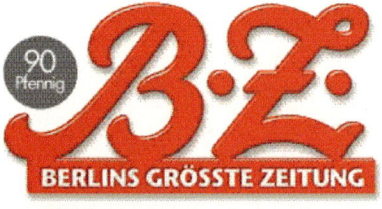

B.Z.
90 Pfennig
BERLINS GRÖSSTE ZEITUNG
Nr. 158/28 ★ 124. Jahr / Dienstag, 10. Juli 2001 ★ A 2032 A

Berlin wählt am 21. Oktober
Seite 4

B.Z. fordert: Berliner wollen keine Schikane-Polizei
Seiten 4/5

Jetzt kommt die totale Abzocke

Knöllchen und Radarfallen sollen Finanzlöcher stopfen

❶ Sie sehen oben einen Ausriss aus der Titelseite der „B.Z."; er enthält ein Foto und nur Überschriften. Die Artikel, die zu den Überschriften gehören, sind im Innenteil abgedruckt. Welchen Zweck verfolgen die Zeitungsmacher mit dieser Verteilung?

❷ Die Überschriften enthalten umgangssprachliche Ausdrücke. Stellen Sie diese fest und formulieren Sie Überschriften in der Hochsprache. Was ändert sich jetzt an der Wirkung der Überschriften?

❸ In den Überschriften sind sowohl Nachrichten als auch Kommentare enthalten (siehe S. 151). Finden Sie jeweils Beispiele dafür.

❹ Schreiben Sie die einzelnen Wörter und Wortgruppen heraus und notieren Sie, was Sie mit ihnen verbinden.

Wortgruppen	Vorstellung
Berlin wählt	...
Schikane-Polizei	...
totale Abzocke	...

Wortgruppen	Vorstellung
Knöllchen	...
Radarfallen	...
Finanzlöcher stopfen	...

5 a) Beschreiben Sie den Holzschnitt „Der Pressefotograf bei der Hinrichtung".
b) Welchen Unterschied in Körperhaltung und Kleidung erkennen Sie zwischen Fotograf und Opfer?

6 Die Bildunterschrift „Der Pressefotograf bei der Hinrichtung" ist mehrdeutig. Erklären Sie die verschiedenen Bedeutungen, die Ihnen dazu einfallen.

7 Haben Sie das Wort „Paparazzo" schon einmal gehört? Was stellen Sie sich darunter vor?

Presse

Presse (frz.), eigentlich Bezeichnung für alle Produkte, die mit Hilfe einer Druckerpresse hergestellt wer-
5 den. Heute sind damit alle periodisch erscheinenden *Printmedien* gemeint, die sich in Wort und Bild an ein breites Publikum wenden,
10 d. h. die täglich, wöchentlich, monatlich usw. erscheinenden → Zeitungen, Zeitschriften und Magazine.

Zeitung

Zeitung, regelmäßig, zumeist täglich (Tageszeitung) oder wöchentlich (Wochen-, Sonntagszeitung) erschei-
5 nendes Druckerzeugnis, das in erster Linie über das aktuelle Geschehen informiert, aber im Unterschied zur → Zeitschrift zumeist eine
10 größere inhaltliche Vielfalt besitzt und allgemein zugänglich ist. Nach der Verbreitung unterscheidet man Lokal-, Regional- und über-
15 regionale Zeitungen.

Zeitschrift

Zeitschrift, Druckerzeugnis, das in regelmäßigen Abständen (wöchentlich, monatlich usw.) erscheint und
5 sich im Unterschied zur → Zeitung zumeist an einen kleineren Leserkreis wendet und spezielle, in der Regel nicht aktuelle Themen behan-
10 delt. Die Zeitschrift entstand im 17. Jh. Neben Fach- (z. B. Computer-, Musik-, Sportzeitschrift) und Verbandszeitschriften (die sich ledig-
15 lich an die Mitglieder einer bestimmten sozialen Gruppe oder Organisation wenden) gibt es Rundfunkzeitschriften, politische Magazine,
20 Illustrierte und Publikumszeitschriften für Freizeit und Unterhaltung.

*(Knaurs Jugendlexikon.
München 2001)*

8 Veranstalten Sie in Ihrer Klasse eine Umfrage: „Was wird gelesen?" Vergleichen Sie die Ergebnisse und stellen Sie diese visuell dar (siehe S. 133–135).

9 Sammeln Sie Zeitungen, die Sie an einem Kiosk in Ihrer Umgebung kaufen können, und gestalten Sie damit eine Wandzeitung. Gruppieren Sie die Zeitungen nach Themen (Sport, Motor usw.), Erscheinungsweise (täglich, wöchentlich), Verbreitung (regional, überregional) und Sprache (deutsch, türkisch usw.).

Presse Zeitung Zeitschrift

Sprache des Sports

Mohamed Quaadi schaute nicht nach links und nicht nach rechts, nein, ... mit aller Energie, die ihm nach 35 Kilometern bei einer Durchgangszeit von 1:47:10 Stunden noch geblieben war, riss er die Spitzengrup-

5 pe auseinander. Sammy Otieno versuchte ihm ver- zweifelt zu folgen. Mwenze Kalombo, 1998 bereits Zweiter und 1999 Dritter bei diesem Lauf-Klassiker, verlor im Nu einige Meter. Auch Zebedayo Bayo, Paul Kipsambu, Evans Ogaro sowie die beiden Franzosen

10 Abdellah Behar und Mohamed Ezzher ... kamen in Not und verloren bald den Kontakt.

Die Verfolger schauten etwas betreten aus ihren Tri- kots und hofften vergeblich, dass sie den Ausreißer wieder einfangen würden. Angefeuert von den be-

15 geisterten Zuschauern legte Mohamed Quaadi end- gültig alle Zurückhaltung ab, knipste den Turbo an und verabschiedete sich auf Nimmerwiedersehen.

(Running, Nr. 5/2000, S. 56 f.)

1. Wie stellt der Autor des Berichtes die Leistungs- fähigkeit des Marathonläufers Mohamed Quaadi dar? Schreiben Sie die entsprechenden Textstellen heraus.

2. Stellen Sie in einer Tabelle die Verben und die Adjektive aus dem Bericht zusammen.

3. Markieren Sie die Wörter, die etwas über den Ver- lauf des Marathonlaufes aussagen. Erklären Sie die Bedeutung der Wortgruppe.

Wortgruppe	Bedeutung
auseinander reißen	den anderen davonrennen

4. Beschreiben Sie das Siegerfoto von Marleen Ren- ders links und vergleichen Sie es mit dem Foto der Fußballszene (S. 115).

Werder – Dortmund

Werder war von Beginn an dominierend[1]. Herzog kurbelte prächtig an, ließ sich teilweise weit zurück-fallen, um sich der direkten Deckung geschickt zu entziehen. Dortmund konterte[2] nicht ungefährlich,
5 benötigte beim 0:1 allerdings einen Stellungsfehler Bartens, der dem Torschützen Reina nach Dedes Pass den Weg frei machte. Unbeeindruckt stürmte Werder weiter und drehte schon vor der Pause das Ergebnis gerechterweise um. Der erneute Ausfall
10 Möllers (wieder der Muskel) hatte damit weniger zu tun. Ikpeba übernahm Rickens Posten im Sturm, Ricken ließ sich ins offensive Mittelfeld fallen.

Erst nach Buts überraschendem Anschlusstreffer lie-fen die überlegenen Bremer Gefahr, das Spiel doch
15 noch aus der Hand zu geben. Dortmund kam auf Grund der wackeligen Werder-Abwehr danach wesentlich besser ins Spiel.

(Kicker, 27.3.2000)

1 dominierend: beherrschend
2 kontern: einen Gegenangriff führen

5 Sammeln Sie in dem Bericht die Wortgruppen, die das Verhalten der Spieler beschreiben, und erklären Sie die Bedeutung.

Wortgruppe	Bedeutung
prächtig ankurbeln	
weit zurückfallen lassen	

6 Suchen Sie aus dem Text oben Wörter und Wortgruppen heraus, die eine feste Bedeutung haben, also zur Fachsprache des Fußballs gehören. Erklären Sie ihre Bedeutung.

7 Bei welchen Wörtern und Wortgruppen wird deutlich, dass es einmal um ein Mannschaftsspiel und das andere Mal um einen Einzelwettkampf geht?

8 Vergleichen Sie die Berichterstattung über den Marathonlauf mit dem über das Fußballspiel. Welche wesent-lichen Unterschiede fallen auf?

9 Nehmen Sie 10 Minuten eines Fußball-Länderspiels im Fernsehen auf Video und dieselben 10 Minuten im Hörfunk auf Kassette auf. Untersuchen Sie, inwieweit sie unterschiedlich kommentiert werden.

10 Fertigen Sie eine Reportage von etwa drei Minuten Länge zu einem Sportereignis in Ihrem Wohnort an.

Sprache der Technik

Nach einer kurzen Unterweisung beginnt unser digitales Abenteuer. Wir halten die zahlreichen Darbietungen der Sponsoren, aber auch die unserer Kurse fest. Selbst das Büffet ist nicht vor uns sicher, denn das Auge fotografiert ja mit, oder so!
Anschließend werden die Fotos direkt per serieller Schnittstelle in den PC transportiert. Dort kann man sie dann schon Minuten später betrachten.   15

(Süddeutsche Zeitung, 21./22.12.1999)

Text 2:
Die Digitalkamera

Die Digitalkamera erzeugt Bilder wie eine Kleinbildkamera auch, der Unterschied liegt darin, dass die Kleinbildkamera die Bilder auf einen lichtempfindlichen Film, die Digitalkamera sie aber als Datei auf einen Chip speichert. Diese digitalen Bilder kann man in einem Computer weiterverarbeiten oder sie im Internet versenden. Sichtbar werden sie auf dem Bildschirm oder auf einem Ausdruck.   5
Die Kamera hat mit 14 x 7 x 4 cm die doppelte Größe einer Zigarettenschachtel und wiegt ca. 500 g; sie ist aus kratzfestem Kunststoff hergestellt.
Wesentliche Teile der Kamera sind das Objektiv auf der Vorderseite,   10
der Monitor, auf dem das fotografierte Bild betrachtet werden kann, auf der Rückseite, der Blitz, der Auslöser und das Sichtfenster für die verschiedenen Kameraeinstellungen auf der Oberseite. Auf der rechten Seite der Kamera ist eine rutschfeste Griffmulde ausgebildet, an der Unterseite befindet sich eine Verschraubungsmöglichkeit für ein   15
Stativ.
Das Einstellen von Schärfe, Belichtungszeit und Blende beim Fotografieren kann automatisch oder von Hand geschehen. Der Speicherchip wird nach dem Fotografieren aus der Kamera genommen und in den PCMCA-Slot des Computers gesteckt, von hier aus werden die   20
Bilder auf die Festplatte übertragen.

(Pons Bildwörterbuch, Stuttgart 1992, S. 391)

Text 1:
Mit Hand und Fuß

„Willst du den skalpieren?“ – „Jetzt schneidest du ihm die Füße ab!“ Ich liebe gut gemeinte Ratschläge, besonders beim Fotografieren! Um die Internetseite der Schule zu füttern, hat man uns mit einer Digitalkamera losgeschickt.
5   Interessante Sache, aber nicht ohne anfängliche Probleme, da man die Kamera weiter vom Auge weg hält. Der Vorteil einer solchen Kamera liegt darin, dass man das soeben fotografierte Objekt auf dem in der Digicam integrierten Display in Fotoqualität begutachten kann. So fällt die Entscheidung für oder gegen ein Foto leichter. Der Nach-
10 teil: Andere sehen deine Arbeit und „beraten“ dich (siehe oben).

---

1 Vergleichen Sie Text 1 mit Text 2. Welche wesentlichen sprachlichen Unterschiede stellen Sie fest?

2 a) Bilden Sie zwei Gruppen. Zeichnen Sie jeweils nach den Angaben der Texte 1 und 2 eine Kamera.
   b) Welche Angaben enthalten die Texte, damit Sie sich ein genaues Bild machen können?
   c) Welcher Text sagt mehr über die Einsatzmöglichkeiten der Kamera aus?

3 Schreiben Sie aus den Texten die verwendeten Fachwörter heraus und finden Sie Erläuterungen, z. B. in einem Fremdwörterlexikon.

4 Finden Sie in den Texten Passagen, die nach den Regeln der Gegenstandsbeschreibung (siehe S. 117) formuliert sind.

5 Bilden Sie Gruppen: Beschreiben Sie verschiedene Gegenstände (Ihr Handy, Ihre Uhr, Ihren Radio, Ihren Fernseher). Tauschen Sie Ihre Beschreibungen aus und fertigen Sie nach den hierin gemachten Angaben Skizzen an.

Einsetzen des Akkus in ein Handy

Akku laden

Wenn der Akkustand niedrig ist und nur noch einige Minuten Gesprächszeit verbleiben, ertönt ein Warnton (zweimal zwei Piepstöne); außerdem beginnt das Akkusymbol zu blinken und die Meldung „Akku laden" wird angezeigt.
Wenn der Akku vollständig entladen ist, schaltet sich Ihr Telefon ab.

Akku-Abdeckung entfernen

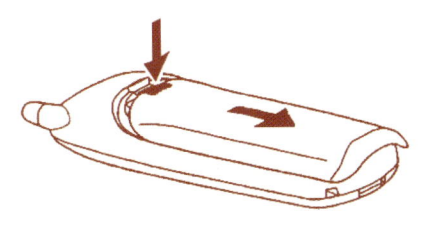

Einsetzen des Akkus

1 Nehmen Sie die Abdeckung des Akkufaches ab.
2 Richten Sie die Akkuanschlüsse und die geräteseitigen Anschlüsse zueinander aus.

▶ *Schieben Sie den Akku gegen die Anschlüsse, drücken Sie ihn bis zum vollständigen Einrasten nach unten. Zuletzt die Abdeckung des Akkufaches aufsetzen.*

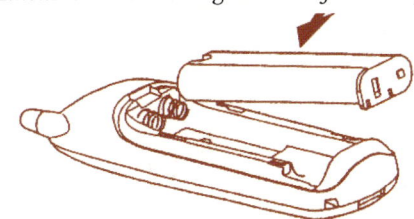

▶ *Der Akku kann nur so eingesetzt werden, dass ein schwarzer, aus Kunststoff bestehender Fuß nach links weist.*

(Motorola, Produktbeschreibung, o. O. u. J., S. 15)

6 Schreiben Sie aus dem Text „Akku laden" alle Fachwörter heraus, z. B. Akkustand, und erklären Sie diese.

7 Welche Tätigkeiten beim Einsetzen des Akkus werden durch Sprache und welche durch eine Skizze erklärt?

Regeln für eine Gegenstandsbeschreibung:
▲ Geben Sie den Zweck und die Bedeutung des Gegenstandes an.
▲ Geben Sie seine Maße und seine Form an.
▲ Geben Sie Hinweise auf Material und Gewicht des Gegenstandes.
▲ Fertigen Sie eine Skizze an.
▲ Beschreiben Sie die Funktionsweise des Gegenstandes in einzelnen Schritten.

Regeln für eine Vorgangsbeschreibung (siehe auch S. 205):
▲ Führen Sie eine genaue Beobachtung durch.
▲ Unterscheiden Sie die verschiedenen Tätigkeiten, die bei dem Vorgang ausgeführt werden.
▲ Planen Sie einen folgerichtigen Aufbau, schreiben Sie der Reihe nach auf, wie die einzelnen Tätigkeiten ausgeführt werden.
▲ Beschreiben Sie den Zweck und die Folgen der Tätigkeiten.
▲ Beschränken Sie sich auf wesentliche Teile.

Für beide Beschreibungsformen gilt:
▲ Die Beschreibung wird in der Zeitform Präsens (Gegenwart) geschrieben, ein sachlicher Sprachstil, treffende Adjektive und Verben und die Nutzung von Fachwörtern erleichtern dem Leser das Verständnis.
▲ Einfach zu verstehende Abläufe, umfassende Zusammenhänge und wichtige Einzelheiten stehen am Anfang der Beschreibung, schwierige Details am Schluss.

Gegenstands- und Vorgangsbeschreibung

Fotoroman und Masken

1 In dieser Bildergeschichte wurden die Texte in den Sprechblasen weggelassen. Können Sie trotzdem herausbekommen, um was es in dieser Bilderfolge geht?

2 Füllen Sie die Sprechblasen mit eigenen Texten aus. Wie sind Sie auf Ihre Deutung gekommen? Beschreiben Sie die einzelnen Fotografien.

Einen Fotoroman herstellen

Das brauchen Sie:

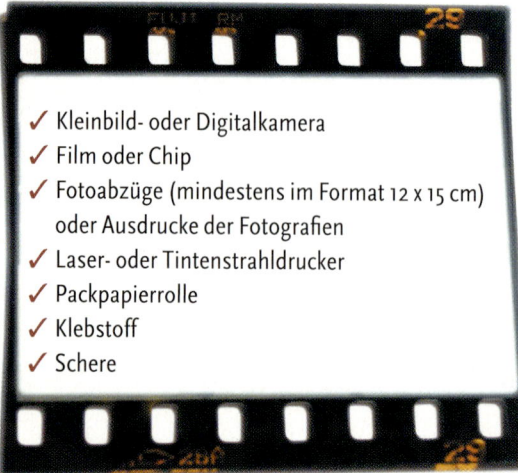

✓ Kleinbild- oder Digitalkamera
✓ Film oder Chip
✓ Fotoabzüge (mindestens im Format 12 x 15 cm) oder Ausdrucke der Fotografien
✓ Laser- oder Tintenstrahldrucker
✓ Packpapierrolle
✓ Klebstoff
✓ Schere

So gehen Sie vor:

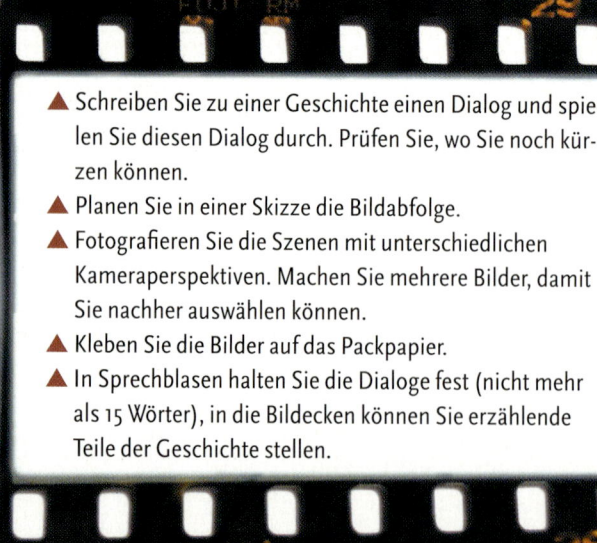

▲ Schreiben Sie zu einer Geschichte einen Dialog und spielen Sie diesen Dialog durch. Prüfen Sie, wo Sie noch kürzen können.
▲ Planen Sie in einer Skizze die Bildabfolge.
▲ Fotografieren Sie die Szenen mit unterschiedlichen Kameraperspektiven. Machen Sie mehrere Bilder, damit Sie nachher auswählen können.
▲ Kleben Sie die Bilder auf das Packpapier.
▲ In Sprechblasen halten Sie die Dialoge fest (nicht mehr als 15 Wörter), in die Bildecken können Sie erzählende Teile der Geschichte stellen.

3 a) Fertigen Sie Porträts an und wählen Sie dabei unterschiedliche Kameraperspektiven, z. B. von oben, von unten, von der Seite, ganz nah usw.

b) Beschreiben Sie die unterschiedliche Wirkung dieser Fotografien.

c) Kennen Sie weitere Möglichkeiten, auf Fotografien Stimmungen auszudrücken? Berichten Sie.

4 Bei der Arbeit mit der Kamera werden immer wieder andere Einstellungen verwendet. Ordnen Sie den Bildern des Fotoromans (auf S. 118) folgende Einstellungen zu: nah, halb, total.

Beispiel: *Der abgebildete Mann ist nah zu sehen, ist halb ...*

5 Untersuchen Sie den Videoclip einer Musikgruppe. Wie wird die Kamera eingesetzt und welche Wirkung haben die verschiedenen Einstellungen?

In Masken schlüpfen

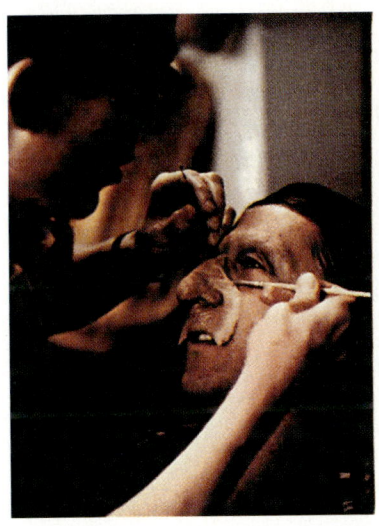 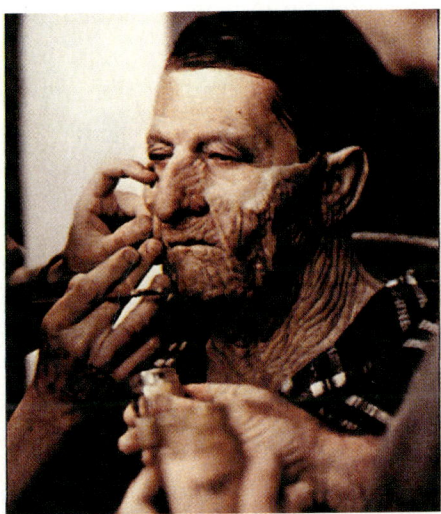 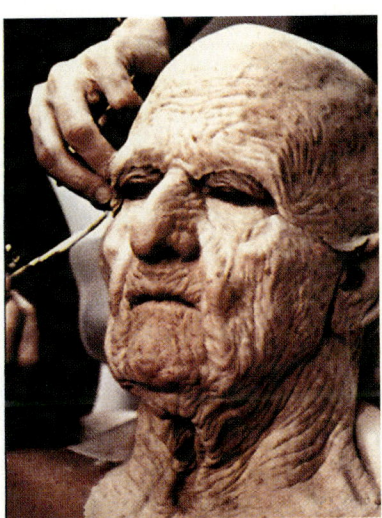

6 Mit Masken lassen sich Menschen verändern. Die Bildserie zeigt, wie ein Schauspieler ein neues Gesicht bekommt. Kennen Sie ähnliche „Verkleidungen" in Filmen, auf Videos oder im Fernsehen?

7 Masken müssen nicht so kompliziert hergestellt werden wie in diesem Beispiel. Oft reichen wenige Veränderungen aus, um eine Person zu verwandeln.

In der Erzählung „Ein netter Kerl" von Gabriele Wohmann (siehe S. 10 f.) wird ein junger Mann beschrieben.

Fertigen Sie eine Skizze an, die diesen Mann darstellt. Skizzieren Sie auch die einzelnen Teilnehmer des Gesprächs.

Welche Kleider und Gegenstände benötigen Sie, um die Szene zu spielen? Welche Masken wären notwendig, um die Figuren darzustellen?

8 Sie haben die Erzählung „Ein netter Kerl" von Gabriele Wohmann (siehe S. 10 f.) szenisch dargestellt. Stellen Sie zur Szene einen Fotoroman her.

Echtzeit

Die waren zu zweit. Meine Vernehmung fand unter dem Flughafen auf Ebene F, dem so genannten Spieldeck, statt. „Kommt Ihnen dieser Raum bekannt vor?"

„Ja, ich habe hier oft an Hubbert gespielt."

5 „Wer ist Hubbert?"

„Hubbert ist ein Computerspiel der 21. Generation."

„Wie oft haben Sie Hubbert gespielt?"

„Fast täglich. Er ist der einzige Computer dieser Art hier auf dem Spieldeck."

10 „Waren Sie gut?"

„Ich hatte regelmäßig Freispiele."

„Welches Programm haben Sie an Hubbert gespielt?"

„Das letzte Programm trug den Code QOURK."

„Beschreiben Sie das Spiel genauer!"

15 „QOURK?"

„Ja, QOURK, beschreiben Sie ganz genau, was in diesem Programm ablief und was Sie dabei zu spielen hatten!"

„Wer den Masterchip hatte, durfte an Hubbert spie-
20 len."

„Sie hatten den Masterchip. Beschreiben Sie QOURK!"

„Bei diesem Programm gab Hubbert uns eine bestimmte battlefield-area auf den Schirm. Dazu
25 erschienen die Flugdaten des QOURK und seiner Laserdrohnen und danach haben wir unsere relief-points aufgebaut. Stimmten die entsprechenden Positionen mit dem calculated optimum überein, gab Hubbert die ersten basepoints. Wer einen gewissen
30 Punktstandard erreicht hatte, konnte spielen. Wenn es nicht gleich klappte, setzte Hubbert das Programm aus und fuhr ein so genanntes warming-up, was zum Einspielen und Warmwerden. Das erschien dann als new game auf dem Schirm und musste so lange
35 gespielt werden, bis Hubbert das O.K. gab für das, was wir true game nannten."

„Was geschah beim warming-up?"

„Das hab ich doch gerade erzählt."

„Wir müssen es genauer wissen."

40 „Das war, also Hubbert spielte ein altes true-game ein und ich musste versuchen, meine damalige Topform zu spielen. Meist begann Hubbert mit strategic-date über QOURK, dann setzt du deine relief-points fest, meist diagonal zum Schirm, dann kannst du fächerförmig den Schirm abdecken, es sei denn, QOURK
45 kommt von hinten, entgegen der strategic-data-summary."

„Ist Ihnen niemals aufgefallen, dass zwischen new-game und true-game ein gravierender Unterschied bestehen könnte?"
50
„Klar ist mir das aufgefallen, ich meine, dass es jetzt um Punkte geht, wenn die Leuchtsymbole über den Monitor zu grellen Lichtfunken zerplatzten, wenn die clearings kamen, die Trefferdaten, die Farbfächer, die Musik und die Geräusche, na ja, dann ging es halt
55 echt um Punkte, ein Sport halt, das Spiel, nicht mehr das Training, verstehen Sie?"

Sie baten mich, zu Hubbert zu gehen und ihn mit meinem Masterchip einzuschalten. Hubbert ging sofort auf stand-by, der Bildschirm flimmerte.
60
Sie reichten mir eine Karte und baten mich, diese Karte mit der battlefield-area Hubberts zu vergleichen. Die Daten stimmten überein.

Wahrscheinlich hatte Hubbert diese Landkarte ausgedruckt, damit der Spieler in Ruhe analysieren konnte.
65
„Erkennen Sie diese Karte wieder?"

„Ja, es ist battlefield-area 30 344 aus dem Programm."

„Was wissen Sie über den restlichen Verlauf des Spieles?"

Ich versuchte mich zu erinnern, aber mir fielen keine
70 besonderen Einzelheiten auf. Außer, ja, dass es eben ein besonders schnelles Spiel gewesen war und dass ich dafür eine besonders hohe Punktzahl erhalten hatte. Das gab ich auch zu Protokoll.

„Sie erreichten genau 24 362 Punkte."
75
„Das stimmt, ich erinnere mich!"

Ich verstand nicht, worauf die hinauswollten.

Das war doch eine gute Punktzahl, selbst für einen Inhaber des Masterchips war das eine verdammt gute Punktzahl.
80

„Wissen Sie, was diese Karte wiedergibt?"

„Ich sagte doch schon – battlefield-area 30 344!"

„Sie irren sich!"

„Aber Sie haben doch selbst ..."

85 „Was haben wir? Wir haben Ihnen lediglich diese Karte gezeigt. Und diese Karte stimmt exakt mit der battlefield-area Ihres letzten Spieles an Hubbert überein – ein true-game übrigens. Sie hätten das wissen können!"

90 „Was hätte ich denn wissen sollen?"

„Diese Karte zeigt einen Landstrich in der Grenzregion zwischen UdSSR und Iran. Die Karte stimmt seit Ihrem letzten Spiel nicht mehr. Der Landstrich ist verwüstet, verseucht, verbrannt."

95 „Aber das ist doch absurd, Hubbert ist ein Computerspiel der 21. Generation, und ich habe daran QOURK gespielt, und dafür habe ich diese verdammten 24 362 Punkte bekommen!"

„Punkte? Sie irren sich erneut."

100 „Nein ..."

„Doch. Hubbert gehört zu einem Netz militärischer Computer. Echtzeitcomputer."

„Warum? Sagen Sie mir, warum!"

„Sie waren gut, junger Mann, sehr gut sogar. Und vor allen Dingen easy! Nur wer relaxed spielt, kämpft kon 105 sequent und ohne altertümliche Sentimentalität. Sehen Sie, und deshalb sind wir hier."

„Wer sind Sie? Sagen Sie mir endlich, wer Sie sind und was Sie von mir wollen?!"

„Oh, wir haben uns noch nicht vorgestellt. Beckmann 110 und Müller. Kreiswehrersatzamt. Abteilung für elektronische Kampfprogrammierung. Sie sind doch arbeitslos?

Nun, kein Grund, den Kopf hängen zu lassen.

Wir haben etwas für Sie. 115

Einen Profivertrag bei unserem Verein.

Wir brauchen solche Leute wie Sie.

Relaxed. Und vor allen Dingen: easy!"

(Reinhardt Jung: Echtzeit, in: Uwe Wandrey [Hrsg.]: Zukunftsmusik.
Utopische Geschichten. Rowohlt, Reinbek 1986)

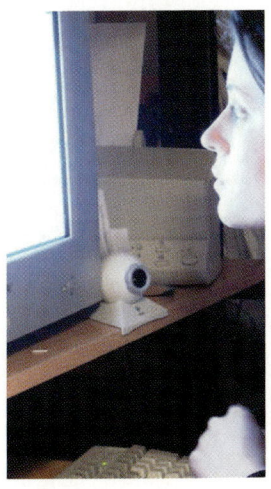

❶ Untersuchen Sie die Geschichte:
  a) Wo spielt diese Erzählung?
  b) Wann spielt sie?
  c) Von wem wird berichtet?
  d) Notieren Sie, welche Aktionen der Computerspieler am Computer unternimmt.
  e) Erläutern Sie: Wer ist Hubbert, was ist QOURK?
  f) Beschreiben Sie den Unterschied zwischen new-game und true-game.
  g) Weshalb vernehmen die zwei Herren den Spieler?
  h) Was hat der Spieler beim Spielen geleistet?
  i) Welchen Vertrag bieten die Herren dem Spieler an?

❷ Welches Zertifikat würden Sie dem Spiel QOURK geben?

❸ Überlegen Sie: Können Fähigkeiten im Computerspiel auch im täglichen Leben nützen?

„Das Böse wird siegen!"?

Lara Croft, Doom und andere Bildschirm-Action: Verdirbt der PC die Kinder?

Computerspiele sind nicht immer Teufelszeug
Viele Eltern sind besorgt über mögliche schädliche Wirkungen von Unterhaltungs-Software – meistens zu Unrecht

VON EKKEHARD MÜLLER-JENTSCH

„Dieses Spiel macht keinen Spaß. Es macht Angst!" Wer diese Werbung für ein Computerspiel liest, muss sich fragen, ob der heimische PC aus den lieben Kleinen lauter Rambos und Street-
5 fighter macht. „Hinter jeder Ecke lauert der Tod", verspricht die Beschreibung eines anderen Spiels und prophezeit: „Das Böse wird siegen!" Sind also Computerspiele Teufelszeug? Viele Eltern fragen sich das, wenn jetzt zu Weihnachten ein
10 Computerspiel auf dem Wunschzettel steht.

Wird womöglich einer zum Mörder, weil er spielt? Franz-Josef Freisleder, Kinderpsychiater der Heckscherklinik, hält das für Unsinn. „Ursache können solche Spiele nicht sein, aber der
15 Auslöser." Er erinnert sich an eine Szene aus seiner eigenen Kindheit. Mit Freunden zusammen hatte er sich einen an und für sich harmlosen Abenteuerfilm angesehen. „Danach sind wir rausgegangen, haben ‚Sindbad der Seefahrer'
20 nachgespielt, und ich habe dabei einem guten Freund mit der Schaufel das Nasenbein gebrochen – ohne den Film wäre das garantiert nicht passiert!" Sollte man „Sindbad" deswegen verbieten?

25 Hans-Ulrich Pfaffmann, SPD-Jugendexperte im Landtag, verlangt eine Art freiwillige Selbstkontrolle der Software-Industrie. „Video- und Computerspiele müssen zertifiziert werden; ohne Bewertung dürfen sie nicht in den Handel gelan-
30 gen." Und angesichts der jüngsten Vorfälle mit mordenden oder von Massenmord fantasierenden Jugendlichen sei auch die Verschärfung des Waffenrechts nicht genug. Erzieher, Behörden und Computerindustrie sollten sich möglichst
35 schnell und regelmäßig an runden Tischen zum Thema „Medienerziehung" zusammenfinden. Haimo Liebich und Brigitte Maier, SPD-Stadträte, wollen sich deshalb auch im Rathaus für kompe-

tentere Jugendhilfe einsetzen. Dass die Schulen jetzt mit Computern vernetzt werden sollen, sei
40 ja nicht nur eine technische, sondern auch eine pädagogische Aufgabe.

Hans-Jürgen Palme von „sin" – das „Studio im Netz" ist auf den Themenkomplex „Kinder, Jugendliche, Medien" spezialisiert – warnt aber
45 vor den typischen Vorurteilen, die bisher Eltern und Pädagogen zusammenschweißten. Das Bild von pickeligen Jugendlichen, die, vereinsamt vor ihrem Computer sitzend, keine Ahnung von der schönen Welt da draußen haben, zwischen-
50 menschlich voll daneben sind und später im Beruf versagen, sei völlig falsch. Der PC habe bei vielen jungen Menschen den Fernseher als Leit-Medium abgelöst. Junge Menschen wollten nicht nur passiv konsumieren, so wie ihre Eltern, die
55 durchschnittlich 190 Minuten am Tag „glotzen". Es sei auch richtig, schon Vierjährige im Kindergarten mit dem Computer vertraut zu machen. „Kompetente Kinder entwickeln ein Gespür für Qualität und Ästhetik!" Mit Brutalvideos und
60 Gewaltspielen sei es wie mit Rauschgift. „Eltern können nur eine Zeit lang verhindern, dass ihre Kinder damit in Kontakt kommen – danach müssen sie darauf vertrauen, dass sie von sich aus Nein sagen." Jugendpsychiater Freisleder hält
65 den gemäßigten Ballerspielen mitunter eine Aggression abbauende Wirkung zugute. Eigentlich sei das nichts anderes, als Indianer spielen oder Karl May lesen. Viel bedenklicher sei es, einem Fünfjährigen die normalen Nachrichten
70 anschauen zu lassen.

Fazit der Fachleute: Eltern und Erzieher können nicht mehr darauf vertrauen, dass der Staat, wie früher, jugendgefährdende Machwerke weitgehend vom Markt fernhält.
75

(Süddeutsche Zeitung, 21.12.1999)

❶ Wie viele Abschnitte gibt es in dem Zeitungsbericht?

❷ a) Experten sagen ihre Meinung zu Computerspielen. Markieren Sie die Namen der Experten.
b) Geben Sie die Meinung der Experten wieder.

❸ Welche Unterschiede zwischen den einzelnen Meinungen stellen Sie fest? Übernehmen Sie das abgebildete Schema in Ihre Unterlagen und tragen Sie die einzelnen Ergebnisse in Stichpunkten ein.

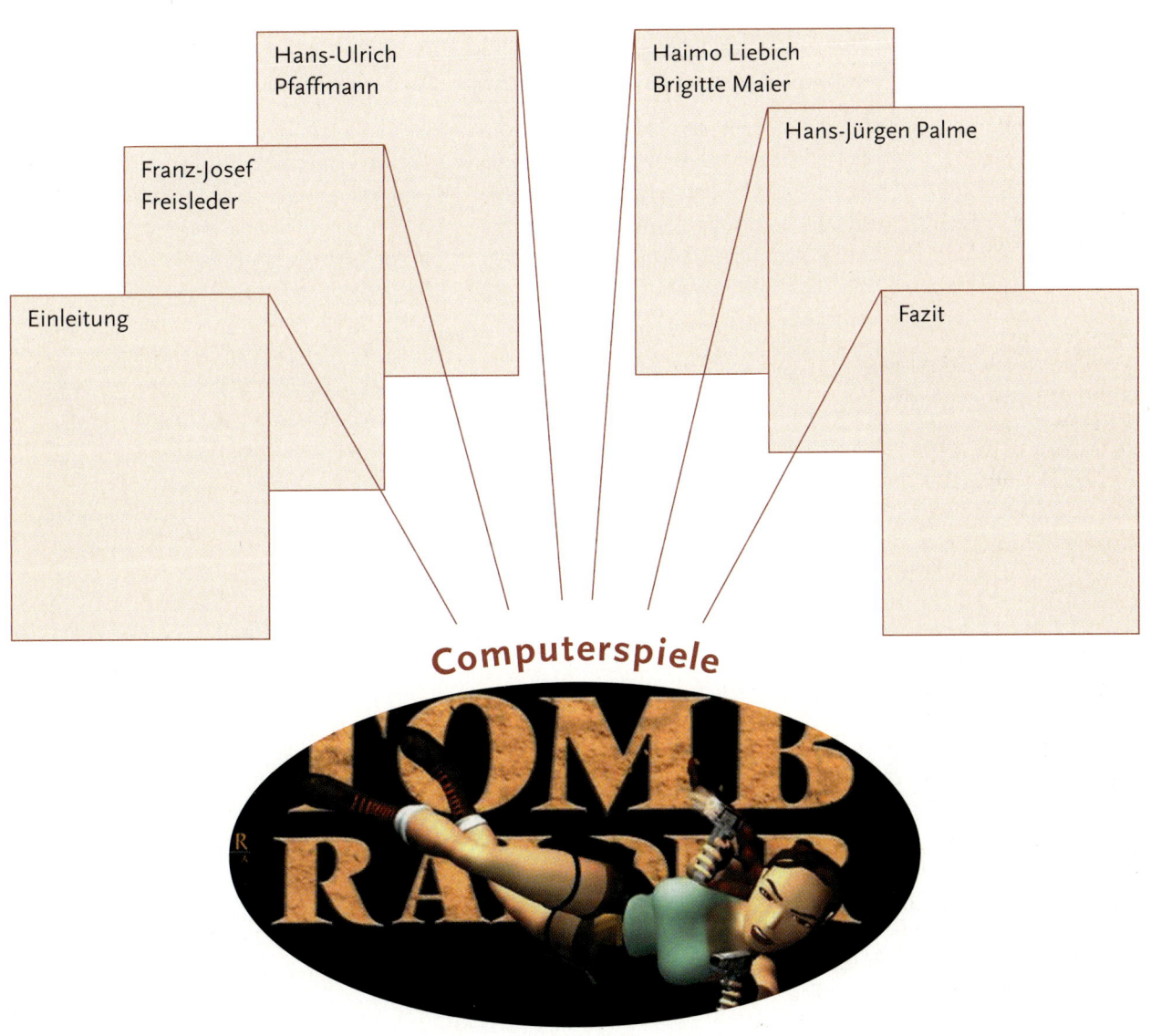

Hans-Ulrich Pfaffmann

Haimo Liebich
Brigitte Maier

Hans-Jürgen Palme

Franz-Josef Freisleder

Einleitung

Fazit

Computerspiele

❹ Welche Meinung zu Computerspielen haben Sie?

Tod per Mausklick

Der äußere Aufbau einer Nachricht

COMPUTERSABOTAGE

„Mixter" muss wieder vor Gericht

Eigentlich hatte der Hacker „Mixter" das Gröbste hinter sich. Der 21-jährige Hannoveraner war vor kurzem wegen eines Sabotageangriffs auf US-Internet-Seiten zu 15 Tagen gemeinnütziger Arbeit verurteilt worden. Die Strafe sei viel zu milde, befand die Staatsanwaltschaft und legte jetzt Berufung ein.

Hannover – Somit muss „Mixter" wahrscheinlich ein weiteres Mal vor den Kadi. Er war im Februar in acht Fällen schuldig gesprochen worden, 1998 mehrfach in die Computersysteme von
5 Unternehmen eingebrochen zu sein und dort Daten ausgespäht zu haben. Über die Berufung verhandelt die Jugendkammer des Landgerichts Hannover am Freitag.

„Mixter" hat nach eigener Aussage auch das Pro-
10 gramm „Tribe Flood Network" (TFN) geschrieben, das im Februar für Attacken auf Internet-

Händler benutzt worden war. An den Attacken selbst war er aber nicht beteiligt, sodass ihm in diesem Fall vermutlich keine Strafe droht.

Mit TFN können Internet-Angebote mit einer 15
Flut von Daten beschossen werden, bis die Computer zusammenbrechen. Mit dem Programm wurden unter anderem das Internet-Portal Yahoo, der Nachrichtendienst CNN.com, der Online-Aktienhändler E*Trade und der Buch- 20
händler Amazon.com stundenlang lahm gelegt.

(Spiegel online, 27. 3. 2000)

1 a) Eine Nachricht besteht aus Dachzeile, Schlagzeile, Vorspann, Body, Quelle. Markieren Sie in der Nachricht oben die einzelnen Teile.
   b) Was enthalten Dachzeile, Schlagzeile, Vorspann und Body? Definieren Sie die einzelnen Begriffe.

2 Der Body der Nachricht ist in drei Abschnitte aufgeteilt. Finden Sie für jeden Abschnitt eine Überschrift.

3 Beantworten Sie die sechs W-Fragen eines Berichts (siehe S. 148).

4 Entwerfen Sie ein Schaubild, mit dem Sie den Inhalt des Artikels deutlich machen können.

5 a) Erklären Sie, was ein „Hacker" ist.
   b) Welche Schäden, die „Hacker" verursachen, werden in der Nachricht genannt?
   c) Berichten Sie von aktuellen Ereignissen, die „Hacker" betreffen.

Der Klick zum Text

Im Januar 2000 veröffentlichte das Nachrichtenmagazin „Der Spiegel" auf seiner Home-
page einen Text mit dem Titel „Tod per Mausklick". Lesen konnte man den Text erst,
wenn man sich über die Menüführung auf die entsprechende Seite „klickte".
Ein Menü ist aufgebaut wie ein Inhaltsverzeichnis, das Sie auch aus Ihrem Fachbuch ken-
nen. Die Beiträge sind nach Themengruppen geordnet.

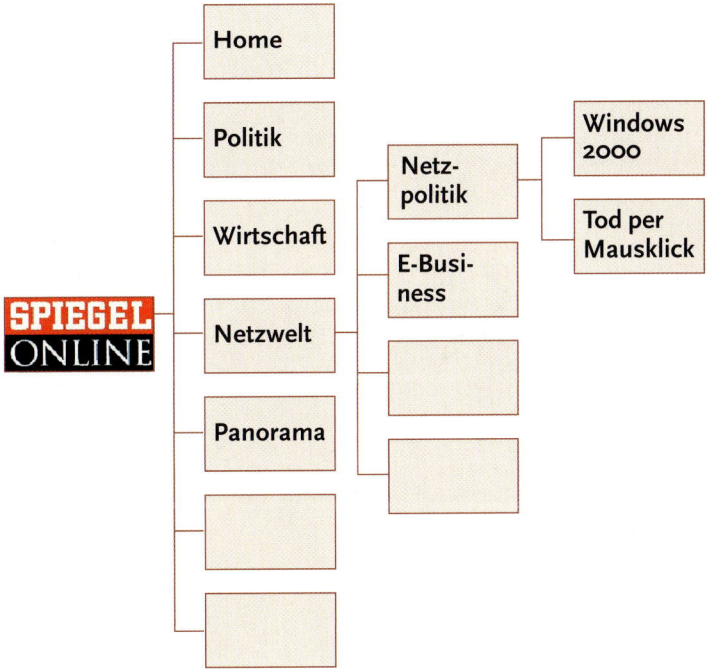

6 Beschreiben Sie in dem abgebildeten Menü den Weg
bis zum Text „Tod per Mausklick".

7 Suchen Sie zu dem Thema „Computerspiele" einen
aktuellen Beitrag in einem Online-Magazin und skizzieren Sie den Suchweg durch das Menü. Fertigen Sie
zu dem gefundenen Beitrag eine schriftliche Inhaltsangabe an (zur Inhaltsangabe siehe S. 178).

Schulhomepage

Wenn Ihre Schule über einen Internet-Zugang verfügt und bereits eine Schul-Homepage angelegt ist, können Sie sich und Ihre Klasse auf der Homepage präsentieren. Voraussetzung ist allerdings, dass Sie sich mit einer Netzsoftware, z. B. Netscape Composer, auskennen. Sie können in Ihre Präsentation auch Bilder einbauen; dazu brauchen Sie aber entweder eine Digitalkamera oder einen Scanner. Denken Sie daran: Wenn Sie auf der Homepage Ihrer Schule einen Text veröffentlichen, schreiben Sie für andere. Nutzen Sie daher die journalistischen Regeln, die Sie in diesem Kapitel kennen gelernt haben. Und so können Sie einen Hypertext herstellen:

Das brauchen Sie:

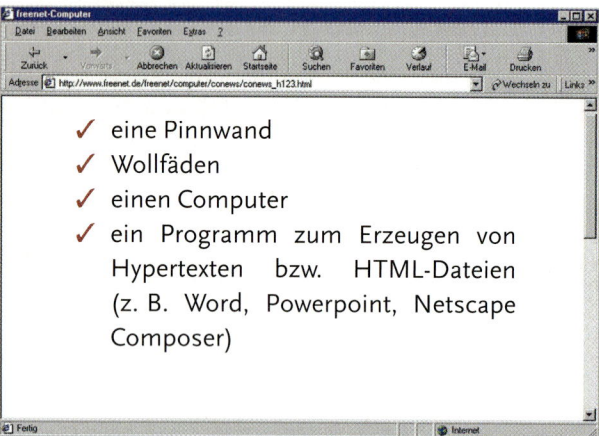

- ✓ eine Pinnwand
- ✓ Wollfäden
- ✓ einen Computer
- ✓ ein Programm zum Erzeugen von Hypertexten bzw. HTML-Dateien (z. B. Word, Powerpoint, Netscape Composer)

So gehen Sie vor:

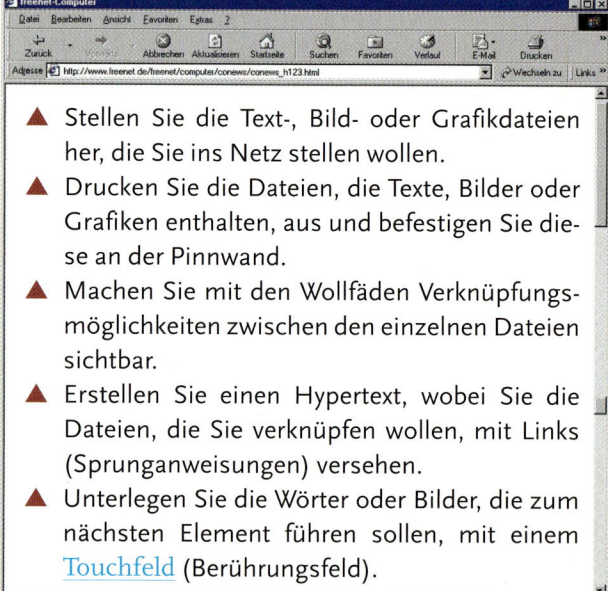

- ▲ Stellen Sie die Text-, Bild- oder Grafikdateien her, die Sie ins Netz stellen wollen.
- ▲ Drucken Sie die Dateien, die Texte, Bilder oder Grafiken enthalten, aus und befestigen Sie diese an der Pinnwand.
- ▲ Machen Sie mit den Wollfäden Verknüpfungsmöglichkeiten zwischen den einzelnen Dateien sichtbar.
- ▲ Erstellen Sie einen Hypertext, wobei Sie die Dateien, die Sie verknüpfen wollen, mit Links (Sprunganweisungen) versehen.
- ▲ Unterlegen Sie die Wörter oder Bilder, die zum nächsten Element führen sollen, mit einem Touchfeld (Berührungsfeld).

WIE KANN MAN STRESS ZU HAUSE VERHINDERN?

Indem man nur selten zu Hause ist und nur zum Schlafen kommt.
Indem man versucht, mit den Eltern, Freundin ... über alles zu reden und sich den Problemen zu stellen, denn nur so kann man ein vernünftiges Zusammenleben führen.

Ideenbörse

- ▲ Sie können ein Thema wählen, auf das Sie gerne Antworten bekommen möchten, z. B.: Wie kann ich Stress zu Hause vermeiden?

- ▲ Sie können zu einem Gedicht (z. B. Robert Gernhardt: Was es alles gibt, S. 158) ein Leseprotokoll schreiben und zur Diskussion stellen.

- ▲ Sie können einen Eindruck von Ihrem Berufsalltag vermitteln oder Ratschläge für Ausbildung und Beruf geben.

gesoffen · gera · gestorben

Freizeitverhalten	Befragen, auswerten
Drogen und Verkehr	Informationen veranschaulichen
Unfälle	Einen Text kreativ umgestalten, Fachsprache untersuchen
Null Promille	Eine Stellungnahme abgeben
Ideenbörse	Ein Projekt durchführen

Freizeitverhalten

„No risk – no fun": Nach Meinung vieler Psychologen und Freizeitforscher wird dies immer mehr zum Motiv vieler Jugendlicher. Wenn ihr Alltag in festgelegten Bahnen verläuft, muss der Reiz in der Freizeit ständig zunehmen.

① Befragen Sie Ihren Tischnachbarn/Ihre Tischnachbarin nach seinen/ihren Freizeitaktivitäten.

② Werten Sie Ihre Ergebnisse aus und halten Sie die Freizeitaktivitäten in Ihrer Klasse auf einer Pinnwand bzw. Wandzeitung fest. Stellen Sie fest, was Sie in Ihrer Freizeit wie lange machen.

③ Tragen Sie für jede einzelne Aktivität zusammen, was Sie sich von ihr erwarten und welche Auswirkungen sie hat. Fertigen Sie eine entsprechende Tabelle an:

Aktivität	Erwartungen	Folgen
Bungee-Jumping	großer Spaß	hohe Kosten Gefährdung der Gesundheit
. . .	. . .	. . .

④ Überlegen Sie, welche Folgen die Jagd nach dem „Kick", dem Überreiz, hat.

Auch das Auto scheint bei vielen Jugendlichen eine berauschende Wirkung zu zeigen. Vor allem in den Nächten zum Samstag und Sonntag zwischen 22 und 4 Uhr in der Früh passieren die schlimmsten Unfälle. Bei diesen so genannten Disko-Unfällen sind junge Männer der Metallbranche (Kraftfahrzeugmechaniker, Schlosser etc.) nach der Statistik dreimal so stark beteiligt wie andere Berufsgruppen.

Ein Zeitungsbericht von vielen. Zu lesen meistens am Montag in Ihrer Tageszeitung:

Vier junge Leute verbrannt

Bei Heimfahrt von einem Fest gegen einen Baum geprallt

WANGEN (fjs). Am frühen Sonntagmorgen sind vier junge Leute bei Wangen im Allgäu gegen einen Baum gefahren. Das Auto fing sofort Feuer, alle vier Insassen verbrannten.

Der VW Golf wurde gegen 6.20 Uhr von einem Autofahrer entdeckt. Kurz zuvor muss der Wagen gegen den Baum gerast sein. Er stand in hellen Flammen. Die Feuerwehr aus dem benachbarten
5 Kißlegg löschte den Brand. Doch dann konnten lediglich vier bis zur Unkenntlichkeit verbrannte Leichen festgestellt werden. Die Polizei konnte
10 nicht einmal sagen, ob es sich um Frauen oder Männer gehandelt hatte. Das Nummernschild des Wagens war so verschwelt, dass kein Kennzeichen abzulesen
15 war. Der Fahrzeughalter wurde dann mit Hilfe der Fahrgestellnummer ermittelt.

Es stellte sich zunächst heraus, dass vermutlich der Sohn des Besitzers das Auto gesteuert hatte, ein 19 Jahre alter Mann aus der Umgebung von
20 Wangen. Erst am Nachmittag fand die Polizei die

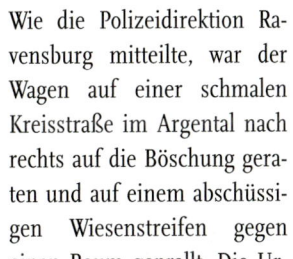

Identität der Mitfahrer heraus. Es handelte sich um zwei junge Frauen und einen weiteren Mann, alle zwischen 17 und 19 Jahren. Sie waren auf der Heimfahrt von einem Fest im 17 Kilometer entfernten Wolfegg. Wie die Polizei ermittelte, 25 waren sie dort gegen 6 Uhr weggefahren und hatten ein Mädchen bis Kißlegg mitgenommen, wo es ausstieg. Wenige Minuten später muss dann der Unfall passiert sein.

Wie die Polizeidirektion Ra- 30 vensburg mitteilte, war der Wagen auf einer schmalen Kreisstraße im Argental nach rechts auf die Böschung geraten und auf einem abschüssi- 35 gen Wiesenstreifen gegen einen Baum geprallt. Die Ursache gibt der Polizei Rätsel auf, zumal die Straße an dieser Strecke übersichtlich ist und die Fahrbahn trocken war. Als der schreckliche 40 Unfall bekannt wurde, meldeten sich besorgte Eltern, deren Töchter und Söhne noch nicht nach Hause gekommen waren und zum Teil dasselbe Fest besucht hatten.

(Stuttgarter Zeitung, 19.4.1999)

5 a) Beantworten Sie die W-Fragen, die ein Bericht enthalten muss (siehe S. 148).
   b) Finden Sie eine Erklärung für den Unfallhergang.

6 Das Kapitel hat die Überschrift „Gesoffen – gerast – gestorben". Warum wurde hier bewusst Umgangssprache verwendet? Begründen Sie.

7 Überlegen Sie, warum junge Männer der Metallbranche so häufig an „Disko-Unfällen" beteiligt sind.

Drogen und Verkehr

In Zeitungen und im Fernsehen stoßen wir immer häufiger auf Abbildungen wie Schaubilder, Diagramme, Grafiken und Tabellen, die uns die vermittelten Informationen veranschaulichen sollen. Der Mensch ist ein „Augentier", d.h. er kann Zusammenhänge schneller visuell aufnehmen.

Alles, was mit Bildern zu tun hat, wird in der rechten Gehirnhälfte verarbeitet, während das Erlernen und Behalten einer Sprache oder logisches Denken von der linken Gehirnhälfte übernommen wird. Diesen ungemein komplizierten Prozess veranschaulicht das folgende Schaubild:

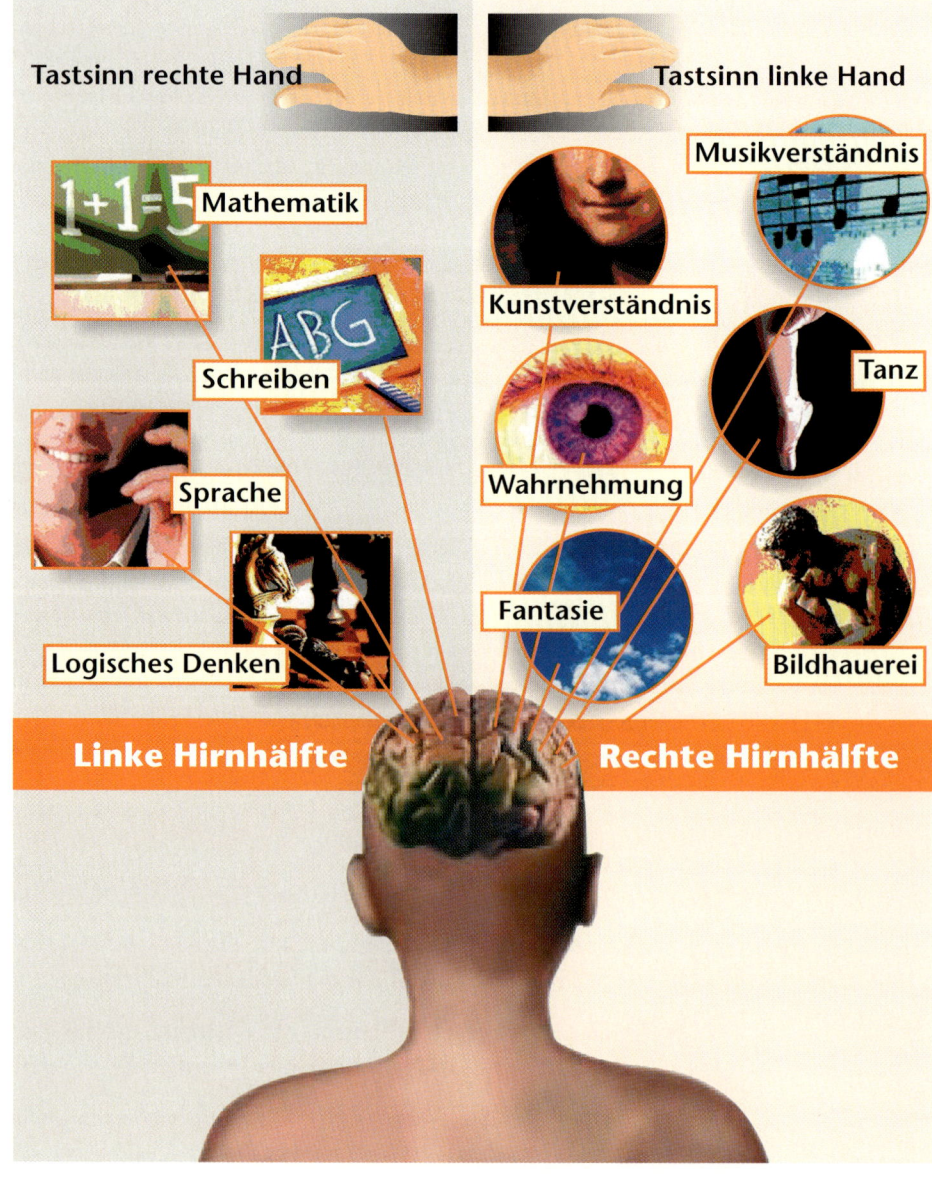

Tastsinn rechte Hand   **Tastsinn linke Hand**

Mathematik   **Musikverständnis**

Kunstverständnis

Schreiben   **Tanz**

Sprache   **Wahrnehmung**

Logisches Denken   **Fantasie**   **Bildhauerei**

Linke Hirnhälfte   **Rechte Hirnhälfte**

Die Arbeitsteilung des menschlichen Gehirns

Es gibt verschiedene Möglichkeiten, Sachverhalte anschaulich darzustellen. Eine davon ist die so genannte Mind-Map.

1. Mind-Map

Der Engländer Tony Buzan (geb. 1942) hat in den 70er Jahren eine ganzheitliche Methode erfunden, Informationen zu veranschaulichen, die beide Gehirnhälften miteinbezieht: das so genannte Mind-Mapping. Eine Mind-Map, wörtlich übersetzt Gedächtniskarte, ist leicht zu verstehen.

1 Schreiben Sie den Leitbegriff („Drogen") in die Mitte eines leeren Blattes und ziehen Sie einen Kreis.

2 Zeichnen Sie für jedes Unterthema einen dicken Ast, der vom Leitbegriff weggeht.

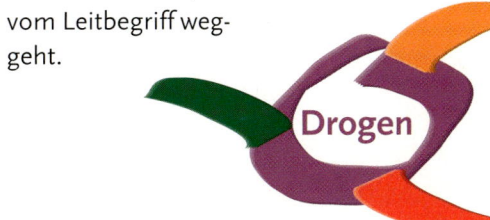

3 Schreiben Sie ein Schlüsselwort zu jedem Ast.

4 Zeichnen Sie für jeden weiteren Gesichtspunkt einen Nebenast.

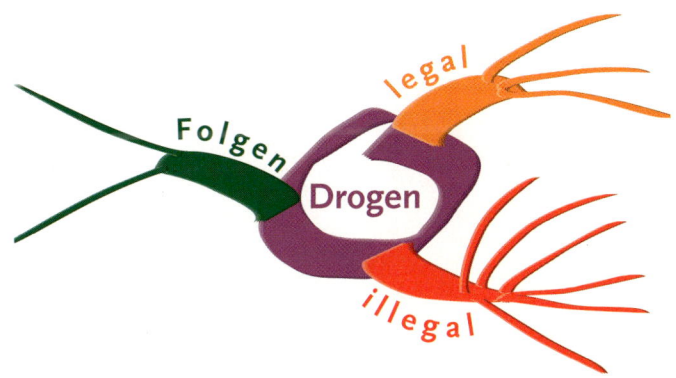

5 Schreiben Sie einzelne Gesichtspunkte zu den Nebenästen.

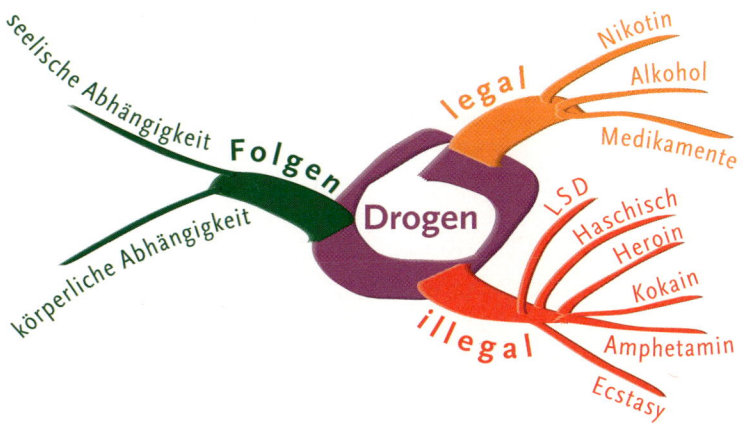

„Darauf fahr ich ab"

BERLIN (dpa). Knapp ein Viertel aller Todesopfer und Schwerverletzten im Straßenverkehr ist zwischen 18 und 24 Jahre alt. Alkohol gehört dabei zu den häufigsten Unfallursachen.

Das erklärte der Präsident des Deutschen Verkehrssicherheitsrates, Manfred Bandmann, am Freitag in Berlin. Bundesverkehrsminister Reinhard Klimmt (SPD)* kündigte deshalb die Fortsetzung einer Antialkohol-Kampagne an. Rund 250 000 junge Menschen in elf Bundesländern sollen in den kommenden Wochen persönliche Briefe erhalten, die auf die Gefahren von Alkohol am Steuer hinweisen.

Im Rahmen der Kampagne „Darauf fahr ich ab" waren im vergangenen Jahr bereits 246 000 Jugendliche angeschrieben worden. Das Verkehrsministerium finanziert die Aktion auch in diesem Jahr wieder mit 1,25 Millionen Euro. Die Absender der Schreiben sind je nach Region der zuständige Landesminister, Landrat oder Oberbürgermeister. Den Briefen liegt eine Broschüre bei, in der nicht nur die Gefahren von Alkohol am Steuer aufgezeigt, sondern auch mögliche Lösungen angeboten werden.

Alle Adressatinnen erhalten zusätzlich eine Telefonkarte, mit der sie ein Taxi oder Bekannte anrufen könnten, bevor sie zu angetrunkenen Fahrern ins Auto stiegen, sagte Bandmann. „Wir haben versucht, die Selbstbestimmung junger Frauen zu fördern." Plakate und Veranstaltungen vor Ort sollen die Kampagne unterstützen.

In einem Modellversuch hatte sich die Aktion bereits bewährt. In drei ausgewählten Regionen ging die Zahl registrierter junger Alkoholfahrer um 62 bis 72 Prozent zurück. Die alkoholbedingten Unfälle sanken um mehr als 27 Prozent. Als besonders positiv habe sich die direkte, persönliche Ansprache der jungen Menschen herausgestellt, sagte Bandmann. „Gut gemeinte Appelle oder drastische Aktionen – wie Schrottautos vor Diskos – haben kaum Wirkung gezeigt."

In Deutschland wurden 1998 insgesamt 2,26 Millionen Unfälle von der Polizei aufgenommen, darunter 71 381, bei denen mindestens ein Beteiligter alkoholisiert war. Das waren nach Angaben des Statistischen Bundesamts knapp 13 Prozent weniger als im Vorjahr. 23 Prozent der betrunkenen Unfallbeteiligten waren 18 bis 24 Jahre alt.

Das Verkehrsministerium lässt sich die Verkehrssicherheit in diesem Jahr 13 Millionen Euro kosten, das sind zwei Millionen mehr als im Vorjahr. Noch in diesem Jahr soll nach dem Willen des Ministers die Grenze für Sanktionen gegen angetrunkene Autofahrer von 0,8 auf 0,5 Promille gesenkt werden. Ein generelles Alkoholverbot für Fahranfänger, wie es etwa der Vorsitzende des Deutschen Verkehrsgerichtstags, Peter Macke, gefordert hatte, lehnte Klimmt ab.

* Klimmt war 1998/99 Ministerpräsident des Saarlandes und 1999/2000 Bundesverkehrsminister.

(Stuttgarter Zeitung, 13.11.1999)

6 Veranschaulichen Sie den Zeitungsbericht mit einer Mind-Map.

7 Was halten Sie von den geplanten Maßnahmen zur Erhöhung der Verkehrssicherheit? Begründen Sie Ihre Meinung.

2. Tabelle

Eine weitere Darstellungsmöglichkeit ist die Tabelle. Sie ermöglicht den schnellen Überblick über eine Vielzahl von Informationen, z. B. Entfernungen, Steuern etc. Dabei werden zwei oder mehrere Größen miteinander in Beziehung gesetzt:

Verunglückte und Getötete bei Alkoholunfällen 1998 und 1999				
	Verunglückte			
			darunter: Getötete	
Land	1998 Anzahl	1999 Anzahl	1998 Anzahl	1999 Anzahl
Baden-Württemberg	4910	4627	141	159
Bayern	5780	5706	189	191
Berlin	1166	1235	16	17
Brandenburg	1744	1688	68	74
Bremen	280	225	6	3
Hamburg	733	668	12	8
Hessen	3279	3344	91	94
Mecklenburg-Vorpommern	1479	1496	66	49
Niedersachsen	3719	3633	114	111
Nordrhein-Westfalen	5756	6087	134	148
Rheinland-Pfalz	1985	2011	57	48
Saarland	649	633	11	25
Sachsen	2277	2257	66	55
Sachsen-Anhalt	1719	1620	49	49
Schleswig-Holstein	1542	1460	46	38
Thüringen	1417	1420	41	45
Deutschland	38 435	38 110	1107	1114

(Quelle: Statistisches Bundesamt)

1 Greifen Sie ein Bundesland heraus und formulieren Sie die Aussage der entsprechenden Zeile in einem Satz.

2 Formulieren Sie eine Überschrift für einen Zeitungstext, der die wesentlichen Aussagen der Tabelle enthält.

Im November 2000 veröffentlichte das Statistische Bundesamt die neuesten Zahlen über Alkoholunfälle im Straßenverkehr. Danach registrierte die Polizei 1999 in Deutschland insgesamt 69 976 Unfälle, bei denen ein Beteiligter unter Alkoholeinfluss stand. Bei mehr als der Hälfte der Unfälle (38 110) wurde ein Mensch verletzt oder sogar getötet.

3 Schreiben Sie mit Hilfe der Tabelle den Text weiter.

Eine Tabelle / ein Schaubild beschreiben

Schreiben Sie zuerst einen **Einleitungssatz**, der Thema, Quelle, Erscheinungsdatum enthält.

Erläutern Sie dann Schritt für Schritt die **wesentlichen Inhalte** des Schaubilds. Stellen Sie dabei **Beziehungen** zwischen den einzelnen Fakten her. Welche **Schlussfolgerungen** lassen sich ziehen?

Tabelle

3. Diagramme

Diagramme sind zeichnerische Darstellungen von Größen in einem Koordinaten-system. Es gibt dabei verschiedene Möglichkeiten.

In einem **Kurvendiagramm** lässt sich z. B. eine Entwicklung über einen längeren Zeitraum veranschaulichen. Man sieht dabei auf einen Blick, wie die Entwicklung verläuft, ob sie negativ oder positiv ist.

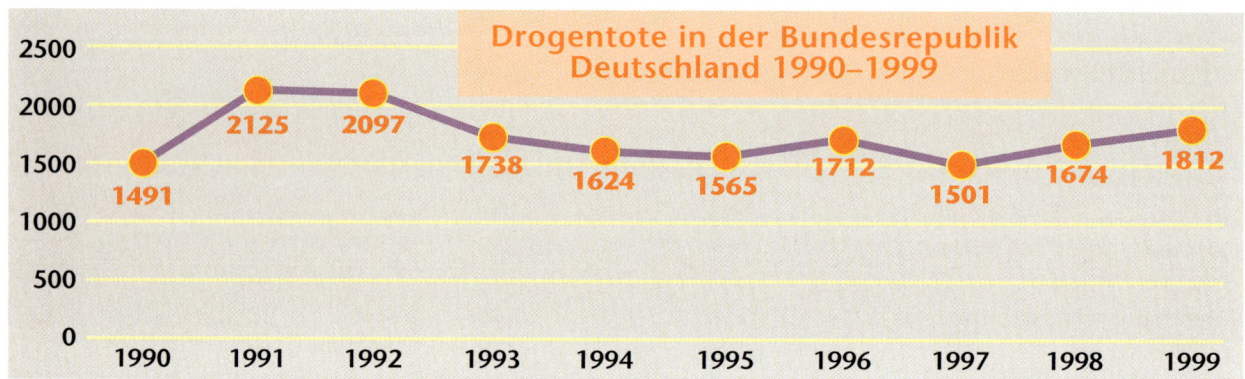

(Quelle: Bundesinnenministerium)

1 Fassen Sie das Kurvendiagramm mit eigenen Worten zusammen.

2 Worin liegen Ihrer Meinung nach die Ursachen für die hohe Zahl der Drogentoten?

In einem **Kreisdiagramm** wird die prozentuale Verteilung verschiedener Größen in Kreisform angegeben, wobei alle Kreisstücke zusammen 100 % ergeben sollten.

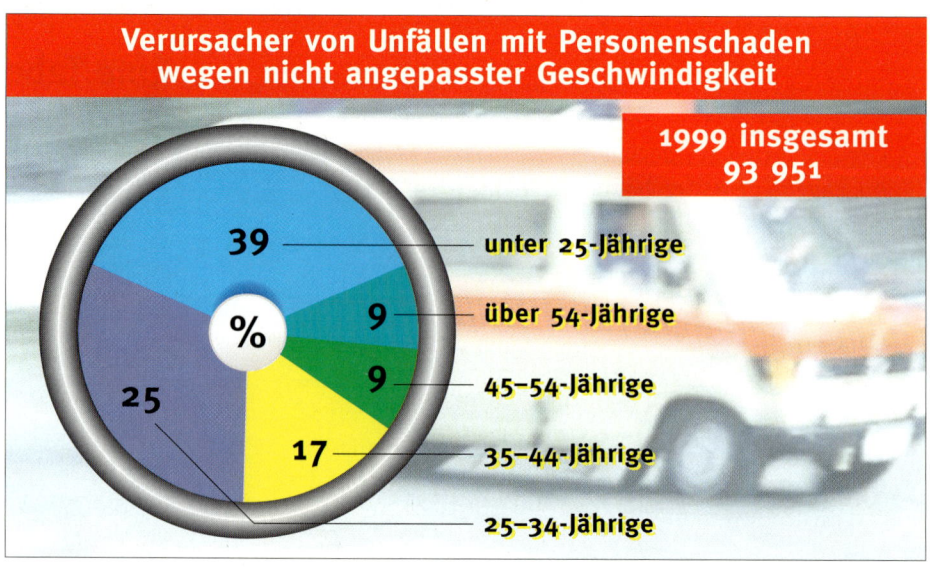

(Quellen: Statistisches Bundesamt)

3 Fassen Sie die Aussagen des Schaubilds schriftlich zusammen.

4 Bei „Disko-Unfällen" wurden 9 % der Insassen getötet, 71 % schwer, 13 % leicht verletzt und 7 % blieben unverletzt. Zeichnen Sie ein Kreisdiagramm. Beachten Sie, dass ein Prozent im Kreis 3,6° bedeutet.

Im Unterschied zum Kreisdiagramm werden **Säulendiagramme** verwendet, wenn bei einem Ergebnis mehrere Faktoren bzw. Antworten möglich sind und damit 100 % überschritten werden. Wichtig ist – wie bei allen Diagrammen –, dass Sie die erläuternden Randbemerkungen berücksichtigen.

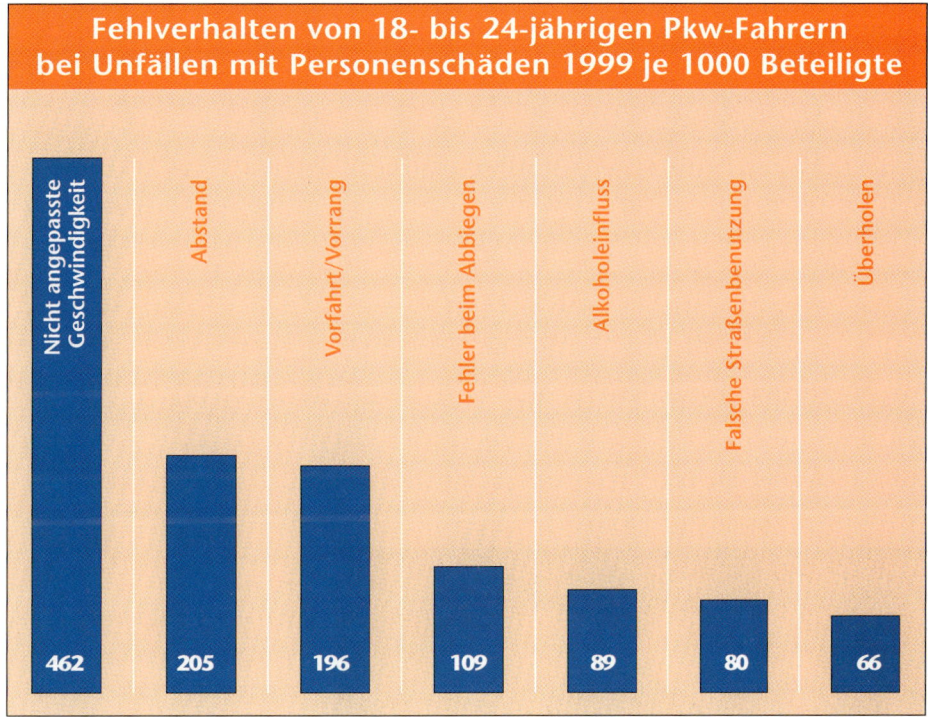

Fehlverhalten von 18- bis 24-jährigen Pkw-Fahrern bei Unfällen mit Personenschäden 1999 je 1000 Beteiligte

Nicht angepasste Geschwindigkeit: 462
Abstand: 205
Vorfahrt/Vorrang: 196
Fehler beim Abbiegen: 109
Alkoholeinfluss: 89
Falsche Straßenbenutzung: 80
Überholen: 66

(Quelle: Statistisches Bundesamt)

5 a) Welches Fehlverhalten im Straßenverkehr ist bei jugendlichen Fahrern am häufigsten?
b) Formulieren Sie die Aussage des Schaubilds mit eigenen Worten.

6 Erklären Sie, warum sich zur Darstellung des Sachverhalts kein Kreisdiagramm eignet.

7 Erläutern Sie, was für Sie einen guten Autofahrer/eine gute Autofahrerin ausmacht.

Unfälle

Auf den letzten Seiten haben Sie eine Vielzahl von Informationen über das Thema „Dro-
gen und Verkehr" erhalten. Hinter all den Grafiken, Diagrammen und Statistiken können
sich jedoch schwere Schicksale verbergen. Erst das Erzählen kann vermitteln, was Statis-
tiken verschweigen. Ein Opfer, Michael Fritz (17), erzählt über sein Schicksal:

„... Da, kriegst fünf Euro"

Es war „Kerwa", Kirchweih[1], in Kulmbach, Oberfran-
ken. Eine warme Sommernacht, die Mädchen waren
leicht bekleidet, der Alkohol floss reichlich. Michael
Fritz, 17, fühlte sich stark in seiner Clique, mit den
5 langjährigen Freunden Edgar und Jürgen. „Es war
halt unsere wilde Periode", sagt er. Mit einem
Mädchen begann sich eine neue Beziehung anzubah-
nen, „es lag was in der Luft". Und da war noch ein
Neuer, von einem aus der Clique mitgebracht, der sei-
10 ne Entlassung vom „Bund" feierte.
Michael war gar nicht so begeistert, als die Kumpels
nachts um halb elf beschlossen, ins benachbarte Treb-
gast an den Badesee zu fahren. Die „Mädels", die sie
gerne ans stille Wasser entführt hätten, wollten näm-
15 lich nicht mit. Aber beschlossen ist beschlossen – und
schließlich kann man die Freunde nicht im Stich lassen.

Also zwängten sie sich zu fünft in einen VW-Käfer.
Am Steuer der Neue, angetrunken. Ab ging die Post
20 mit Karacho. „Unterwegs bekam ich richtige Angst",
erzählt Michael. „Der Fremde fuhr wie ein Wilder,
ohne die Straße zu kennen. Ich wollte aussteigen, war
aber zu feige, das auch zu sagen. Kurz darauf rasierte
er auch schon einen Leitpfosten weg, ein Scheinwer-
25 fer war hin. Der Fahrer verlor die Kontrolle über das
Auto, wir rasten mit über hundert Sachen die
Böschung runter auf einen Acker. Plötzlich hatte ich

keine Angst mehr, es war, als hätten meine Gefühle
still gestanden. Der Acker hatte eine aufgeschüttete
Auffahrt zur Straße. Die wirkte auf den Käfer wie eine 30
Sprungschanze. Wir flogen durch die Luft, überschlu-
gen uns dreimal. Jürgen, der mit Edgar und mir hinten saß, wurde mit dem Oberkörper aus dem Heck-
fenster gedrückt und zerquetscht. Er röchelte noch
eine Zeit lang, dann war er tot. Die beiden vorne sind 35
unverletzt ausgestiegen, haben sich die Hosen ausge-
klopft. Sie zogen dann Edgar und mich aus dem Käfer
raus. Ich war bewusstlos.
Aufgewacht bin ich im Rettungswagen. Ein entgegen-
kommender Autofahrer hatte den Unfall beobachtet 40
und die Polizei alarmiert. Neben mir lag Edgar.
Schmerzen hatt' ich keine. Ich hab' mich abgetastet –
und spürte meine Beine nicht mehr. Ich hatt' den Eindruck, als wären es fremde Beine. ‚Edgar', frag' ich,
‚spürst deine Ba[2]? Komisch, meine fühle sich so pel- 45
zig an.'
Wir waren beide querschnittsgelähmt. Meine Wirbel-
säule war in Nabelhöhe voll gebrochen. Edgar hat irr-
sinnigen Dusel gehabt. Er war nur vorübergehend
gelähmt. Er kann heute normal laufen, hat nur noch 50
beim Aufstehen Mühe. Ich dagegen hab' fast ein Jahr
lang in der Reha-Klinik für Rückenmarkverletzte in
Bayreuth gelegen. Es war eine schlimme, aber auch
wichtige Zeit für mich.
Da hab' ich mit anderen im Zimmer gelegen und 55
gemerkt, dass es manchen noch viel schlimmer geht.
Ein älterer Mann zum Beispiel hatte furchtbare
Schmerzen. Er hat ständig geflennt und gejammert
wie ein kleines Kind. ‚Lasst mich doch sterben', hat er
gefleht. Er ist dann nach ein paar Wochen gestorben. 60
Mein Bettnachbar war mit seinem Mercedes gegen
einen Baum gerast und hatte sich dabei das Genick
gebrochen. Er war nicht vollständig gelähmt. Aber

durch das lange Liegen bekam er einen total wunden
Rücken, einen Decubitus, sagen die Ärzte. Er hat Tag
und Nacht geschrien.

,Mai, wie sän mir gut dran', haben wir uns da oft
gesagt. Es ist eigentlich schlimm, aber es ist halt so:
Für uns war das Leid dieser Leute wie ein Sprung-
brett, wieder Mut zu fassen.

Dann begann der Kampf, die Rückkehr in die Welt.
Schon in der Klinik hatte ich Angst davor, aus der neu-
en Gemeinschaft wieder herausgerissen zu werden.
Das Schlimmste ist die falsche Rücksicht der Leute.
Sie ist nicht bös gemeint. Aber es ist, als wären da
Schutzmauern aufgebaut. Die Leute halten Abstand
und erhöhen damit nur die Mauern.

Manchmal wurde ich auch angepöbelt. In einem
Restaurant kam einmal ein älterer angetrunkener
Herr auf mich zu, lehnte sich mir auf die Schulter
und sagte: ,Armer Kerl, da, kriegst fünf Euro.' Alle
Besucher guckten natürlich. Und in der Fußgänger-
zone von Kulmbach schrie mich beim Verteilen von
Flugblättern ebenfalls ein Betrunkener an: ,Euch hat
mer im Dritten Reich[3] vergast. A großes Loch gebud-
delt, euch alle neigworfen und Erden draufgschmis-
sen.'

Zum Glück sind solche Erfahrungen sehr selten. Man
entwickelt mit der Zeit eine Hornhaut. Viel wichtiger
ist die nächste Umgebung. Meinen Eltern und meinem Bruder habe ich sehr viel zu verdanken. Sie
haben das Haus im Lauf der Zeit rollstuhlgerecht
umgebaut, im Moment sind wir wieder am Umbau-
en. Auch meine Freundin hat damals zu mir gehalten,
mich im Krankenhaus besucht. Als ich zurückkam,
haben wir uns sogar verlobt.

Aber dann hat sie sich von mir getrennt. Das war eine
furchtbar schwere Zeit für mich. Es geht vielen Quer-
schnittsgelähmten so, dass ihre Beziehung auseinander bricht. Eine Bekannte von mir, sie war frisch verheiratet, ist mit ihrem Mann gegen einen Baum
gefahren. Ihm ist nichts passiert, sie war querschnittsgelähmt. Bald darauf hat er sich von ihr schei-
den lassen. ,Du bist keine Frau mehr', hat zu ihr
gesagt. Sie lebt nun bei ihren Eltern. Und trinkt.
Zum Glück habe ich eine neue Freundin gefunden.
Sie war eine Bekannte von Jürgen, meinem Freund,
der bei dem Unfall gestorben ist.
Zwischendurch musste ich wieder für ein halbes Jahr
ins Krankenhaus. Die ganze Zeit auf dem Bauch liegen, wegen einem schlimmen Decubitus. Meine
Gesäßmuskeln waren fast weg, sogar die Haut war
durchgesessen. Ich saß beinahe auf den Knochen.
Deshalb kann ich auch heute nicht normal arbeiten.
Ich hatte vor dem Unfall schon die mittlere Reife,
wurde dann in einer Schule für Querschnittsgelähm-
te zum technischen Zeichner ausgebildet. Mit dem,
was ich jetzt so verdiene, kann ich kaum eine Familie
ernähren."
Michael Fritz, inzwischen 26, engagierte sich auch in
der Politik, spielte zeitweise bei den Grünen eine
wichtige Rolle. „Aber bald merkte ich, dass man auch
dort mit harten Bandagen kämpfen muss. Das ist aber
nicht mein Stil." Er schätzte es zwar, erneut Anerkennung zu genießen, wieder „geben zu können". Aber
vor harten Auseinandersetzungen scheut er zurück.
„Meine Freunde haben das verstanden."

1 Kirchweih: Volksfest
2 Ba: (fränk.) Beine
3 Drittes Reich: Bezeichnung für die Zeit 1933–1945 in Deutschland. Die Nationalsozialisten ließen geistig und körperlich Behin-
derte als sog. lebensunwerte Wesen töten.

(Hans Schuh-Tschan: Die geräderte Republik.
Zürüch 1986)

1 Gliedern Sie den Text in Sinnabschnitte und fassen Sie den Inhalt jedes
Abschnitts kurz zusammen (zur Inhaltsangabe siehe S. 178).

2 Sie führen ein Interview mit Michael für Ihre Schülerzeitung durch. Welche Fragen würden Sie ihm stellen?

3 Verfassen Sie einen Tagebucheintrag von Michael
a) kurz nach dem Unfall,
b) ein Jahr nach dem Unfall (zum Tagebucheintrag siehe S. 22).

4 Versetzen Sie sich in die Rolle eines Freundes/der Freundin von Michael und
schreiben Sie ihm einen Brief ins Krankenhaus (zum Brief siehe S. 24).

Mit einem schwarzen Wagen

Als die Gestalt einer Frau, vom Licht der Scheinwerfer aus dem Dunkeln gefischt, plötzlich vor dem rechten Kotflügel seines Wagens auftauchte, riss Taubner das Steuer herum und bremste gleichzeitig. Das Auto
5 hüpfte und legte sich auf die Seite wie ein gerammtes Boot. Einen Augenblick später kippte es in die Normallage zurück, die vier Reifen rutschten noch ein Stück über den Asphalt. Taubner hing verkrampft über dem Steuer, blind für Sekundenzehntel, etwas
10 Ungeheures erwartend. Jetzt stand der Wagen.

Der Fahrer warf sich herum und sah durch das Türglas, durch die Scheibe über dem Rücksitz hinaus in die verregnete Straße. Der Schreck hatte ihm den leichten Schleier der Trunkenheit von den Augen
15 gerissen.

Gott sei Dank, dachte der Mann, nichts ... nichts passiert! Es konnte ja gar nichts passieren, ich hab noch im letzten Moment richtig reagiert. Absolut richtig. Er startete überstürzt. Der Wagen schoss mit einem
20 Sprung vor, durchjagte mehrere Kurven, die Vorstadt blieb zurück, immer dichter wurde der Verkehr.

Es war kurz nach sieben Uhr. Um sieben hatte er daheim sein wollen. Bei seinem letzten Kunden war er aufgehalten worden, aber es hatte sich gelohnt.
25 Noch nie war Taubners Umsatz so hoch gewesen wie an diesem Tag. Nach dem Abschluss hatte sein Partner eine Flasche Gin auf den Tisch gestellt und ein paar saftige Zahlmeister-Abenteuer zum Besten gegeben. Famoser Mann. In Frankreich hatten sie ein hal-
30 bes Jahr lang der gleichen Division angehört. Famose Division.

Taubner wohnte in einem Neubaublock. Keine hundert Schritt neben der Haustür standen Reihengaragen. Dorthin fuhr er nun, stellte seinen Wagen ein; doch bevor er die nach Kalk und Benzin riechende 35 Zelle verließ, ging er um das schwarze Fahrzeug herum und betrachtete es so eingehend, als sähe er es zum ersten Mal. An der Decke hing eine Glühbirne unter einem Emailleschirm und der Lack der Karosserie reflektierte das Licht. 40

Auf einmal hatte es Taubner nicht mehr eilig, nach Hause zu kommen, wo seine Frau mit dem Abendessen auf ihn wartete. Hastig verschloss er die Garage. „Guten Abend, Herr Taubner." Er überhörte den Gruß und lief, die neuen Häuser im Rücken, durch den 45 Regen, die Straße zurück, auf der er gekommen war. In kurzen Abständen spähte er hinter sich. Niemand folgte ihm. Flink warf er sein Taschentuch in den Gully. Er fühlte sich etwas erleichtert. Sein Bewusstsein sank in ein nervöses Grübeln ab. 50

Taubner war ein massiver, mittelgroßer Mann mit den ersten grauen Haaren an den Schläfen. Als Reisevertreter einer traditionsbewussten Textilfima war er vielleicht etwas zu flott gekleidet, aber die Leitung des Geschäftshauses sah ihm seine Schwäche für wilde 55 Krawatten und forsche Hüte nach, denn er war tüchtig und gewissenhaft und beliebt bei den Kunden. Seine Frau – er hatte spät geheiratet – hielt ihn für klug, gütig, charakterfest, manchmal für etwas herrschsüchtig. „Unsere Ehe ist glücklich", sagte sie auch zu 60 denen, die es nicht hören wollten. „Hubert ist ein idealer Gatte." Und einmal hatte ihr jemand entgegnet: „Jede Frau bekommt den Mann, den sie verdient."

Taubner öffnete die Tür eines Lokals, das sich in einer 65 Seitenstraße befand. Er hatte es noch nie betreten, er war kein Freund bürgerlicher Kneipen. Jetzt aber schien es ihm gut genug für einen Besuch. Der Raum war getäfelt, nur wenige Gäste saßen an den mit Glasscheiben belegten Tischen. 70

Der neue Gast ließ sich auf einem Platz nieder, von dem aus er das Lokal gut überblicken konnte. Dann bestellte er einen Kognak und gleich danach einen zweiten. Sein bleiches Gesicht belebte sich rasch. Taubner trank weiter und starrte auf den Eingang. Er 75 dachte: Soll doch kommen, wer mag! Ich brauche niemanden zu fürchten. Und dann dachte er: Es konnte nicht schiefgehen, ich reagierte absolut richtig. Und wie schnell ich reagierte! Ist eine Freude, sich daran zu erinnern.

Mit einem Schlag suchte ihn ein Gefühl tiefer beklemmender Einsamkeit heim. Er war allein auf der Welt. Allein mit einem Entsetzen, das ihm kalten Schweiß aus den Poren trieb. Hatten ihn die Lebenden verraten? Sollten die Toten seine Genossen werden? Sollte er unter der Erde nach ihnen suchen? Schwankend fuhr er auf. Der Fenstertisch war besetzt; er steuerte auf ihn zu, rückte sich einen Stuhl zurecht, ohne um Erlaubnis zu bitten. Der Mann, dem er nun gegenübersaß, musterte ihn feindselig, das Mädchen neugierig.

„Entschuldigen Sie", sagte Taubner, und man hörte, dass ihm das Sprechen schwer fiel, „ich weiß, ich störe Sie, aber es gibt Momente im Leben ... Taubner", sagte er, „ein anständiger Name, immer schon hochanständig gewesen."

Er erhielt keine Antwort. Der Kellner brachte das Glas hinter ihm her und zog die rechte Braue missbilligend in die Höhe.

„Sie halten mich für betrunken, und wahrscheinlich bin ich's auch", fuhr Taubner fort, „doch wenn ich hinterm Steuer sitze, verstehen Sie, dann reagiere ich richtig und – wie der Blitz. Tatsache. Ich könnte Ihnen einen Fall erzählen, der sich wie ein Unfall anhören würde, wenn ich nicht wie der Blitz ... verstehen Sie? Ich säße jetzt nicht hier."

„Das alles mag interessant sein", sagte Taubners Tischnachbar, „aber nicht für uns!"

„Meine Frau weiß, dass ich ein sicherer Fahrer bin. Andere wissen es auch, nur die Polizei weiß es nicht."

„Die Polizei?", wiederholte das Mädchen mit einem halben Lächeln.

„Ja, die Polizei", fing Taubner von neuem an, „alles weiß sie, und was sie nicht weiß, bekommt sie heraus. Bloß von meinem sicheren Fahren hat sie keine Ahnung."

Damit endete ihr Gespräch. Taubner horchte auf die Stimmen, die in seinem Kopf durcheinander redeten. Er hörte unwiderlegliche Anklagen und beschwichtigende Argumente, es zischelte, dröhnte und hämmerte, dann wurde es still. Das Rumoren war so monoton geworden, dass es seine Aufmerksamkeit nicht mehr reizte.

Plötzlich pendelte sein Körper gegen eine Holzfläche. Ein Hindernis – es nahm seine erschlafften Sinne in Anspruch. Er spähte und tastete. Die Wohnungstür, natürlich die Wohnungstür. Immer gab es zuletzt noch eine Tür, die man öffnen musste. Umständlich schloss er sie auf, fand den Lichtschalter nicht und stand eine Weile unschlüssig in der Diele. Im Wohnzimmer sprach jemand leise und abgerissen; es klang wie ein Schluchzen. Sie weint, dachte er und fühlte Glück und Verdruss in sich aufsteigen; gut ist es, aber es regt mich auf! Dann räusperte er sich und fasste nach der Klinke.

Zwei uniformierte Männer und ein Zivilist im schwarzen Lodenmantel blickten ihm wachsam entgegen. Taubner hielt an. Er zog seinen Hut wie ein Bittsteller.

„Hubert."

„Ja, ich war es", sagte er. Da war das Zimmer weiß, und es roch nach Benzin und Kalk, der rechte Kotflügel war verbeult, Haare und Blut, winzige Perlen auf dem zerbeulten Lack. Er polierte alles mit dem Taschentuch weg ...

Die drei Männer näherten sich ihm und zwei begannen gleichzeitig auf ihn einzureden.

„Was in aller Welt soll man nur tun", sagte Taubner. Niemand verstand ihn. Der Zivilist sagte:

„Machen Sie es uns bitte nicht schwer, Herr Taubner."

(Heinz Piontek: Wintertage, Sommernächte. München/Wien 1977)

---

1 a) Bestimmen Sie die Orte, an denen die Erzählung jeweils spielt.
b) Bilden Sie Sinnabschnitte und geben Sie den Inhalt jedes Abschnitts kurz wieder.

2 a) Charakterisieren Sie die Hauptperson der Erzählung, Hubert Taubner, und gehen Sie nach den Regeln auf S. 140 vor.
b) Nehmen Sie an, die Polizei sucht nach Taubner. Schreiben Sie eine Fahndungsmeldung und vergleichen Sie diese mit der Charakterisierung.

Charakterisierung

Bei einer Charakterisierung geht man vom Äußeren einer Person aus und versucht in das Innere vorzustoßen.

▲ „Äußere" Merkmale:
Alter, Aussehen, (bevorzugte) Kleidung, Beruf, Sprache

▲ „Innere" Merkmale:
Gewohnheiten, Meinungen, Verhaltensweisen. Eigenschaften

Eine Charakterisierung finden Sie auf S. 11: „Der Tod in Venedig".

3 Der Autor der Erzählung, Heinz Piontek, erzählt aus der Sicht Taubners (zu den Erzählperspektiven siehe S. 21). Wie wirkt die Geschichte dadurch auf den Leser?

4 Spielen Sie die Szene in dem Lokal nach (zur szenischen Darstellung siehe S. 44 f.).

„Ein Auto springt an", „ein Auto bleibt liegen" *sind gebräuchliche Metaphern (= bildhafte Ausdrücke), die uns als Leser schon nicht mehr auffallen. Schriftsteller verwenden ungewöhnliche, kühne Metaphern und Verben.*

5 Unterstreichen Sie alle Verben des Fahrens in den ersten drei Abschnitten der Erzählung „Mit einem schwarzen Wagen" (S. 138 f.).

6 Im Duden der sinnverwandten Wörter bzw. in der Thesaurus-Funktion des PC findet man ca. 30 verschiedene Verben für „fahren":

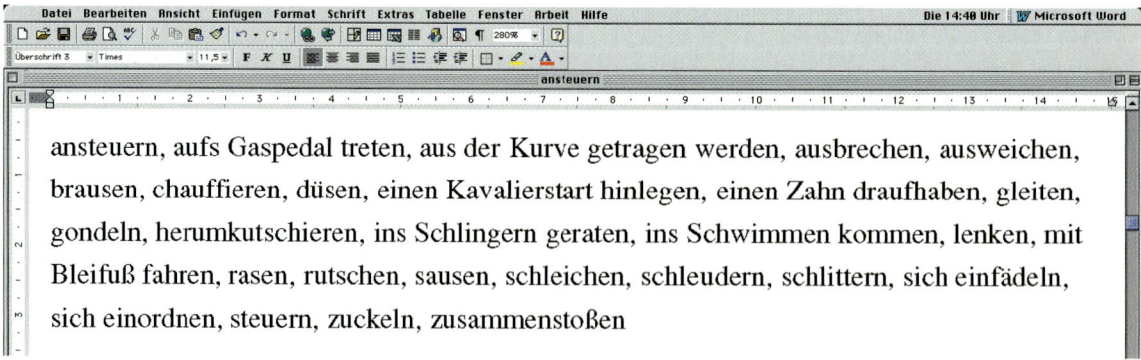

ansteuern, aufs Gaspedal treten, aus der Kurve getragen werden, ausbrechen, ausweichen, brausen, chauffieren, düsen, einen Kavalierstart hinlegen, einen Zahn draufhaben, gleiten, gondeln, herumkutschieren, ins Schlingern geraten, ins Schwimmen kommen, lenken, mit Bleifuß fahren, rasen, rutschen, sausen, schleichen, schleudern, schlittern, sich einfädeln, sich einordnen, steuern, zuckeln, zusammenstoßen

a) Welche Verben sind umgangssprachlich? Welche Ausdrücke sind Metaphern?

b) Finden Sie weitere anschauliche und treffende Metaphern bzw. Vergleiche.

7 a) Die Erzählung von Heinz Piontek stammt aus den 70er Jahren. An welchen Wörtern und Sätzen können Sie das erkennen?

b) Ändern Sie diese Wörter und Sätze so um, dass die Geschichte heute spielt. Wie müsste der Geschäftsmann Hubert Taubner heute gestaltet sein?

Im Juristen-Deutsch lautet die Straftat, die Taubner begangen hat „Unerlaubtes Entfernen vom Unfallort".

8 Lesen Sie den Paragraphen 142 aus dem Strafgesetzbuch (StGB) aufmerksam .
  a) Welche Tatbestände müssen erfüllt sein, damit von einem unerlaubten Entfernen vom Unfallort gesprochen werden kann?
  b) Wann kann das Gericht die Strafe mildern oder ganz aussetzen?

§ 142 Unerlaubtes Entfernen vom Unfallort.
(1) Ein Unfallbeteiligter, der sich nach einem Unfall im Straßenverkehr vom Unfallort entfernt, bevor er
1. zugunsten der anderen Unfallbeteiligten und der Geschädigten die Feststellung seiner Person, seines Fahrzeuges und der Art seiner Beteiligung durch seine Anwesenheit und durch die Angabe, dass er an dem Unfall beteiligt ist, ermöglicht hat oder
2. eine nach den Umständen angemessene Zeit gewartet hat, ohne dass jemand bereit war, die Feststellungen zu treffen,
wird mit Freiheitsstrafe bis zu drei Jahren oder mit Geldstrafe bestraft.

[...]
4. Das Gericht mildert in den Fällen der Absätze 1 und 2 die Strafe (§ 49 Abs. 1) oder kann von Strafe nach diesen Vorschriften absehen, wenn der Unfallbeteiligte innerhalb von vierundzwanzig Stunden nach einem Unfall außerhalb des fließenden Verkehrs, der ausschließlich nicht bedeutenden Sachschaden zur Folge hat, freiwillig die Feststellungen nachträglich ermöglicht (Absatz 3).
5. Unfallbeteiligter ist jeder, dessen Verhalten nach den Umständen zur Verursachung des Unfalls beigetragen haben kann.

9 Der Absatz 4 wurde am 1.4.1998 in das Strafgesetz aufgenommen. Prüfen Sie, ob er auf Taubner angewendet werden kann.

10 Untersuchen Sie die sprachlichen Besonderheiten des Textes. Was kennzeichnet die Juristensprache?
  a) Schreiben Sie die Nominalisierungen aus dem Text heraus und umschreiben Sie diese.

Nominalisierung	Umschreibung
Unfallbeteiligter	Jemand, der an einem Unfall beteiligt ist
...	...

  b) Schreiben Sie alle Fachbegriffe aus dem Text heraus und erklären Sie diese. Nehmen Sie ein Lexikon zu Hilfe.

Fachbegriff	Bedeutung
außerhalb des fließenden Verkehrs	...
...	...

Die Sprache der Juristen ist nur eine von vielen Fachsprachen. Fast jeder Berufsstand benutzt seine eigene Fachsprache: Ärzte, Ingenieure, Computerspezialisten, Maurer, Fliesenleger, Schreiner, Zimmerleute usw.

11 Übertragen Sie den Paragraphen 142 des Strafgesetzbuches in allgemein verständliches Deutsch und beginnen Sie so:
Jemand, der an einem Unfall im Straßenverkehr beteiligt ist und sich vom Unfallort entfernt, wird unter bestimmten Voraussetzungen bestraft. Er erhält entweder eine Freiheitsstrafe ...

12 Tragen Sie Beispiele aus der Fachsprache Ihres Berufes zusammen. Worin liegen die Vorteile, worin die Nachteile einer Fachsprache?
Zu weiteren Fachsprachen siehe S. 114–117.

Null Promille

Seit 1.5.1998 gilt in der Bundesrepublik die 0,5-Promille-Grenze. Erste Erfahrungen mit dem Gesetz zeigen, dass die Anzahl der alkoholbedingten Verkehrsunfälle rückläufig ist. Deshalb fordern immer mehr Experten:

„Null Promille am Steuer"

In der Wochenzeitung „Die Woche" äußerten sich zu diesem Streitfall:

Roman Hanno Harnisch
PRESSESPRECHER
DER PDS

Es gibt kein Gesetz, das es mir gestatten würde, nur fünf oder acht Tausendstel CDs im Kaufhaus zu klauen oder ein Haus
5 zu einem bestimmten Promillesatz anzuzünden. Die gesetzliche Regelung von 0,8 und ihr geplantes Runterschummeln auf 0,5 sind eher eine Auffor-
10 derung als ein Verbot. Als gebranntes Kind (Fahrt mit rotem Trabant, der noch nicht mal meiner war, durchs nächtliche Berlin bei 1,4 Promille)
15 bin ich für die strikte Unvereinbarkeit von Lenkraddrehen und Gläserkippen. Null Komma nichts wie in der DDR, ist das Nostalgie?

Rainer Brüderle
WIRTSCHAFTSMINISTER VON
RHEINLAND-PFALZ (FDP)

Ich halte nichts davon, Menschen zu bestrafen, die ein Glas Wein zum Essen trinken, nur weil man es nicht schafft,
5 das Problem maßloser und rücksichtsloser Alkoholfahrer in den Griff zu kriegen. Trunkenheit am Steuer ist unverantwortlich, die Unfallzahlen
10 belegen das; sie zeigen jedoch auch, dass die Unfallfahrer eben nicht allein das Glas Wein zum Essen genossen, sondern ganz erhebliche Mengen Alko-
15 hol getrunken haben. Diese Autofahrer muss man erreichen, wenn man die Zahl der Alkoholunfälle senken will. Dies ist weder durch eine 0,5-
20 noch durch eine 0,0-Promille-Grenze möglich. Dazu sind eine intensive Verkehrserziehung und dauernde Aufklärung nötig.

Alexander Gontard
EHEM. LEITER DES GESCHÄFTS-
BEREICHS RECHT BEIM ADAC

Bereits heute macht sich strafbar, wer alkoholbedingt einen Unfall verschuldet und vorher zwei Glas Wein getrunken hat.
5 Die Mehrzahl der Alkoholunfälle geht jedoch nicht auf das Konto von Autofahrern mit nur „zwei Glas Wein". Der Schwerpunkt liegt im Bereich zwi-
10 schen 1,6 und 2,5 Promille. Dagegen hilft kein 0,0-Promille-Alibi-Gesetz. Wie sonst wäre zu erklären, dass die Alkoholunfallquote in der früheren
15 DDR (0,0 Promille) genauso hoch lag wie in der Bundesrepublik (0,8 Promille)? Was wir gegen Alkoholunfälle brauchen, sind keine neuen Geset-
20 ze, sondern eine bessere Überwachung. Dann würde nicht, wie jetzt, von 600 Alkoholfahrten nur eine entdeckt werden.

Walter Röhrl
RALLYEFAHRER, EX-WELTMEISTER

Ich halte den Vorstoß für eine 0,5-Promille-Grenze für Blödsinn. Es mag ja sein, dass Leute, die ans Trinken gewöhnt sind, wie zum Beispiel Bauarbeiter, noch bis zu 0,8 Promille Alkoholgehalt fahrtüchtig sind. Aber ich fahre mit 0,0 Promille und halte das für die einzig richtige Grenze.

Josef Viehhauser
GASTRONOM, LE CANARD, HAMBURG

Aus meiner Sicht als Gastronom befürworte ich 0,0 Promille absolut. Sich vorzunehmen, heute nur drei Glas zu trinken, weil man mit dem Auto zum Essen fährt, das ist irgendwie unglücklich. Würden die Leute gleich mit dem Taxi kommen, dann wär' das Thema durch.

(Die Woche, 21.4.1995)

0,5	Belgien
0,5	Dänemark
0,5	Deutschland
0,5	Finnland
0,5	Frankreich
0,5	Griechenland
0,8	Großbritannien
0,8	Irland
0,8	Italien
0,8	Luxemburg
0,5	Niederlande
0,5	Österreich
0,5	Portugal
0,2	Schweden
0,8	Spanien

Promille-Grenze in der EU

❶ Vervollständigen Sie die folgende Tabelle. Nehmen Sie dazu die Hinweise auf S. 55 zu Hilfe.

Name	These	Argument	Beispiel	Schlussfolgerung
Walter Röhrl	0,0 Promille ist die einzig richtige Grenze	Manche mögen mit 0,8 Promille fahrtüchtig sein.	Bauarbeiter	———
Alexander Gontard	. . .	. . .	. . .	. . .

❷ Beurteilen Sie anhand der Tabelle die Überzeugungskraft der einzelnen Argumente.

❸ Formulieren Sie selbst ein Pro- und ein Kontra-Argument schriftlich aus.

❹ Was halten Sie von der Forderung „Null Promille am Steuer"? Begründen Sie Ihre Haltung.

Ideenbörse

Am Beginn eines Projekts steht die Ideensammlung. Als Methode hat sich dabei das Brainstorming (ein Stöbern im Gehirn) bewährt (siehe S. 182). Als Darstellungsform für die gesammelten Ideen eignet sich der Cluster (wörtlich „Haufen"). Im Unterschied zur Mind-Map ist der Cluster eine noch ungeordnete Darstellung der gesammelten Ideen.

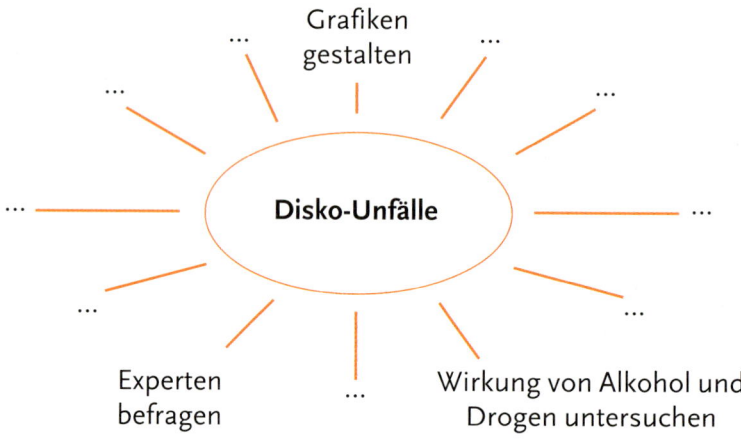

Disco Fever

6 cl Orangensaft • 1 Orangenscheibe • je 2 cl Kirschsaft, Ananassaft, Zitronensaft und Maracujasaft • etwas Mangosirup

Die gut gekühlten Säfte und den Sirup in einen Shaker füllen und kräftig schütteln. Anschließend die Mischung in ein mit gestoßenem Eis gefülltes Longdrink-Glas abseihen und mit der Orangenscheibe dekorieren.

Cluster:
- Grafiken gestalten
- Disko-Unfälle
- Experten befragen
- Wirkung von Alkohol und Drogen untersuchen

❶ Ergänzen Sie den Cluster mit möglichst vielen Ideen zum Thema „Disko-Unfälle".

❷ Bilden Sie Gruppen und entscheiden Sie sich in der Gruppe für ein Projekt, das Sie durchführen wollen, z. B.:
– Experten (Polizisten, Diskobetreiber) befragen
– Informationen zur Wirkung von Alkohol und Drogen zusammentragen und in Kurzreferaten präsentieren
– Grafiken zur Beteiligung Jugendlicher an alkoholbedingten Verkehrsunfällen in Ihrem Land/Kreis gestalten.
Führen Sie ein Projekt durch und nehmen Sie bei der Vorbereitung die Hinweise auf S. 182 zu Hilfe.

❸ Halten Sie die Plakataktion der Deutschen Verkehrswacht zur Vermeidung von Alkoholunfällen für sinnvoll oder nicht? Begründen Sie Ihre Meinung.

Cool Driving

1/2 l Orangensaft • 1 Spritzer Angostura • 1 Spritzer Zitronensaft • Seven up

Orangensaft und Angostura auf viel Eis in Longdrink-Gläser schütten, mit Seven up aufgießen und einem Spritzer Zitronensaft versehen.

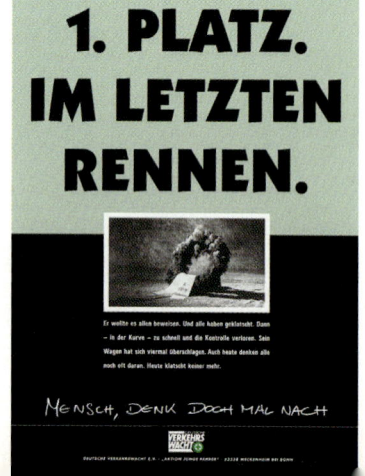

❹ Suchen Sie nach weiteren „coolen Drinks für heiße Fahrer".

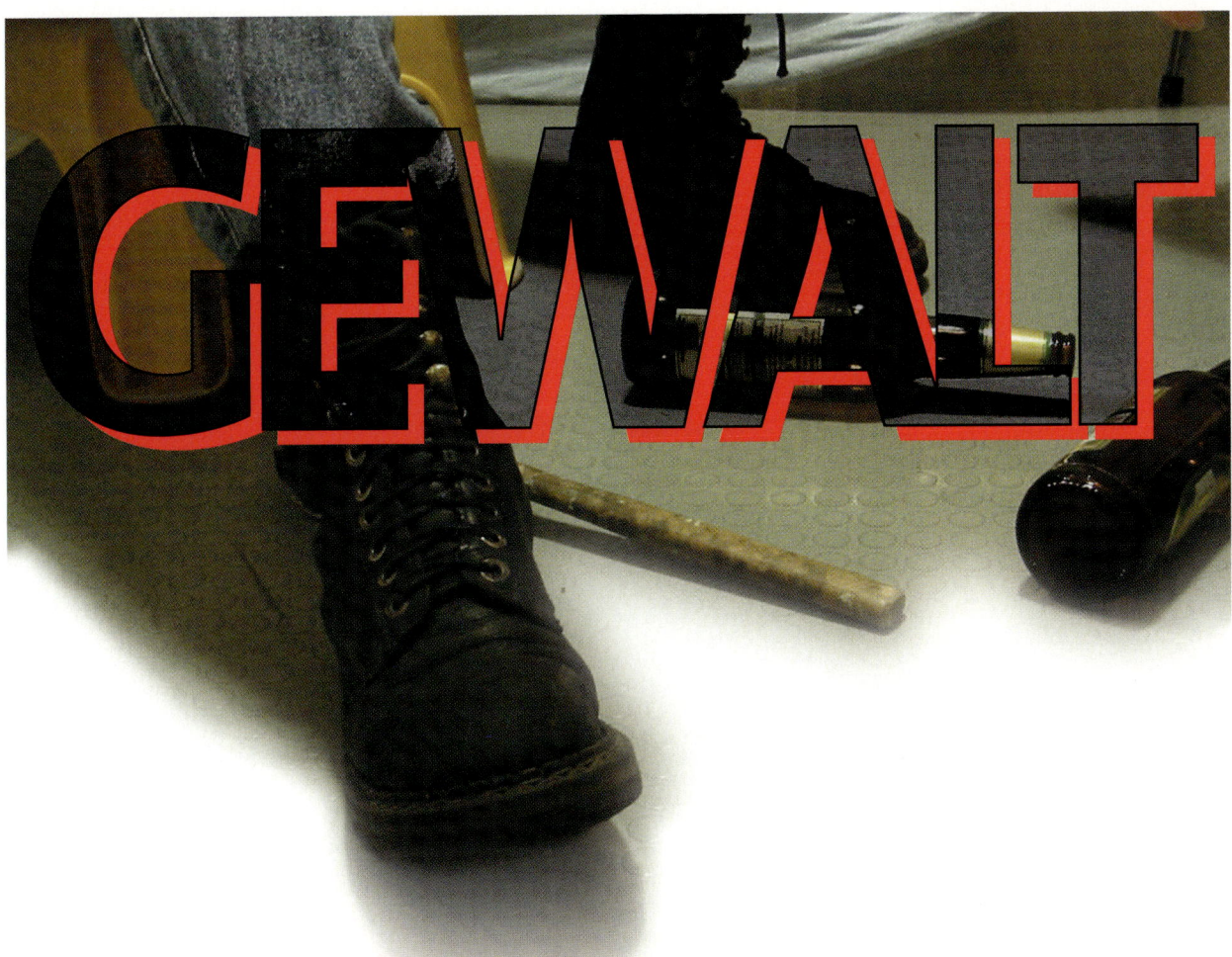

GEWALT

Gewalt hat viele Gesichter

Das Foto des dänischen Fotografen Claus Björn Larsen ist von der Stiftung „World Press" als Pressefoto des Jahres 1999 ausgezeichnet worden. Die Schwarzweißaufnahme zeigt eine Gruppe von Männern, die aus dem Kosovo in die albanische Stadt Kukes geflüchtet ist.

❶ a) Beschreiben Sie den verletzten Mann auf dem Bild.
b) Welche Reaktionen löst das Bild bei Ihnen aus?
c) Überlegen Sie, warum dieses Foto Pressefoto des Jahres 1999 wurde.

❷ Vervollständigen Sie die Sätze: *„Gewalt ist für mich, wenn ..."*
„Bei Gewalt fühle ich mich ..."
Verwenden Sie pro Satz einen Papierstreifen und halten Sie Ihre Ergebnisse an einer Stelltafel bzw. mit einer Wandzeitung fest.

❸ a) Diskutieren Sie in der Klasse über die Antworten und erklären Sie den Begriff „Gewalt".
b) Lesen Sie in einem Lexikon nach, was dort unter dem Begriff „Gewalt" steht, und vergleichen Sie mit Ihrer Erklärung.

Gewalt ist für mich, wenn ...

Bei Gewalt fühle ich mich ...

Jeden Tag werden wir mit einer Vielzahl von Gewaltmeldungen konfrontiert.
Auf dieser Seite finden Sie Nachrichten, die innerhalb kurzer Zeit in einer Zeitung
gesammelt wurden:

Schlägerei nach Angriff auf Schwarzen

FÜRTH (dpa). Nach dem Angriff auf einen dunkelhäutigen Ausländer haben sich Skinheads in der Nacht zum Sonntag in Fürth mit jungen Türken eine Schlägerei geliefert. Eine 23 Jahre alte Frau und ein junger Türke wurden bei der Aus
5 einandersetzung verletzt. Die Polizei nahm 15 Personen fest. Gegen sie werde wegen schweren Landfriedensbruchs und Körperverletzung ermittelt, teilte die Polizei am Sonntag mit. Auslöser für die Schlägerei war nach Polizeiangaben der Übergriff der offenbar angetrunkenen Männer auf einen
10 dunkelhäutigen Mann. Drei Türken, die den Angriff bemerkten, kamen dem verletzten Ausländer sofort zu Hilfe. Dabei habe sich rasch eine Rauferei entwickelt, in deren Verlauf der dunkelhäutige Mann habe fliehen können. In die Schlägerei hätten schließlich auch noch Besucher einer nahe gelegenen
15 Gaststätte eingegriffen. Die Skinheads hätten ihre Kontrahenten mit Schottersteinen beworfen.

(Stuttgarter Zeitung, 31.1.2000)

Bei der Tat gefilmter Vergewaltiger gefasst

HAMBURG (dpa). Die Hamburger Polizei hat einen Mann gefasst, der bei der Vergewaltigung einer 19-jährigen Prostituierten gefilmt worden war. Dem 31 Jahre alten Hamburger würden insgesamt fünf Vergewaltigungen von Prostituierten
5 seit 1998 zur Last gelegt, teilte die Polizei am Dienstag weiter mit. Nach eigenen Angaben des Mannes habe er zudem kurz vor seiner Festnahme am Montag erneut eine Frau missbraucht, hieß es.
Die Vergewaltigung der 19-Jährigen am 17. Dezember vergan
10 genen Jahres war mit einer Video-Überwachungsanlage in der so genannten Modell-Wohnung der Frau aufgezeichnet worden. Das Landeskriminalamt hatte am Montag Teile der Video-Aufzeichnung öffentlich gemacht und nach den ersten Ausstrahlungen im Fernsehen Hinweise auf einen Mann aus
15 dem Hamburger Stadtteil Niendorf erhalten. Dort wurde der Tatverdächtige festgenommen. Der Beschuldigte gestand die ihm zur Last gelegten Taten.

(Stuttgarter Zeitung, 19.1.2000)

❹ Um welche Formen der Gewalt handelt es sich? Nennen Sie den/die Täter, das/die Opfer und beschreiben Sie die Situation.

❺ Sammeln Sie eine Woche lang Berichte über Gewalt aus einer Tageszeitung und ergänzen Sie damit Ihre Wandzeitung.

Lehrerin erstochen: Anklage gegen Schüler

MEISSEN (dpa). Gegen den 15-jährigen Schüler, der im November eine Lehrerin während des Unterrichts in Meißen erstochen hatte, wird Anklage wegen Mordes erhoben. Das sagte die Sprecherin der Dresdner Staatsanwaltschaft Ines
5 Günthel am Freitag. [...] Der Prozess wird unter Ausschluss der Öffentlichkeit stattfinden. Ein Termin stehe noch nicht fest.
Nach Angaben von Günthel hatte ein Gutachter zuvor festgestellt, dass der Junge nicht schuldunfähig sei. Das bedeute
10 aber nicht automatisch, dass er voll schuldfähig sei, sagte sie. Bei der Frage der Schuldfähigkeit gebe es Abstufungen. Wegen des Schutzes der Persönlichkeitsrechte des Jungen könne sie keine Einzelheiten nennen. Da der 15-Jährige unter das Jugendstrafrecht fällt, werde die Öffentlichkeit beim Pro
15 zess ausgeschlossen. Sollte der Junge wegen Mordes verurteilt werden, droht ihm eine Höchststrafe von zehn Jahren im Jugendstrafvollzug. Der 15-Jährige war am 9. November vergangenen Jahres maskiert in den Unterricht gestürmt und hatte nach den Ermittlungen die 44-jährige Lehrerin mit
20 22 Messerstichen getötet.

(Stuttgarter Zeitung, 19.2.2000)

Wieder viele Tote bei russischen Angriffen

URUS-MARTAN (AP). Im tagelangen russischen Trommelfeuer auf drei Dörfer in Westtschetschenien sind nach Angaben von Augenzeugen hunderte von Menschen getötet oder verwundet worden. Die Dorfbewohner sagten, es habe bei
5 den Kämpfen auch viele Tote in der Zivilbevölkerung gegeben. Drei Viertel der Häuser seien zerstört.
Die Luftwaffe flog nach Angaben eines Militärsprechers unterdessen erneut schwere Angriffe auf vermutete Gebirgsstellungen der Partisanen im Süden. Russische Nachrichten
10 agenturen meldeten Angriffe kleiner tschetschenischer Gruppen hinter den Frontlinien. Dabei habe es keine russischen Verluste gegeben. In der Schlucht von Argun, in der 3000 Partisanen eingeschlossen sein sollen, sei in der Nacht ein Ausbruchversuch zurückgeschlagen worden. Insgesamt
15 vermuten die russischen Streitkräfte 7000 tschetschenische Widerstandskämpfer im Süden.

(Stuttgarter Zeitung, 10.2.2000)

❻ Unterstreichen Sie (auf einer Kopie) die Sätze, die im Konjunktiv stehen. Was soll der Konjunktiv (siehe S. 210) ausdrücken?

Gewalt in der Schule

wer
wann
was
wo
wie
warum

Die Nachrichten auf der vorhergehenden Seite haben neben dem Thema „Gewalt" eines gemeinsam: Sie informieren knapp über das Wichtigste eines Ereignisses. Ein Journalist muss dabei die sechs W-Fragen beantworten. Dies trifft auch auf den Bericht zu:

Wer hat wann, was, wo, wie und warum getan?

1 Beantworten Sie die W-Fragen zu einer Nachricht auf Seite 147.

2 Welche W-Frage ist nur schwer zu beantworten?

Ein Berichterstatter muss ein Geschehen sachlich und neutral darstellen, d. h. er muss objektiv sein. Er tritt hinter das Geschehen zurück.
Oft sind Aussagen zu einer Tat aber sehr unterschiedlich und es ist schwer, die Wahrheit darzustellen.
Im folgenden (erfundenen) Fall gibt es verschiedene Zeugenaussagen:

Tanja R.: Ich hab nur gesehen, wie der Ü. umgefallen ist. Ich hab gedacht, das ist ein Joke. Erst als einer schreit: „Blut, alles voll Blut", hab ich mit meinem Handy die Polizei angerufen. So gegen 12 Uhr wird es gewesen sein. Ja, die Martinskirche hat geläutet.

Mustafa Ö.: Der hat doch immer provoziert: „He, Kanake", „he, Kümmeltürke" und so. Der ist selber schuld, Mann. Was macht er uns an? Klar, dass da mal einer ausrastet und zusticht. Natürlich ist das Scheiße, Mann. Aber Ali ist erst 16 und kleiner als der, wie soll der sich wehren?

Hermann L.: Seit ich Schulleiter an dieser Berufsschule bin, hat es so etwas noch nie gegeben. Natürlich finden ab und zu Raufereien statt. Aber von bewaffneten Auseinandersetzungen war uns bisher nichts bekannt. Dabei ist der Ali ein ganz netter Kerl, überhaupt nicht auffällig, eher still. Ich weiß nicht, was ihn dazu getrieben hat.

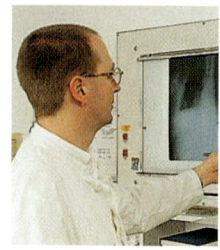

Dr. Hans G.: Der 17-jährige Ronny Ü. wurde um 12.30 Uhr in das Katharinenhospital in Stuttgart eingeliefert und sofort operiert. Das Messer ist ca. 5 cm unter das Peritoneum[1] eingedrungen, hat aber zum Glück weder die Aorta[2] noch innere Organe verletzt, sodass im Moment keine Lebensgefahr besteht.

1 Peritoneum: Bauchfell
2 Aorta: Hauptschlagader

Mike K.: Ich bin mit Ronny wie jeden Tag nach Hause gegangen und da steht mitten auf dem Gehweg der Ali. Der Ronny hat doch nur gesagt: „Platz da, Türke", da hat der sich umgedreht und ohne Warnung zugestochen. Danach hat er das Messer weggeworfen und ist abgehauen. Zum Glück konnten seine Kumpels ihn überreden, sich zu stellen. Natürlich hat der Ronny manchmal so ein paar krasse Sprüche drauf, aber das meint er gar nicht so.

Fritz Z.: Ich wohne genau an der Ecke Wagner-/Beethovenstraße, wo es passiert ist. Und alles ausgerechnet am 2. Februar, wo meine Frau Geburtstag hat. Aber ich misch mich da nicht ein, sonst habe ich noch die ganze Mafia auf dem Hals. Armes Deutschland, was ist aus dir geworden!

❸ Welche Sätze der Zeugen enthalten eine persönliche (subjektive) Aussage?

❹ a) Vergleichen Sie die unterschiedliche Sprechweise der Zeugen.
b) Überlegen Sie, warum diese unterschiedlich sprechen.
c) Beurteilen Sie die Wirkung der jeweiligen Sprechweise.

❺ Erstellen Sie anhand der sechs W-Fragen (siehe S. 148) eine Gliederung.

❻ Schreiben Sie einen Bericht über den Vorfall, wie er am nächsten Tag in der Zeitung stehen könnte.

❼ Schreiben Sie einen Bericht über einen Vorfall, bei dem Sie selbst mit Gewalt konfrontiert wurden.

ⓘ

Bericht

Inhalt	Das Wichtigste eines Geschehens Keine persönliche Meinung des Berichterstatters
Absicht	Information
Stil	Sachlich, keine Ausschmückungen Aussagen in der indirekten Rede (siehe S. 210)
Zeitform	Präteritum (siehe S. 208)
Merke	**Es gibt verschiedene Situationen, in denen Berichte geschrieben werden. Wenn Sie z. B. einen Unfallbericht an eine Versicherung schreiben, muss der Bericht ausführlicher sein. Datum und Namen aller Beteiligten erscheinen vollständig.**

Bericht

❽ Setzen Sie die Aussagen der Zeugin Tanja R. ins Präteritum.

❾ Geben Sie die Aussagen des Schulleiters in der indirekten Rede wieder (zum Konjunktiv siehe S. 210): *Der Schulleiter Hermann L. gab zu Protokoll, dass es so etwas noch nie gegeben habe, seit er …*

Gewalt in der Freizeit

Im Schatten von sportlichen Großveranstaltungen gedeiht seit Jahren eine neue Form der Gewalt: die Gewalt der Hooligans. Bei der Fußballweltmeisterschaft 1998 in Frankreich wurde der französische Polizist Daniel Nivel von deutschen Hooligans zum Krüppel geschlagen. Die Täter sitzen mittlerweile hinter Gittern. Und diejenigen, die sich in der Gruppe unheimlich stark fühlen, erweisen sich plötzlich als heulende Schwächlinge.

Bitte Papa, hol mich hier raus!

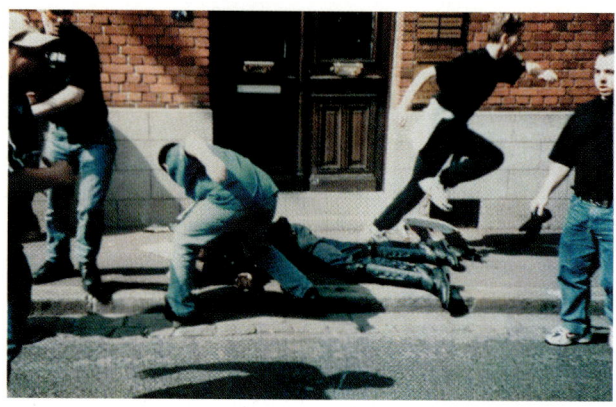

Die Reue kommt spät. Beim Gewaltexzess von Lens, als 600 deutsche Hooligans die Innenstadt verwüsteten, Polizisten angriffen, den Gendarmen Daniel Nivel (43) lebensgefährlich verletzten, war Chris
5 tian W. (22) aus Essen noch mit Elan dabei. In der Gruppe fühlte er sich stark, warf Bierdosen und Stühle auf Polizisten.

Seit einer Woche sitzt der Schläger, der sich mit Bodybuilding für die Krawalle fit machte, im Gefäng
10 nis von Bethune (Nordfrankreich) – und ist mittlerweile nur noch ein um Hilfe bettelndes Häufchen Elend. Aus dem Knast schrieb er einen weinerlichen Brief an seinen Vater: „Mir laufen die Tränen so runter … keiner versteht mich, ich bekomme kaum zu
15 essen." Und dann, flehend, in Großbuchstaben: „Bitte hol mich hier raus, bitte, Papa."

Aber Vater Peter W. (49) wird seinem Sohn kaum helfen können. Wegen „absichtlicher Gewalt gegen

Polizisten in Uniform in Form von Drohungen und dem Werfen von Gegenständen wie Stühle, Tische, 20 Sonnenschirme und Bierdosen" hat ein französisches Gericht den deutschen Hooligan zusammen mit zwei Kumpanen zu einem Jahr Gefängnis verurteilt. Zwar hat Verteidiger Benjamin Gayet Revision eingelegt, aber die Erfolgsaussichten sind gering. 25 Der Anwalt: „Die Häftlinge können nur bei guter Führung nach der Hälfte der Strafe entlassen werden."

Sein Vater ist derweil selbst den Tränen nahe, seit er den Brief aus dem Gefängnis bekommen hat. „Man 30 hat mich drei Tage hungern lassen", hat Hooligan Christian seinem Papa geschrieben. „Zu trinken bekomme ich nur Leitungswasser. Ich glaube kaum, dass ich es hier aushalte, ganz allein unter den Franzosen. Ich überlegte schon, mir das Leben zu neh 35 men. Ich zittere am ganzen Körper. Bitte, Papa, so sehr ich euch liebe, lasst mich hier nicht verrecken. Ich habe doch keinen getötet, und nun soll ich wirklich ein Jahr hier verbringen. 24 Stunden auf 15 Quadratmetern, das hält niemand aus." 40

(Bild-Zeitung, 28.6.1998)

❶ Fassen Sie den Bericht der BILD-Zeitung mündlich zusammen.

❷ a) Enthält der Bericht nur Tatsachen?
   b) Schreiben Sie die Stellen heraus, an denen der Autor wertet.

❸ Überlegen Sie, welche Gründe Hooligans zur Gewalt treiben? Ordnen Sie die Gründe und gewichten Sie diese.

In seriösen Zeitungen findet eine Trennung von informierenden Texten (Nachricht, Bericht) und meinungsbildenden Texten (Kommentar) statt. Der Leser kann auf einen Blick erkennen, dass er es mit der persönlichen Meinung eines Journalisten zu tun hat:

Papa, hilf!

von Werner Birkenmaier

Da reist der 22-jährige, bodygebildete Muskelprotz Christian W. aus Essen zum Fußballspiel ins französische Lens, tobt sich dort mit seinen Kumpels aus, wirft Bierdosen, Sonnenschirme und Stühle auf französische Polizisten, wird im Schnellverfahren zu einem
5 Jahr Gefängnis ohne Bewährung verurteilt und, zusammen mit zwei französischen Häftlingen, in eine kleine Zelle gesperrt. Nun aber ist der Jammer groß, nun fällt, was da breitschultrig und scheinbar vor Selbstbewusstsein strotzend daherkam, zu einem Häuflein Elend zusammen. „Bild am Sonntag" hat den Brief veröf-
10 fentlicht, den der junge Mann voller Selbstmitleid an seinen Vater richtete: „Bitte, Papa, hol mich hier raus! Keiner versteht mich, ich bekomme kaum zu essen. Zu trinken bekomme ich nur Leitungswasser. Ich zittere am ganzen Körper. Lasst mich hier nicht verrecken!" So hatte er sich das Ende des Ausflugs der versammelten

Kraftmeier nicht vorgestellt. Nun, da er ganz auf sich gestellt sein 15 Handeln zu verantworten hat, verwandelt sich der Hooligan in einen kleinen Jungen, der nach dem Papa ruft. Der leider aus der Mode gekommene deutsche Ausdruck „Halbstarke" hat instinktiv richtig erfasst, worum es sich hier handelt: um misslungene Sozialisation. Der äußerlichen Stärke steht ein kleinmütiges Ich gegen- 20 über, das sich der Welt nicht stellen will. Daher das Bedürfnis, Anerkennung in der Gruppe zu finden, sich mit Aggressionsbereitschaft hervorzutun. Das schließt nicht aus, dass Christian W. ein netter und umgänglicher junger Mann ist – wenn man es mit ihm allein zu tun hat. Erst in der Wolfsmeute kommen die erzieheri- 25 schen Defekte zutage. Sie bescherten ihm einen schockartigen Zusammenprall mit der Realität. Die französische Justiz zeigt ihm seine Grenzen.

(Stuttgarter Zeitung, 30.6.1998)

❹ Welche Meinung hat der Autor des Kommentars? Schreiben Sie die Sätze und Wendungen heraus, die eine Meinung des Autors enthalten.

❺ Antworten Sie dem Autor des Kommentars in einem Leserbrief.

Leserbrief

Inhalt	Eigene Stellungnahme zu einem aktuellen Thema
	Keine falschen Behauptungen und keine Beleidigungen
Aufbau	Kennzeichnung als Leserbrief
	Keine Anrede
	Bezug deutlich machen
	Eigene(s) Argument(e)
	Unterschrift
Umfang	7 bis 15 Druckzeilen
Merke	**Je kürzer, desto größer die Chance der Veröffentlichung**
	(Ein Beispiel für einen Leserbrief ist auf S. 160 abgedruckt.)

Leserbrief

Gewalt in den Medien

Bei der Frage nach den Ursachen für die Gewaltbereitschaft vieler Jugendlicher und Heranwachsender geben viele den Medien die Hauptschuld. Horrorvideos, brutale Videospiele und Gewalt verherrlichende Filme würden bei den Jugendlichen einen Nachahmungseffekt auslösen. Auf 25 000 Morde bringen es deutsche Fernsehsender pro Jahr, das sind ca. 70 Tötungen pro Tag. In dem Spielfilm „Stirb langsam – Teil 2" werden insgesamt 264 Menschen gewaltsam zu Tode gebracht. Aber nicht immer muss Blut fließen, um Horror und Schrecken zu verbreiten. Ein Beispiel dafür ist einer der profitabelsten Filme aller Zeiten: „Blair Witch Project".

Zahlen und zittern

Wenn Hänsel und Gretel eine Videokamera gehabt hätten, als sie sich im Wald verliefen, wäre wohl ein ähnlicher Film dabei herausgekommen wie „Blair Witch Project": Da ziehen drei Freunde los, um eine Dokumentation über einen Hexenspuk im amerikani-
5 schen Hinterland zu drehen, und kaum sind sie ein paar hundert Meter ins Dickicht gestiefelt, verlieren sie erst die Orientierung, dann die Nerven und schließlich ihr Leben. Die Aufnahmen sind verwackelt, zu hell oder zu dunkel, unscharf und schlecht geschnitten. Der Ton klingt dumpf, blechern oder verzerrt; die dar-
10 stellerischen Leistungen sind erbärmlich – kurz: Das Ganze ist ungefähr so professionell wie ein Urlaubsvideo.
Absicht, alles Absicht. Denn „Blair Witch Project" präsentiert sich als authentische[1] Hinterlassenschaft der drei Freunde Heather, Michael und Joshua, die angeblich 1994 im US-Bundesstaat
15 Maryland verschollen sind. Nur ihre Videokassetten hätten überlebt und erzählen von ihren letzten Tagen. Der Schrecken ist nie zu sehen, nur zu hören. Den Rest übernimmt die Fantasie, wie in jedem guten Horrorfilm.
Normalerweise drehen Produktionen wie diese auf Festivals ihre
20 Runden und finden eine Hand voll Zuschauer in Programmkinos. Doch seit „Blair Witch Project" beim „Sundance"-Filmfestival entdeckt wurde, entwickelt es sich zum Kinophänomen des Jahres: Ein Film, der nicht mal 55 000 Mark gekostet hat, spielte in den ersten vier Wochen in den – für Schauergeschichten stets anfälli-
25 gen – USA schon fast 150 Millionen Mark ein. Daran gemessen ist „Blair Witch" einer der profitabelsten Filme aller Zeiten.
Selbst den Urhebern der Hysterie, den Regisseuren Eduardo Sanchez, 30, und Daniel Myrick, 35, ist der Rummel inzwischen

unheimlich. „Ganz ruhig bleiben", sagt Myrick, „es ist doch bloß ein Film."
30 Das hätte ihre Verleihfirma Artisan am liebsten gar nicht verraten. Bis vor kurzem tat man dort so, als handele es sich bei „Blair Witch Project" um ein Dokument echten Grauens. Es gibt keinen Vorspann, der Produzenten und Regisseure auflistet, die Schauspieler durften keine Interviews geben, und vier Tage vor dem Filmstart
35 sendete der „Sci-Fi Channel" eine Quasi-Dokumentation – mitfinanziert von „Artisan" –, die den Hexenmythos[2] als wahre Begebenheit präsentierte.
Die Marketingkampagne verzichtete auf TV-Werbung und setzte ganz aufs Internet. Seit Monaten fütterten die Filmemacher die
40 bisher 40 Millionen Besucher ihrer Website mit immer neuen Details – Polizeiberichten, Tagebucheintragungen, einer Historie der Hexensage. „Alles erfunden", gibt Myrick zu. „Aber es verunsichert die Leute" – so wie 1938 Orson Welles' beklemmend realistisches Hörspiel „Krieg und Welten" für Panik sorgte[3].
45 Ist der Erfolg noch zu toppen? Demnächst erscheinen ein „Blair Witch"-Buch, ein Comic und eine Soundtrack-CD – obwohl es im Film gar keine Musik gibt. „Viele Leute, die eine Videokamera haben, werden versuchen, den Erfolg des Films nachzuahmen." Das könnte dann der wahre Horror werden.
50

1 authentisch: echt
2 Mythos: (hier) falsche Vorstellung
3 Orson Welles: Die Ausstrahlung des Hörspiels über einen angeblich stattfindenden Angriff der Marsbewohner auf die Erde rief panikartige Reaktionen in der amerikanischen Bevölkerung hervor.

Karsten Lemm
(Stern, Nr. 33/12. 8. 1999)

1 a) Wie ist der Film „Blair Witch Project" entstanden?
   b) Wie erklären Sie sich den Erfolg des Filmes?

2 Schreiben Sie eine Kurzkritik (ca. 100 Wörter) für Ihre Schülerzeitung zu einem Film, den Sie gerade gesehen haben.

3 Diskutieren Sie die These: „Gewalt verherrlichende Filme führen zu einem Nachahmungseffekt."

Auch im Internet wurde über diesen Film heftig diskutiert. Da man im Internet anonym und spontan seine Meinung kundtun kann, wird nicht viel Wert auf Rechtschreibung und Zeichensetzung gelegt. Hier ein paar Originalzitate:

PSYCHO
Zu wenige Tote und zu wenig Blut. SCHEISSDRECK!!!!

Micha
Also mir war der Film spannend genug!! Wer Blut sehen will muß sich halt vorher informieren!

ExE
Handlung? Spannung? Horror? Eine sympathische Syncronstimme des Mädels? Leider alles Fehlanzeige. Als dann endlich etwas zu passieren scheint ist der Film aus.

natalie
der film war echt genial. das gewackele vor der kamera ist zwar nervig, trotzdem ist das endlich mal ein film, bei dem man ins schaudern kommt. er wirkt total echt und gerade das man KEIN BLUT sieht und kein albernes ABGEMETZELE oder doofe, kindische fratzen, vor denen schon kleinkinder keine angst mehr haben, ist das allerbeste an dem film. Endlich mal ein film, ohne eine doofe, unglaubwürdige auflösung am ende. KOMPLIMENT!!

KweeKwok
„Sagenhafter Film" auf den man sich einlassen muß! Völlig losgelöst vom Konzept eines „normalen" Kinofilms wird hier ohne große Effekte eine Wahnsinnsspannung und eine Angst aufgebaut, wie ich sie selten in einem Kinofilm erlebt habe. Ob jedoch ein 12 jähriger (FSK ab 12) nach diesem Film noch ruhig schlafen kann ist fraglich.

Kalamalachel
Man seid ihr kaputt? Der Film is doch escht öde. Ich will auch mal mit 2.90 EUR und ner Handicam einen Film machen, mit dem ich 65 Mille oder so mach. Scheiß Ammis.

Reflux
Gerade an den sehr hetherogenen Meinungen zu diesem Film sieht man eigentlich wie gut er war! Man musste halt schon ein wenig seinen Grips bemühen, das ist kein Film für Samstagabend und danach in die Disco. Wer diesen Film „verstehen" will, muss alles Bekannte über Horrorfilme vergessen – kein Blut, keine Leichen, nicht mal ein Monster, ja noch nicht einmal „den Bösen" kann man ausmachen, und gerade das ist das faszinierende. Wer hofft, dass der Film erst richtig losgeht, als er in Wahrheit zu Ende ist, ist – mit Verlaub – diesem Film nicht gewachsen und sollte sich den seichteren Streifen zuwenden, wie wärs mit ballermann6 ...

4 Fassen Sie die Argumente der Befürworter und Gegner des Filmes zusammen.

5 Äußern Sie Ihre Meinung zum Stil der Internet-Beiträge.

6 Was macht für Sie Spannung aus?

7 Finden Sie die Rechtschreib- und Zeichensetzungsfehler in diesen Kommentaren und verbessern Sie schriftlich (siehe S. 185).

Ursachen von Gewalt

*Nimmt die Gewalt in unserer Gesellschaft tatsächlich zu? Oder vermitteln nur
die Medien einen solchen Eindruck?
Ein Blick auf die Statistik kann helfen, die Diskussion zu versachlichen:*

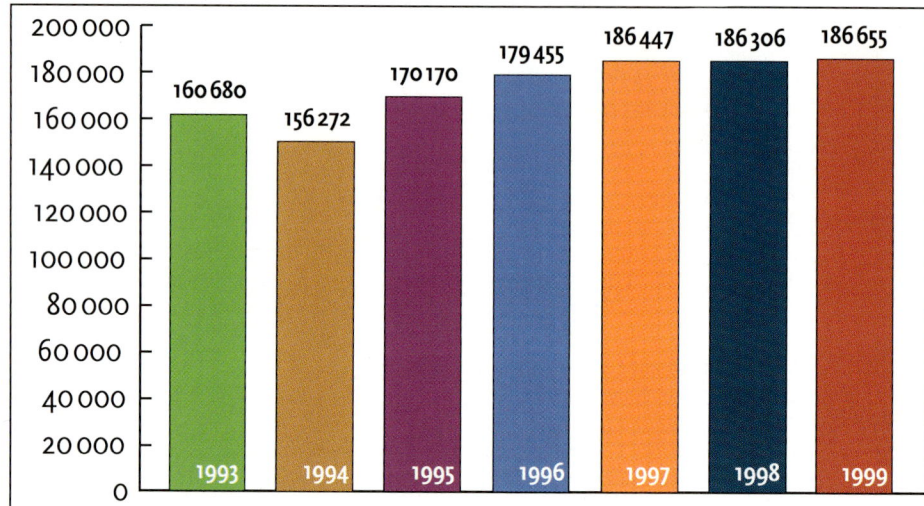

**Gewaltkriminalität
in Deutschland
1993–1999**
(Quelle: Bundesinnenministerium)

Der Anteil der Gewaltkriminalität an der registrierten Gesamtkriminalität betrug
1999 drei Prozent (1998 = 2,9 %). Fast zwei Drittel (61,2 %) davon sind gefährliche
und schwere Körperverletzungen. Das restliche Drittel entfällt auf Mord, Tot-
schlag, sexuelle Nötigung, Vergewaltigung, Raub und räuberische Erpressung.

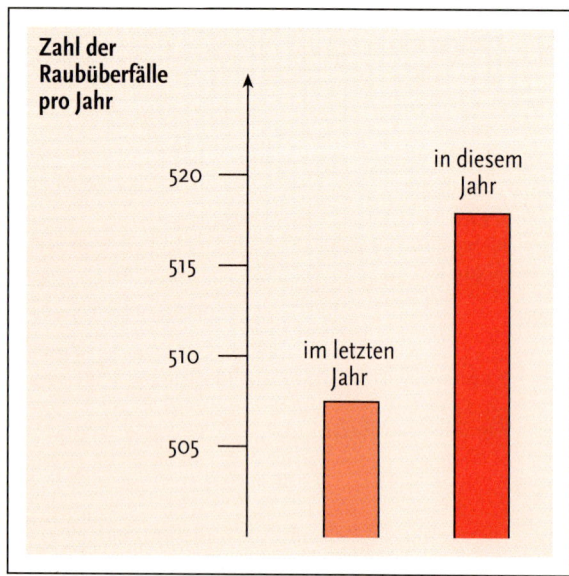

❶ Beschreiben und interpretieren Sie das Säulendia-
gramm.
Berechnen Sie, wie viele Gewaltdelikte auf 100 000
Einwohner (Deutschland hat ca. 80 Mio. Einwohner)
kommen.

❷ Informieren Sie sich unter der Internet-Adresse
www. bmi.bund.de über Daten der Gewaltkriminalität
in Deutschland im Jahr 2000.

❸ Betrachten Sie das nebenstehende Schaubild. Ein
Reporter kommentierte es mit den Worten: „Die Zahl
der Raubüberfälle hat in diesem Jahr stark zugenom-
men."
a) Berechnen Sie die Zunahme der Raubüberfälle in
Prozent.
b) Überlegen Sie, wie man den Sachverhalt grafisch
besser darstellen könnte.

Über die Ursachen der Zunahme von Gewalt wird heftig gestritten. Um herauszufinden, warum Jugendliche gewalttätiger werden, hat die Schulkonferenz einer Berufsschule einen Schulpsychologen eingeladen. Hier ein Auszug aus seiner Rede:

Und nun, meine Damen und Herren, möchte ich zu den Ursachen der Gewalt kommen. Ein ganz einfaches Gesetz lautet: Wer in seiner Familie Gewalt erlebt, wird auch später zur Gewalt neigen. Nach einer Untersuchung des Hannoveraner Kriminologen Peter Wetzels,
5 der 16 190 Schüler in neun deutschen Städten befragt hat, sind fünf Prozent der Neunt- und Zehntklässler von ihren Eltern häufig misshandelt worden. Was heißt das? Sie wurden geprügelt, mit der Faust geschlagen und getreten. 17,1 Prozent der Jugendlichen berichteten von schweren und 29,7 Prozent von leichten Züchtigungen. Das
10 heißt, dass immer noch mehr als 50 Prozent der Jugendlichen in Deutschland mit Gewalt in der Familie aufwachsen. Dazu kommt die soziale Lage der Familien. Oft ist der Mangel an Geld die Ursache von Konflikten, die zu Gewalt führen. Mehr als 15 Prozent der Jugendlichen – so die Studie von Wetzels – haben als Kind gesehen, wie ein
15 Elternteil, meistens der Vater, den anderen, meistens die Mutter, geschlagen oder misshandelt hat. Hier bekommt der spätere Gewalttäter eine geschlechtsspezifische Lektion in Gewalt. Und seien wir ehrlich: Wie Gewalt hauptsächlich ein Männerproblem ist, so stellt auch die Jugendgewalt ein Problem der männlichen Jugend dar.
20 Umgekehrt sind Mädchen, die im Elternhaus bereits Opfer von Gewalt waren, auch später anfällig für die Opferrolle. Hier spielt natürlich auch die Herkunft eine große Rolle. Dazu kommt die mehr als problematische Rolle der Medien. Jugendliche Gewalttäter bekommen hier die Aufmerksamkeit, die sie immer vermisst haben.
25 Denken Sie z. B. nur an den jugendlichen Straftäter Mehmet, der, als er wegen seiner Berufungsverhandlung nach Deutschland zurückkehrte, wie ein Filmstar von den Medien empfangen wurde.

4 Welche Ursachen von Gewalt benennt der Schulpsychologe?

5 Veranschaulichen Sie die Rede des Psychologen, z. B. mit einer Mind-Map (siehe S. 131).

6 Finden Sie weitere Gründe für die Zunahme von Gewalt.

Umgang mit Gewalt

Das Jugendstück „Eins auf die Fresse" von Rainer Hachfeld beginnt mit der Beerdigung des Schülers Matze. Er hat Selbstmord begangen, weil er von seinen Mitschülern, vor allem von Lucky, gemobbt wurde. Lucky versucht nun den Eindruck zu erwecken, dass Matze sich aus Liebeskummer umgebracht hat. Lucky und Minnie haben deswegen gerade ein Herz mit den Namen von Matze und Lana auf die Schulmauer gemalt, als Sven, der Neue, auftaucht. Später kommt noch der Klassenlehrer Ratzenauer, genannt Ratze, hinzu.

Eins auf die Fresse

Sven kommt mit dem Fahrrad angefahren. Er trägt einen Walkman.

SVEN Seid ihr das? Matze und Lana? *Setzt den Kopfhörer ab, stellt sein Fahrrad an den Zaun und schließt es an.*

LUCKY *blickt auf das Herz* „Lana"?

Minnie sieht Lucky triumphierend an und gibt ihm den Filzer zurück.

SVEN Hat sie doch gerade hingeschrieben. Und du bist Matze?

MINNIE *zu Sven* Quatsch. Das ist Lucky.

LUCKY *leise* Halt die Schnauze! Geht den doch gar nichts an, wer ich bin.

SVEN Wenn ihr in der 8 b seid, geht's mich doch was an.

MINNIE Wir sind in der 8 b. Lucky schon das zweite Mal.

LUCKY *leise* Du sollst die Fresse halten, du blöde Sau! Geht den Arsch doch überhaupt nix an.

SVEN *zu Minnie* Aber du bist Lana.

MINNIE Nee, ich heiße Marie Luise.

LUCKY Marie Luise!

MINNIE *zu Sven* Und du? Wie heißt du?

LUCKY Arschgesicht – wetten?!

SVEN *zu Minnie* Sven.

LUCKY Schwein? *Dreht sich zu Sven.* Du heißt Schwein. Und weiter? Ringelschwanz?

SVEN *zu Minnie* Sommerland.

LUCKY Sommerland! Ach du Scheiße, Minnie, das ist der Neue. Der kommt in unsere Klasse.

Pausenklingel.

MINNIE *zu Sven* Komm, ich zeig dir unsere Klasse. *Will ab.*

LUCKY *zu Minnie* Machste nicht. ICH zeig ihm die Klasse. Hau ab!

MINNIE *zu Lucky* Wir können doch …

LUCKY Verpiss dich, hab ich gesagt!

MINNIE Ich geh ja schon.

Minnie geht ab. Sven folgt ihr und muss dabei an Lucky vorbei.

LUCKY Moment noch, Schwein! *Er geht auf Sven zu, der sich zu ihm umdreht. Auf das Herz deutend.* Wer hat das da hingeschrieben?

SVEN Na, diese Marie Luise.

Lucky haut Sven eine Ohrfeige, packt ihn am Kragen und führt ihn vor das Herz.

LUCKY Wer das geschrieben hat!

SVEN Na …

Lucky schleudert Sven mit dem Kopf gegen die Wand, zieht ihn zurück zu sich, stellt ihn vor sich und klopft ihm „freundlich" den Jackenkragen glatt.

LUCKY Das stand schon da. Seit einem Jahr. Gebongt? *Lucky schlägt Sven mit der Faust aufs rechte Auge. Sven fällt zu Boden.*

SVEN Bist du wahnsinnig?

Lucky tritt dicht an Sven heran. Da kommt Ratzenauer eilig vorbei. Er übersieht Sven.

RATZE *zu Lucky* Was machst du denn noch hier? Abmarsch in die Klasse. Es hat längst geklingelt. *Erblickt Sven.* Wer bist du denn?

SVEN Sven Sommerland. *Hält sich das rechte Auge mit der Hand zu.*

RATZE Dann bist du der Neue. Was hast du denn mit deinem Auge gemacht?

65 SVEN *blickt auf Lucky* Ist mir was reingeflogen.

LUCKY Ist ihm was reingeflogen.

RATZE *zu Sven* Na, wird schon wieder werden. Lucky, wie heißt das Sprichwort? „Unter den Blinden …"

70 SVEN „… ist der Einäugige König!"

RATZE Richtig! Jetzt aber los! *Geht ab.*

LUCKY *wendet sich Sven zu, der hinter ihm vorbei muss.* Bist wohl 'n ganz Schlauer!

(Rainer Hachfeld: Eins auf die Fresse. In: Marion Victor [Hrsg.]: Spielplatz 12. Frankfurt/M. 1999)

① Lesen Sie die Szene mit verteilten Rollen.

② a) Charakterisieren Sie Lucky.
b) Wie verhält sich Sven? Wie der Klassenlehrer?
c) Welche Rolle spielt Minnie?
d) Könnten Sie sich anders verhalten?

③ Stellt das Stück das Thema „Gewalt in der Schule" realistisch dar?

Das Theaterstück in Szene setzen

Erste Theaterversuche kann man überall starten. Selbst ein Klassenzimmer eignet sich als Spielort. Wir schieben die Tische zusammen und schon entsteht vor der Tafel ein Stück Pausenhof mit Schulmauer. Zuerst versuchen wir, den Gang, Gestik und Mimik einer Person festzulegen: Über den Pausenhof laufen wie:

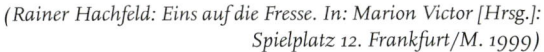

LUCKY   MINNIE   SVEN   RATZENAUER

Ein Requisit (z. B. ein Hut, eine Jacke, ein Kaugummi) hilft uns, in eine fremde Rolle zu schlüpfen. Auch ein immer wiederkehrender Satz kann eine Person charakterisieren. So sagt Minnie in dem Stück am Ende eines Satzes oft: „oder so".

④ Welches Requisit könnte die vier Personen jeweils charakterisieren?

⑤ Spielen Sie die Szene bis zur Pausenklingel. Sie müssen den Text nicht auswendig lernen. Sprechen Sie ihn sinngemäß in eigenen Worten.
Danach spielen Sie die „Action-Szene". Vorsicht: Schauspieler tun sich nicht weh!
Zuletzt kommt die Szene, in der der Klassenlehrer auftritt.
Spielen Sie jede Szene mehrere Male mit wechselnder Besetzung und besprechen Sie sie anschließend. (Zur szenischen Darstellung siehe S. 44 f.)

⑥ Entwerfen Sie in Gruppenarbeit eine alternative Schlussszene. Jede Gruppe spielt ihre Szene vor.

Maßnahmen gegen die Gewalt

Wie verhält man sich gegenüber der Gewalt? Wegsehen? Weglaufen? Einmischen?
Das folgende Gedicht wurde als Plakat in S- und U-Bahnen ausgehängt:

Was es alles gibt

Da gibt es die, die schlagen
Da gibt es die, die rennen
Da gibt es die, die zündeln
Da gibt es die, die brennen

5 Da gibt es die, die wegsehen
Da gibt es die, die hinsehen
Da gibt es die, die mahnen:
Wer hinsieht, muss auch hingehen

Da gibt es die, die wissen
10 Da gibt es die, die fragen
Da gibt es die, die warnen:
Wer fragt, wird selbst geschlagen

Da gibt es die, die reden
Da gibt es die, die schweigen
15 Da gibt es die, die handeln:
Was wir sind, wird sich zeigen

(Robert Gernhardt: Lichte Gedichte. Fischer
Taschenbuchverlag, Frankfurt/M. 1997)

1 Von welchen Personen bzw. Personengruppen ist in dem Gedicht die Rede?

2 Ordnen Sie den Personengruppen die entsprechenden Verben zu.

3 Welche Aussage macht der Autor Robert Gernhardt?

4 Ist es sinnvoll, dieses Gedicht in S- und U-Bahnen auszuhängen? Begründen Sie Ihre Ansicht.

Wie man sich in Gewaltsituationen richtig verhält, kann man trainieren. In vielen Bundesländern wird inzwischen ein Anti-Gewalt-Training durchgeführt, bei dem man lernen kann, Streit zu schlichten. Der folgende Text gibt 10 Ratschläge, wie man sich in Bedrohungssituationen verhalten sollte:

Ratschläge zum Verhalten in Bedrohungssituationen*

TU DAS UNERWARTETE! • RUHIG BLEIBEN! • NICHT DROHEN ODER BELEIDIGEN!
VERMEIDE MÖGLICHST JEDEN KÖRPERKONTAKT! • REDEN UND ZUHÖREN!
HALTE DEN KONTAKT ZUM ANGREIFER! • VORBEREITEN! • HOL DIR HILFE!
AKTIV WERDEN! • GEH AUS DER DIR ZUGEWIESENEN OPFERROLLE!

1. Bereite dich auf mögliche Bedrohungssituationen seelisch vor: Spiele Situationen für dich allein und im Gespräch mit anderen durch. Werde dir grundsätzlich klar darüber, zu welchem persönlichen Risiko du bereit bist. Es ist besser, sofort die Polizei zu alarmieren und Hilfe herbeizuholen, als sich nicht für oder gegen das Eingreifen entscheiden zu können und gar nichts zu tun.

2. Panik und Hektik vermeiden und möglichst keine hastigen Bewegungen machen, die reflexartige Reaktionen herausfordern könnten. Wenn ich „in mir ruhe", bin ich kreativer in meinen Handlungen und wirke meist auch auf andere Beteiligte beruhigend.

3. Wichtig ist, sich von der Angst nicht lähmen zu lassen. Eine Kleinigkeit zu tun ist besser, als über große Heldentaten nachzudenken. Wenn du Zeuge oder Zeugin von Gewalt bist: Zeig, dass du bereit bist, gemäß deinen Möglichkeiten einzugreifen. Ein einziger Schritt, ein kurzes Ansprechen, jede Aktion verändert die Situation und kann andere dazu anregen, ihrerseits einzugreifen.

4. Wenn du angegriffen wirst: Flehe nicht und verhalte dich nicht unterwürfig. Sei dir über deine Prioritäten im Klaren und zeige deutlich, was du willst. Ergreif die Initiative, um die Situation in deinem Sinne zu prägen: Schreib dein eigenes Drehbuch!

5. Stelle Blickkontakt her und versuche, Kommunikation herzustellen bzw. aufrechtzuerhalten.

6. Teile das Offensichtliche mit, sprich ruhig, laut und deutlich. Hör zu, was dein Gegner bzw. Angreifer sagt. Aus seinen Antworten kannst du deine nächsten Schritte ableiten.

7. Mache keine geringschätzigen Äußerungen über den Angreifer. Versuche nicht, ihn einzuschüchtern, ihm zu drohen oder Angst zu machen. Kritisiere sein Verhalten, aber werte ihn persönlich nicht ab.

8. Sprich nicht eine anonyme Masse an, sondern einzelne Personen. Dies gilt sowohl für Opfer als auch für Zuschauerinnen und Zuschauer. Sie sind bereit zu helfen, wenn jemand anderes den ersten Schritt macht oder sie persönlich angesprochen werden.

9. Falle aus der Rolle, sei kreativ und nutz den Überraschungseffekt zu deinem Vorteil aus.

10. Wenn du jemandem zu Hilfe kommst, vermeide es möglichst, den Angreifer anzufassen, es sei denn, ihr seid in der Überzahl, sodass ihr jemanden beruhigend festhalten könnt. Körperkontakt ist in der Regel eine Grenzüberschreitung, die zu weiterer Aggression führt.
Wenn nötig, nimm lieber direkten Kontakt zum Opfer auf.

nach Ralf Erik Posselt, in: Handbuch Schule ohne Rassismus, S. 83 f.

5 Finden Sie für jeden Abschnitt die passende Überschrift.

6 Tragen Sie die Tipps möglichst frei vor der Klasse vor.

7 Schreiben Sie zu dem Gedicht von Robert Gernhardt (S. 158) im gleichen Stil eine fünfte Strophe. In den „Ratschlägen" oben finden Sie passende „Tun-Wörter".

Todesstrafe – eine Lösung?

Das Gefühl, dass die Gewalt in der Gesellschaft zunimmt, führt immer wieder zu der For-
derung nach härterem Durchgreifen. Selbst die Todesstrafe ist für viele kein Tabu mehr.

❶ Führen Sie in Ihrer Klasse eine anonyme Umfrage zur Todesstrafe mit folgenden
Fragen durch.
  ▲ *Ich bin für die Todesstrafe: ja ❑   nein ❑   weiß nicht ❑*
  ▲ *Für folgende Verbrechen finde ich die Todesstrafe angemessen: ...*
  ▲ *Dieses Argument für bzw. gegen die Todesstrafe überzeugt mich am meisten: ...*
  ▲ *Ich bin männlich ❑   weiblich ❑*

❷ Werten Sie die Ergebnisse mit Hilfe einer Wandzeitung aus.

Der deutsche Häftling Karl LaGrand spricht aus einem käfigähnlichen
Verschlag zu den Mitgliedern des Gnadenausschusses.

Als 1999 in den USA zwei deutsche Brüder hingerichtet wurden, beherrschte dieses The-
ma wochenlang die Leserbriefspalten der Zeitungen. Bei einem Banküberfall 1982 hatten
die Brüder den Filialleiter der Bank erstochen und eine Angestellte schwer verletzt.

Die beiden folgenden Leserbriefe beziehen sich auf einen
Gastkommentar von Norbert Blüm (1982–1998 Bundes-
minister für Arbeit und Sozialordnung).

Bezeichnend

Dieser Kommentar ist bezeichnend für die heutige Denkweise. Die
„armen Täter" werden bemitleidet, weil ihre Menschenrechte
nicht beachtet werden. Haben denn die Täter Rücksicht auf die
Menschenrechte ihrer Opfer genommen, als sie kaltblütig morde-
ten? Herr Blüm bezeichnet die Todesstrafe in den USA als pervers.
Ist es denn weniger pervers, wenn in unserem Land Kindesmörder
Hafturlaub erhalten und die Gelegenheit nutzen, wieder Kinder
umzubringen?
Erich Opel, Koblenz

Barbarisch

Herr Blüm, Sie haben mir und sicherlich vielen Menschen in
Deutschland aus dem Herzen gesprochen. Mit dieser barbarischen
Hinrichtung der Brüder LaGrand hat sich Amerika endgültig ins
Abseits gestellt. Das ist Mittelalter!
Edgar Flath, Heubach

(Bild am Sonntag , 7. 3. 1999)

Wärter bewachen im Hochsicherheitsgefängnis in Florence
(Arizona) die Zelle Nr. 19, in der der Deutsche Karl LaGrand
auf die Vollstreckung des Todesurteils wartet.

❸ Zeigen Sie an den beiden Texten die Merkmale
eines Leserbriefes auf (siehe S. 151).

❹ Schreiben Sie einen eigenen Leserbrief, indem Sie
einem der beiden Leserbriefschreiber antworten.

Amnesty International setzt sich seit Jahrzehnten weltweit für die Abschaffung der Todesstrafe ein und versucht durch Argumente zu überzeugen:

These 1 Die Todesstrafe hat keine abschreckende Wirkung.
Argument 1 So wurden in den 39 US-Bundesstaaten, die die Todesstrafe vollziehen, 91 Morde auf eine Million Einwohner gezählt, in den 14 Bundesstaaten, in denen die Todesstrafe abgeschafft wurde, aber nur 49 Morde.

These 2 ...
Argument 2 So wurden in den USA 82 Prozent der hingerichteten Gefangenen wegen eines Mordes an einem Weißen für schuldig befunden, obwohl sich die Zahlen der ermordeten Schwarzen und Weißen in etwa entsprechen.

These 3 ...
Argument 3 So berichtete z. B. George White, dessen Frau in den USA ermordet wurde, vor Studenten: „Ich war voller Hass auf den Mann, der so brutal das Leben meiner Frau beendet hatte. Ich wollte ihn tot sehen. Langsam aber setzte sich bei mir die Erkenntnis durch, dass der Hass mich nur selbst auffraß. War eine Tötung im Namen der Gerechtigkeit das, was ich brauchte? Hass beendet überhaupt nichts.“

(Amnesty international: Jahresbericht 1999)

5 Den Argumenten 2 und 3 fehlen noch die Thesen (siehe S. 55). Formulieren Sie die These zu dem entsprechenden Argument.

*Zahl der nachweislich Unschuldigen, die seit 1976 in den USA hingerichtet wurden

why
do we kill people
who kill people
to show that
killing people
is wrong

Politische Plakate

6 Auch in dem linken Plakat versteckt sich ein Argument. Versuchen Sie es zu formulieren.

7 Übersetzen Sie das rechte Plakat kurz und prägnant ins Deutsche.

„Im Namen des Volkes ..."

Es gibt unzählige Möglichkeiten für Projekte zum Thema „Gewalt", z. B.:
▲ Eine Podiumsdiskussion mit Politikern veranstalten
▲ Die Gewaltdarstellung im Fernsehen beobachten und auswerten
▲ Ein Anti-Gewalt-Training mit einem Fachmann durchführen

Eine besondere Form, sich mit einem Sachverhalt zu befassen, ist das Rollenspiel.
Auf den Seiten 148/149 haben Sie die Aussagen zu einem erfundenen Fall in einen
Bericht umgearbeitet. Diesen Fall spielen wir vor einem Jugendgericht weiter:

Das Rollenspiel

Folgende Personen nehmen teil:

Rolle 1: ALI, 16 Jahre, Angeklagter
Rolle 2: RONNY Ü., 17 Jahre, Opfer
Rolle 3: STAATSANWALT
Rolle 4: VERTEIDIGERIN
Rolle 5: JUGENDRICHTER

▲ Die Zeugenaussagen (S. 148/149) werden noch einmal gelesen und besprochen. Bilden Sie für jede Rolle eine etwa gleich große Gruppe.
▲ Alle Schülerinnen und Schüler wählen jeweils eine der fünf Gruppen bzw. werden einer der Gruppen zugeteilt. Jede Gruppe liest für ihre Person die Rollenkarte (S. 163) durch (auch die vom „Gegner", man will ja über dessen Pläne informiert sein).
▲ Jede Gruppe, bis auf die Richtergruppe, formuliert für ihre Person eine Rede.
▲ Jede Gruppe wählt einen Vertreter, der diese Rede vor Gericht vorträgt.
▲ Die Richtergruppe informiert sich in der Zwischenzeit in einem Lexikon bzw. im Internet über die Begriffe „Jugendgerichtsbarkeit", „Jugendstrafrecht" und „Jugendstrafe", um eine Vorstellung vom Strafmaß zu bekommen.
▲ Zuerst schildert Ali, dann Ronny den Tathergang. Anschließend halten der Staatsanwalt und der Verteidiger ihre Plädoyers. Die Richter entscheiden danach über das Urteil und formulieren eine Begründung. Die anderen Gruppen erstellen in dieser Zeit ein Verlaufsprotokoll (siehe S. 164) über die Gerichtsverhandlung.

JUGENDRICHTER

Der Richter entscheidet allein anhand der vor Gericht vorgebrachten Argumente. Er darf einen Angeklagten nur verurteilen, wenn seine Schuld und seine Schuldfähigkeit (Zurechnungsfähigkeit) eindeutig geklärt sind. Opfer und Täter muss in gleicher Weise Gerechtigkeit widerfahren.

STAATSANWALT

Der Staatsanwalt klagt im Auftrag des Staates Ali der gefährlichen Körperverletzung an. Er ist der Meinung, dass man gegenüber der Gewalt keinerlei Toleranz zeigen dürfe und die Strafe abschreckende Wirkung haben müsse. Er hält Ali für schuldig und auch für schuldfähig. Die Aussagen des Entlastungszeugen Mustafa Ö. zieht er in Zweifel und plädiert für eine möglichst harte Strafe nach dem Jugendstrafrecht.

VERTEIDIGERIN

Eine Rechtsanwältin vertritt Ali vor Gericht. Sie hat sich gewissenhaft auf den Fall vorbereitet und hat mit Alis Vater (die Mutter spricht kein Deutsch), dem Schulleiter und Mustafa, Alis Freund, gesprochen. Sie hält Ali für ein Opfer der Familienverhältnisse und der Provokationen von Ronny. Sie versucht eine Bewährungsstrafe für Ali zu erreichen.

ALI, Angeklagter

Ali ist 16 Jahre alt und stammt aus einer türkischen Familie. Er wurde in Krefeld geboren, der Vater kam 1972 nach Deutschland. Ali hat noch sechs ältere Geschwister, vier Brüder, zwei Schwestern. In der Familie versucht der Vater als strenger Patriarch die alten Sitten und Gebräuche durchzusetzen, wenn es sein muss auch mit der Prügelstrafe. Ali schildert den Tathergang aus seiner Sicht. Er ist eher schüchtern, er spricht stockend, aber in korrektem Deutsch. Er fühlte sich von Ronny seit längerem provoziert, bereut aber inzwischen die Tat.

RONNY Ü., Opfer

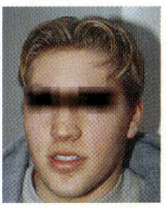

Ronny ist 17 Jahre alt, kräftig und sportlich. Er ist das einzige Kind und lebt bei seiner Mutter, die seit drei Jahren von ihrem Mann geschieden ist. Sie arbeitet ganztags als Sekretärin, der Vater ist Dreher in einer Werkzeugfabrik und vertritt die Meinung, dass es in Deutschland zu viele Ausländer gibt. Ronny schildert den Tathergang aus seiner Sicht. Er klagt über Bauchschmerzen und kann seit der Tat keinen Sport mehr treiben. Er fühlt sich unschuldig und kann die Tat Alis überhaupt nicht verstehen.

ZEUGEN, z. B. Klassenlehrer, Klassenkameraden Mustafa und Mike, Tatzeugin Tanja.

Richter, Staatsanwalt und Verteidigung bestimmen, welche Zeugen vor Gericht gehört werden. Die Zeugen müssen wahrheitsgetreu und umfassend über das Geschehen berichten, da sie sonst wegen Meineids oder uneidlicher Falschaussage bestraft werden können. Den Beweiswert einer Zeugenaussage beurteilt das Gericht nach seinem Ermessen.

Das Wichtigste festhalten

Protokoll

Wichtige Aussagen, zum Beispiel, was ein Zeuge vor Gericht, ein Politiker im Parlament, ein Schüler in einer Sitzung der SMV sagt, müssen festgehalten werden. Dies geschieht mit Hilfe eines Protokolls.

Ursprünglich war dies ein Blatt, das an die amtlichen Papyrusrollen im alten Ägypten angeleimt war und worauf Angaben über die Entstehung des Schriftstückes zu lesen waren. Heute ist es ein förmlicher Bericht über Sitzungen, Tagungen und Verhandlungen. Teilnehmer können so nachlesen, was beschlossen wurde. Abwesende haben die Möglichkeit, sich über die Ergebnisse schnell zu informieren. Außerdem erfahren Sie, wo und wann die Veranstaltung stattgefunden und wie lange sie gedauert hat. Die Aufgabenverteilung und andere Fragen der Organisation stehen ebenfalls im Protokoll. Dadurch hat man auch die Möglichkeit zu kontrollieren, was von den Beschlüssen durchgeführt wurde. Eine weitere Funktion eines Protokolls ist die Dokumentation. Ein Protokoll gilt als juristisches Beweismittel, es hat Urkundencharakter.

Wir unterscheiden dabei zwei Arten:

Das **Ergebnisprotokoll** ist kürzer und beschränkt sich auf die Information über Ergebnisse und Beschlüsse.

Das **Verlaufsprotokoll** hält auch den Weg zu den Beschlüssen und Ergebnissen fest.

Die Zeitform für das Protokoll ist in der Regel das Präsens. Aussagen werden in der indirekten Rede (siehe S. 210 f.) wiedergegeben.

❶ Erstellen Sie zum Text über das Protokoll eine Mind-Map (siehe S. 131).

❷ Führen Sie zur Gerichtsverhandlung (S. 162/163) ein Protokoll.

❸ Überlegen Sie, welche Art des Protokolls bei den folgenden Veranstaltungen zweckmäßig ist:
Betriebsratssitzung, Elternabend, Vernehmung bei der Polizei, Gerichtsverhandlung, Ausschusssitzung im Verein, Sitzung der SMV, Debatte im Bundestag.

* Alle Menschen sind Ausländer, fast überall!

Eine Schulklasse – 12 Nationalitäten

1 Machen Sie in Ihrer Klasse eine Umfrage:
  a) Aus welchen Nationalitäten setzt sich Ihre Klasse zusammen?
  b) Welche Muttersprachen werden in Ihrer Klasse gesprochen?
  c) Stellen Sie das Ergebnis Ihrer Umfragen grafisch dar und veröffentlichen Sie
     es an einer Pinnwand. Zur Visualisierung siehe S. 133–135.

2 Erweitern Sie Ihre Umfrage auf Nationalitäten und Muttersprachen an Ihrer
  Schule.

Ist es ausländerfeindlich, wenn

a) im Immobilienteil einer Tageszeitung steht: „Zuschriften von Deutschen erbeten unter …";

b) ein ausländischer Arbeitnehmer einen Arbeitsplatz nicht bekommt, weil er zu geringe Deutschkenntnisse besitzt;

c) moslemischen Frauen in Frankreich verboten wird, in öffentlichen Ämtern mit Schleier und Kopftuch zu arbeiten;

d) einem türkischen Mann von seiner Familie verboten wird, eine deutsche Frau zu heiraten;

e) jemand sagt: „Obwohl sie Türkin ist, ist sie doch ganz hübsch."

f) jemand behauptet: „Die vielen Ausländer sind schuld an der Arbeitslosigkeit."

g) der deutsche Staat ausländische Straftäter nach Verbüßung der Haftstrafe in ihr Heimatland zurückschickt.

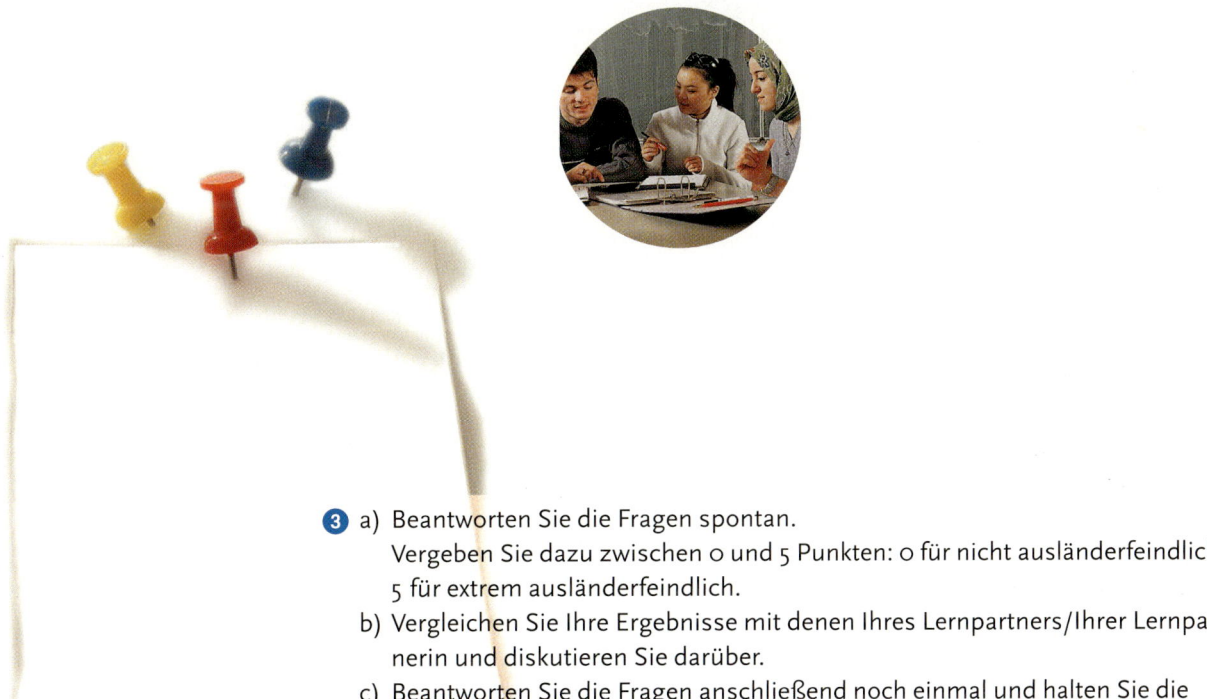

3 a) Beantworten Sie die Fragen spontan.
Vergeben Sie dazu zwischen 0 und 5 Punkten: 0 für nicht ausländerfeindlich, 5 für extrem ausländerfeindlich.

b) Vergleichen Sie Ihre Ergebnisse mit denen Ihres Lernpartners/Ihrer Lernpartnerin und diskutieren Sie darüber.

c) Beantworten Sie die Fragen anschließend noch einmal und halten Sie die wesentlichen Unterschiede im Vergleich zur ersten Beantwortung fest.

d) Werten Sie diese Umfrage in Ihrer Klasse aus: Halten Sie für jede einzelne Frage fest, wie oft 0, 1, 2 … Punkte vergeben wurden, und stellen Sie dieses Ergebnis grafisch dar.

4 Fassen Sie das Ergebnis der Umfrage mit eigenen Worten zusammen.

5 Was verstehen Sie persönlich unter dem Begriff „Ausländerfeindlichkeit"? Definieren Sie ihn so genau wie möglich.

Typisch Ausländer?

Im Schnellrestaurant kauft sie sich eine große Portion Kaffee, trägt den „Pott" vorsichtig zu einem Stehtisch und hängt ihre Handtasche an den Haken unter der Tischplatte. Der Zucker fehlt noch, stellt sie
5 fest und geht wieder zur Theke, ein Päckchen zu holen. Als sie sich umdreht, traut sie ihren Augen nicht: Steht doch da ein Ausländer, schwarzhaarig, schnurrbärtig, mit abgetragener Jacke – und trinkt aus ihrer Tasse.

* * *

10 Die Frau überlegt. Dann stellt sie sich daneben, deutet abwechselnd auf den Kaffee und auf sich. Der Fremde nickt, holt eine zweite Tasse und gießt den halben Kaffee hinein. Reden ist sinnlos, denkt sie, der andere versteht offenbar kein Deutsch. Er zündet sich eine
15 Zigarette an, geht wiederum an den Schalter und kommt mit einem Stück Streuselkuchen zurück, das er freundlich nickend vor sie stellt. Dann verabschiedet er sich in einer Sprache, die sie nicht versteht.

* * *

Na gut, denkt die ältere Dame: Das mit dem Kuchen war ja anständig. Nach dem letzten Streusel will sie 20 ihre Handtasche nehmen – und greift ins Leere. Die Tasche ist weg.

* * *

Also doch ein gemeiner Krimineller, und wie raffiniert der das eingefädelt hat.

* * *

Empört, mit hochrotem Kopf sieht sie sich im Lokal 25 um. Zwei Tische weiter steht ein Pott Kaffee, längst kalt geworden. Darunter baumelt einsam ihre schwarze Tasche am Haken.

(Aktionszeitung Brot für die Welt. Stuttgart o. J.)

1 Finden Sie für jeden Abschnitt eine passende Überschrift.

2 Formulieren Sie den Inhalt des Textes.

3 Erklären Sie, worin das Problem liegt, das die Frau offenbar hat.

Ref.
Neger, Kaffern, Kulis und Kanaken
haben uns gerade noch gefehlt.
Knoblauchfresser, Bimbos und Polacken,
5 Deutschland über alles in der Welt.

Türken, Griechen, Jugos, Russen, Inder,
Hütchenspieler, Drogen und Gewalt.
Schaffen nix und kriegen dauernd Kinder
und wieder ist's der kleine Mann, der zahlt.

10 Dann beten sie zu irgendwelchen Götzen,
sind abergläubisch, träge, dumm und faul.
Sie nehmen uns die letzten Arbeitsplätze,
stinken nach Haschisch
und nach Knoblauch aus dem Maul.

15 Sie singen und sie lachen und sie tanzen,
sie lügen und betrügen und sie klau'n.
Sie haben Krätze, Läuse, Flöhe, Wanzen,
wir sollten wieder eine Mauer bau'n.

Ref.
20 Die Deutschen haben kahl rasierte Schädel,
sind aufgeschwemmt und fett von Kraut und Wurst,
stehen immer stramm und fressen Knödel
und saufen literweise Bier gegen den Durst.
Mit 180 fahr'n sie über Straßen,
25 die der Führer ihnen hinterlassen hat.
Sie waschen ihre Wagen, mähen Rasen
und nehmen einmal in der Woche nur ein Bad.

Ref.
Herrenmenschen, Skinheads, Patrioten,
30 jedes kleine Arschloch ist ein Held.
Stammtischtäter, Schläger und Idioten,
Deutschland über alles in der Welt.

(Stefan Hiss: Negerpolka, in: Herz und Verrat [CD].
© Wintrup Musik, Detmold 1997)

4 a) Stellen Sie fest, von wem in dem Song
die Rede ist.
b) Was wird diesen Menschen und Personengruppen nachgesagt?

5 Stellen Sie sich vor, dass Sie ein Leben
führen, wie es in dem Song beschrieben ist.
Fertigen Sie einen Eintrag in Ihr Tagebuch
über einen typischen Tagesablauf an (zum
Tagebucheintrag siehe S. 22).

6 Was sagen Sie zu den (Vor-)Urteilen, die über
„die Deutschen" geäußert werden?

7 Was halten Sie von der Bearbeitung des Themas durch die Musikgruppe HISS?

Fremde in Deutschland?

Wir haben Vertrauen in dieses Land

In der Nacht zum 29. Mai 1993 verlor die damals 51-jährige Mevlüde Genc beim Brandanschlag auf ihr Haus in Solingen zwei Töchter, eine Nichte und zwei Enkelkinder. Ihr jüngster Sohn Bekir überlebte mit schweren Verbrennungen. Ihre Botschaft: „Lasst uns
5 Hand in Hand zusammenleben, denn wir alle sind Geschöpfe Allahs." Die Redaktion der ARD-Tagesthemen wählte sie zur „Frau des Jahres 1994".

Das grün überwucherte Grundstück des Tatorts an der Unteren Wernerstraße sieht aus, als sei
10 es schon immer eine Grünfläche gewesen. Fünf deutsche Kastanien erinnern an die fünf türkischen Opfer des Brandanschlags. Familie Genc lebt in einem neuen dreigeschossigen Haus. Es gleicht einer Festung. Meterhohe Eisengitter mit scharfen Spitzen umgeben das Grundstück,
15 die Eingänge überwachen Videokameras, das Tor zur Straße lässt sich nur elektronisch öffnen. Wand an Wand wird gerade ein gleich hohes Haus mit Eigentumswohnungen gebaut. Ein Doppelhaus, glaubt Mutter Mevlüde, sei schwerer in Brand zu stecken als ein allein stehendes Gebäude. Die aufwändigen Sicherheitsvorkeh-
20 rungen gelten aber nicht nur der Abwehr neuer Anschläge deutscher Rechtsradikaler. Von eigenen Landsleuten wurde und wird Familie Genc angefeindet. Sie schlüge nur Kapital aus ihrem Unglück, wird ihnen vorgeworfen.

> **„Viele Menschen haben versucht, uns ins Leben zurückzuholen"**

Die wegen ihrer Stärke gerühmte Frau Mevlüde Genc wirkt heute deprimiert und ohne Zuversicht. Sie sagt: „Auch heute noch liebe
25 ich die Menschen und wünsche mir, dass sie sich endlich als Brüder verstehen." Nein, resigniert habe sie in dieser Hinsicht nicht, nur für sich selbst sehe sie kein Ende der „Dunkelheit": „Ich bin innerlich tot." Für sie sei jeder Tag ein Jahrestag.

Bekir, der Jüngste, versteckt sich meist. Seine
30 Hände und die rechte Gesichtshälfte sind verschmort, einige Finger fehlen, das rechte Ohr ist amputiert. Rund 38 Prozent seiner Haut sind verbrannt. Mehr als 20 Operationen musste er über sich ergehen lassen. Bekir hat die vier Attentäter auf Zah-
35 lung eines Schmerzensgeldes von 250 000 Mark* und eine monatliche Rente von 360 Mark** verklagt. Doch die vier Verurteilten sind mittellos.

„Viele Menschen haben versucht, uns ins Leben zurückzuholen, und das werden wir nicht vergessen", sagt Mevlüde Genc. Von
40 Solingen wegzuziehen sei nie ein Gedanke gewesen. „Seit 1970 wohnen wir hier, die Stadt ist längst zur zweiten Heimat geworden." Deswegen auch hätten sie die deutsche Staatsbürgerschaft für die ganze Familie beantragt und auch erhalten. „Wir haben Vertrauen in dieses Land", sagt Mevlüde Genc.
45

(Roland Kirbach, in: PZ, Nr. 100/Dezember 1999, S. 16)

*ca. 128 000 €, **ca. 185 €

---

① Beantworten Sie die folgenden Fragen. Schreiben Sie die Antworten, die der Text auf die gestellten Fragen gibt, heraus und geben Sie die dazugehörige Textstelle (Zeile) an.
  – Was ereignete sich in der Nacht zum 29. Mai 1993 in Solingen?
  – Welche Folgen hatte das Ereignis?
  – Wie lebt die betroffene Familie heute?
  – Warum lebt sie gerade so?
  – Welche Gefühle äußert Frau Genc?
  – Welche gesundheitlichen Schäden hat der jüngste Sohn Bekir?
  – Wie ist seine finanzielle Lage?
  – Wie denken die Betroffenen heute über ihre Stadt Solingen und die Bundesrepublik Deutschland?

② a) Nennen Sie Verfasser und Titel des Textes.
  b) Wo ist der Text erschienen?
  c) Versuchen Sie in einem Satz zusammenzufassen, wovon der Text handelt.

③ a) Was halten Sie von Mevlüde Genc? Wie würden Sie an Ihrer Stelle reagieren?
  b) Überlegen Sie, welche Absicht der Verfasser mit dem Text wohl hatte.
  c) Kennen Sie andere Fälle, in denen Ähnliches passierte wie in Solingen?

Perspektiven

Die Blinden

Es war einmal ein kleines Dorf in der Wüste. Alle Einwohner dieses Dorfes waren blind. Eines Tages kam dort ein großer, freundlicher König mit seinem Heer vorbei. Er ritt auf einem gewaltigen Elefanten. Die Blinden hatten viel von Elefanten erzählen hören und wurden von einer heftigen Lust befallen, heranzutreten und den Elefanten des Königs berühren zu dürfen, um eine Vorstellung davon zu bekommen, was das für ein Ding sei. Die Gemeindeältesten traten vor und verneigten sich und baten um Erlaubnis, den Elefanten berühren zu dürfen. Der König erlaubte es und die Blinden machten sich an die Arbeit. Jeder untersuchte den Elefanten von einer anderen Stelle. Der eine streifte ihn am schwingenden Rüssel, der andere betastete die Spitze seiner Stoßzähne, der Dritte berührte seine raue und borstige Haut an den Füßen. Erschreckt und völlig verängstigt wichen sie zurück und erzählten den anderen, die abseits geblieben waren, was für ein schreckliches und gefährliches Tier dieser Elefant ist.

„Es ist eine übergroße Peitsche; mit einem Schlag kann man mehrere Menschen damit totschlagen."

„Nein, nein", sagte der andere, „es ist ein riesiger, scharfer Dolch. Der König wird uns alle damit durchbohren."

„Was redet ihr für einen Unsinn", entgegnete der Dritte aufgeregt, „ich habe alles genau untersucht, es handelt sich um einen gewaltigen Fuß, der unser ganzes Dorf platt walzen wird."

„Wir müssen etwas dagegen tun, wir müssen darauf vorbereitet sein, wenn der König zurückkommt, sonst werden wir alle einen schrecklichen Tod sterben."

Die Blinden gingen in ihr Dorf zurück und warteten auf die Rückkehr des Königs.

(Nach: Nikos Kazantzakis: Griechische Passion.
Übers. v. Werner Kerbs. Herbig, Berlin 1957)

❶ Bestimmen Sie in dieser Geschichte Ort, Zeit und Personen der Handlung.

❷ Unterstreichen Sie (auf einer Kopie oder auf einer Klarsichtfolie) alle Elemente, die Ihnen für den Fortgang der Handlung wichtig erscheinen.

❸ Versuchen Sie so knapp wie möglich den Inhalt der Geschichte mit eigenen Worten wiederzugeben.

❹ Die Geschichte „Die Blinden" nennt man eine Parabel. Eine Parabel ist eine Erzählung, die gleichnishaft eine bestimmte Aussage macht. Erklären Sie, was die Parabel über „die Blinden" aussagen will.

❺ Der König kommt zurück. – Schreiben Sie die Geschichte weiter.

Die 16-jährige Aischa wächst als Tochter algerischer Einwanderer in Paris auf. Ihre strenggläubigen Eltern fühlen sich der arabischen Tradition verpflichtet. Als Aischa eine höhere Schule besucht, ist sie Außenseiterin. Aus religiösen Gründen, wie ihre Eltern sagen, darf sie am Alltag und an verschiedenen schulischen Veranstaltungen ihrer Klassenkameradinnen und -kameraden nicht teilnehmen. Aischa akzeptiert die Einschränkungen ihrer Bewegungsfreiheit fraglos. Über ihre Freundin Ariane lernt Aischa den vietnamesischen Asylanten Kim kennen.

Federica de Cesco

Aischa (1)

„Aischa", hörte ich eine Stimme dicht hinter mir sagen. Ich fuhr herum, wie von einem Peitschenhieb getroffen, und starrte in Kims lächelndes Gesicht. Die Bestürzung musste aus meinen Augen sprechen,
5 denn er sagte halb belustigt, halb zerknirscht: „Jetzt habe ich dich schon wieder erschreckt!"
Er trug dieselbe Hose und den um die Schultern geschlungenen Pulli, nur diesmal ein blaues Hemd dazu. Den weißen Pinscher hielt er an der Leine.
10 Einen Atemzug lang stand ich wie betäubt, unfähig, einen klaren Gedanken zu fassen. Meine Augen wichen den seinen aus, hasteten verstört in alle Richtungen.
„Ich ... ich darf nicht mit
15 dir reden!"
„Warum denn nicht?", fragte er überrascht.
Ich schluckte befangen.
„Das ... gehört sich nicht.
20 Ich bin ein anständiges Mädchen!"
Er neigte den Kopf, wobei das dichte, geschmeidige Haar seiner
25 Bewegung folgte.
„Hör mir einmal zu. In diesem Augenblick unterhalten sich auf der Welt Millionen von Mädchen mit Jungen, ohne dass jemand sich etwas dabei denkt."
Mein Herz schlug so heftig, dass mir beinahe die Knie
30 erlahmten.
„Aber wenn meine Brüder uns sehen?"
„Wie viele hast du denn? Nicht etwa ein ganzes Dutzend?"
„Zwei", hauchte ich.
35 „Was machen die denn?"
Ich erklärte es ihm mit bebender Stimme.
„Also, Aischa", sagte Kim, „beide sind beschäftigt, und Paris ist groß. Ich glaube kaum, dass einer von ihnen ausgerechnet in dieser Minute hier vorbeikommt."
40
„Aber Freunde von ihnen könnten uns sehen ...!"
Er blinzelte mir schelmisch zu.
„Sag mal, leidest du an Verfolgungswahn?"
Ich schnappte nach Luft. Ich glaubte zu ersticken.
„Ich bin Muselmanin. Ich darf mit einem fremden 45 Jungen nicht sprechen. Auch wenn ich ihm zufällig begegne."
Sein Lächeln verging. Er sah mich ernst an.
„Es ist kein Zufall, dass ich hier bin. Ich habe auf dich gewartet." 50
Eine Hitzewelle schoss mir ins Gesicht.
„Aber ... warum denn?"
„Ich wollte dich wieder sehen", entgegnete er 55 schlicht.
„Seit gestern", sagte Kim, „denke ich nur noch an dich."
Ich senkte den Kopf. Ich 60 wagte ihm nicht zu sagen, wie ich die vergangene Nacht verbracht hatte.
„Hast du ein wenig Zeit?", fuhr er fort. „Komm, wir gehen am Seine-Ufer spazieren." 65
„Nein!", rief ich. „Wir könnten gesehen werden!"
Kim verschluckte ein Lachen.
„Mir fällt etwas Besseres ein", fuhr Kim fort. „Weiter vorne befindet sich ein Tea-Room, in dem es guten Kuchen gibt. Wir setzen uns in die hinterste Ecke und 70 unterhalten uns."
Ich erschrak. Das Betreten jedes öffentlichen Lokals war mir untersagt. Und obendrein noch mit einem Jungen! Mein Verstand gebot mir: Sag nein, lauf weg,

75 solange noch Zeit dazu vorhanden ist! Aber die Versuchung war stärker als die Vernunft. Ich nickte ihm wortlos, fast demütig ergeben zu. Kim ging mit mir über die Straße. Er schien sich kaum darüber zu wundern, dass ich drei Schritte hinter ihm blieb, und hielt
80 mir höflich die Tür auf.

Heiteres Stimmengewirr erfüllte den Raum, und aus dem Hintergrund klang gedämpfte Musik. Kim steuerte auf einen Tisch zu, der genau zwischen Garderobe und WC stand.

85 „Von hier aus sehe ich die Tür. Sobald ein Algerier sich blicken lässt, schließt du dich in die Toilette ein!"

Wieder musste ich lachen, obwohl mir kaum der Sinn danach stand. Wir setzten uns.

„Was nimmst du?", fragte Kim. „Tee oder Kaffee?"

90 Ich zog Tee vor. Meine Mutter entnähme sofort meinem Atemgeruch, dass ich Kaffee getrunken hatte. Kim bestellte für uns beide je einen Apfelstrudel und einen Windbeutel.

„Ich habe nicht viel Zeit", sagte ich.

„Das macht nichts." Kim betrachtete mich nachdenk-95 lich. Ich leistete keinen Widerstand mehr, erwiderte fest und voll seinen Blick. Das Weiß seiner Augen schimmerte bläulich. Die goldbraune Iris wirkte wie Samt.

„Ich bin glücklich, dass du überhaupt mit mir gekom-100 men bist", seufzte er. „Ich hatte solche Angst, du würdest wieder davonlaufen."

„Es ist nicht, wie du glaubst", sagte ich betrübt.

Eine Kellnerin brachte Teegeschirr und Kuchen. Sie legte ein Besteck dazu. Ich knipste nervös an meinen 105 Nägeln.

„Ich weiß, es ist schlimm, was ich tue …"

„Warum schlimm?", fragte er lebhaft. „Warum quälst du dich mit Bedenken, Befürchtungen, Vorurteilen? Warum flüchtest du vor dir selbst?" 110

Er schenkte mir Tee ein, gab drei Zuckerstücke hinein und rührte in der Tasse. Ich saß da wie ein Ölgötze. Es war das erste Mal, dass mich ein Junge bediente.

---

❶ Bestimmen Sie Ort und Zeit der Handlung. Welche Personen treten auf? Charakterisieren Sie diese kurz (zur Charakterisierung siehe S. 140).

❷ Fassen Sie den Inhalt des Textes zusammen. Schreiben Sie die wichtigsten Informationen heraus.

Ariane, aus einem freiheitlich denkenden jüdischen Elternhaus stammend, bemüht sich um die Freundschaft mit Aischa. In den Gesprächen mit ihr fühlt sich Aischa immer mehr zwischen Gehorsam und Aufbegehren hin- und hergerissen.

Aischa (2)

Ariane steckte mit finsterem Blick ein Stück Torte in den Mund.

„Ach, immer die gleiche Scheiße. Ich frage mich, ob wir das auch noch eines Tages erleben werden …"

5 Ich kam überhaupt nicht mehr mit.

„Was denn?"

„Nun, der Krieg! Wann der wohl endlich unmodern wird."

Ich schwieg betroffen. Ali und mein Vater unterhiel-10 ten sich jeden Abend über den Bürgerkrieg im Libanon, über den Konflikt zwischen Iran und Irak. Der

rechtmäßige Befreiungskampf der Palästinenser, die Niederlage der Imperialisten und die Vernichtung Israels waren mir vertraute Begriffe.

„Es hat doch immer Kriege gegeben", sagte ich endlich. 15

„Eben deshalb." Ariane kaute verdrossen. „Sie sollten mal aufhören."

„Also, ich weiß nicht", sagte ich.

„Denkst du denn nie an so etwas?", fragte sie ungeduldig. „Ich ziemlich oft. Hast du schon mal im Lexikon 20 über das Wort ‚Krieg' nachgelesen? Dieser Wortschatz! Es wird einem beinahe schlecht dabei."

Ich spielte mit meinem Teelöffel, ließ ihn gegen den Becher klirren.

25 „Das sind doch Männerangelegenheiten."

„Gott", brauste sie auf, „bist du wirklich derart unterbelichtet? Der Krieg geht doch jeden von uns etwas an. Soll ich einfach sitzen bleiben und warten, bis die Welt in die Luft gesprengt wird? Ich will etwas beitragen,

30 damit es sich ändert."

„Aber wie denn?"

Sie warf mir einen seltsamen Blick zu.

„Jeder kann mitmachen. Sogar du und ich."

„Wie kommst du denn darauf?"

Wieder dieser seltsame Blick. Nun lächelte sie beina- 35 he.

„Jemand hat einmal gesagt: ‚Den ersten Frieden schließt der Mensch mit sich selbst. Der zweite wird unter Nachbarn geschlossen. Der dritte unter den Völkern. So lange aber der Mensch nicht den ersten Frieden geschlossen 40 hat, ist jeder andere Friede unmöglich.'"

3 In den Z. 10 ff. ist vom Bürgerkrieg im Libanon, vom Konflikt zwischen Iran und Irak und vom so genannten „Befreiungskampf der Palästinenser" die Rede. Bilden Sie drei Arbeitsgruppen: Jede Gruppe informiert sich mit Hilfe von Geschichts- und Politikbüchern über einen der angesprochenen Konflikte. Bestimmen Sie einen Gruppensprecher, der die Ergebnisse der Klasse vorträgt.

4 Fassen Sie den Inhalt des Textes zusammen und verwenden Sie dazu die folgenden Satzanfänge:
Ariane kritisiert, … – Deshalb kontert Aischa, … – Wütend widerspricht Ariane … – Sie erklärt der verwunderten Freundin ihre Theorie: …

5 Sammeln Sie verschiedene Begriffe aus dem Wortfeld „sagen" und ergänzen Sie die folgende Tabelle:

etwas sagen	etwas dagegen sagen	etwas dafür sagen
äußern	kritisieren	zustimmen
auffordern	kontern	…
…	…	…

Aischas Familie verkörpert die traditionelle islamische Familie. Als sich Aischa in den Vietnamesen Kim verliebt, wird sie von ihrer Familie extrem unter Druck gesetzt.

Aischa (3)

Als mein Vater und Ali nach Hause kamen, stand die dampfende Kuskusschüssel bereit. Mein Vater verschwand zunächst in seinem Zimmer, um zu beten. Ali war schon in der Moschee gewesen. Said kam, wie
5 üblich, später. Er wirkte sehr selbstzufrieden.

Mein Vater stellte wortlos den Fernseher an. Die Männer setzten sich zu Tisch. Ich brachte die Schüssel mit Kuskus aus der Küche und holte die Sauce. Die Männer begannen gierig zu essen, durchwühlten den Hir-
10 seberg mit dem Zeigefinger, fischten die Fleischstücke heraus und schluckten sie schnell hinunter. In der Küche klapperten meine Mutter und Ma Djamila mit den Töpfen. Said hielt mir seinen Teller hin: Er wünschte mehr Sauce. Meine Hände zitterten, als ich
15 den Saucenlöffel anhob. Ein Tropfen fiel auf seinen Hemdsärmel.

„Aber kleine Schwester!", rief er übertrieben empört. „Ein ganz neues Hemd!"

„Gib mir nachher das Hemd", sagte ich beschämt.
20 „Ich wasche es dir."

Mein Vater sah sich die Nachrichten an, und Ali hielt sich wieder bei seinem Lieblingsthema, der Politik, auf.

Was unterschied Said und Ali von Kim?, fragte ich
25 mich. Das Alter? Kaum. Vielleicht ihre Anmaßung?

Ihr naiver Egoismus? Plötzlich wurde mir bewusst, dass sie in Wirklichkeit keine eigene Meinung hatten. Sie würden nie erwachsen werden, sich ihr Leben lang wie verzogene, arrogante Jungen aufführen oder sich abkapseln wie mein Vater. Beide zweifelten an 30 sich selbst, waren Spielball ihrer eigenen Ängste. Wirkliche Menschlichkeit, Toleranz, Liebe zur lebenden Kreatur fehlte ihnen. Millionen solcher Männer gab es. Und wir, Frauen und Mädchen, spielten seit Jahrtausenden mit, bekräftigten die Männer im Glau- 35 ben ihrer Überlegenheit. Großmütig übersahen wir, dass wahre Männlichkeit nicht Stärke, sondern Ausgeglichenheit, Hilfsbereitschaft und Menschlichkeit bedeutet.

„Wasser!" Alis Stimme drang wie durch eine Watte- 40 schicht an mein Ohr. Traumbefangen wandte ich die Augen zu ihm hin.

„Wasser!", wiederholte er ungeduldig. „Wie lange soll ich dir das Glas unter die Nase halten?"

„Kleine Schwester, du bist auf dem Mond!", kicherte 45 Said und mein Vater sagte mit mildem Tadel:

„Das ist nicht verwunderlich, wenn sie sich ständig in ihre Bücher verkriecht. Das Kind soll weniger lesen und dafür zu Hause nützlicher sein."

(Federica de Cesco: Aischa oder die Sonne des Lebens. Aare Verlag, 6. Aufl. Aarau 1994, S. 95, 85, 197)

6 Charakterisieren Sie die Mitglieder in der Familie von Aischa.

7 Erklären Sie den Konflikt, in den Aischa zunehmend gerät.

8 Stellen Sie Vermutungen an über den Fortgang der Geschichte und schreiben Sie die folgenden Sätze zu Ende: *Es könnte sein, dass Aischa ... – Kim entscheidet wahrscheinlich, ... – Möglicherweise wird Aischa ...*

9 Bilden Sie Arbeitsgruppen:
▲ Eine Gruppe liest den Roman und stellt ihn der Klasse anhand von charakteristischen Textauszügen vor.
▲ Eine zweite Gruppe entwirft mit Hilfe der Vermutungen von Aufgabe 8 eine Alternativgeschichte.
▲ Die dritte Gruppe sucht in Bibliotheken oder im Internet nach Büchern, die sich mit der gleichen oder einer ähnlichen Thematik beschäftigen, und stellt diese Bücher kurz vor.

Auf den vorangegangenen Seiten war immer wieder von „Vorurteilen" die Rede. Eine kurz gefasste Definition von Vorurteil könnte heißen: „Von anderen ohne ausreichende Begründung schlecht denken." Aber was steckt dahinter?

1. Man unterscheidet immer zwischen uns (Wir-Gruppe) und den anderen (Fremdgruppe). Indem wir die anderen durch Vorurteile abwerten, werten wir uns selbst auf. Dieses gemeinsame Abwerten von anderen stärkt natürlich das Zusammengehörigkeitsgefühl der Wir-Gruppe.

2. Vorurteile besitzen eine Filterwirkung. Wir machen uns mit unseren Vorurteilen ein Bild vom anderen und nehmen dann nur das wahr, was auch in unser Bild passt. Wir lauern also förmlich auf etwas und fühlen uns bestätigt, wenn dies auch eintrifft. Viel Platz für Dinge, die nicht in unser einmal angefertigtes Bild passen, bleibt so eigentlich nicht.

3. Jeder blickt durch eine Brille von Vorurteilen, um sich das Leben leichter zu machen. Unser Alltag ist kompliziert und komplex genug. Wenn wir uns im alltäglichen Leben zurechtfinden möchten, müssen wir einfach Menschen, Dinge und Sachverhalte klassifizieren. Das macht jeder, denn nur so ist es möglich, sich eine Orientierung zu verschaffen.

4. Mit Vorurteilen kann man prima Verantwortung abschieben. Ich gebe ganz einfach anderen die Schuld für mein eigenes Versagen / die schlechte Situation / meine Probleme. Es ist doch viel angenehmer, anderen die Schuld in die Schuhe zu schieben, als selbst einen Fehler einzugestehen.

(basta. Nein zur Gewalt. Hrsg. v. der Arbeitsgemeinschaft Jugend und Bildung e.V. in Zusammenarbeit mit dem Bundesministerium des Innern. © Universum Verlagsanstalt, Wiesbaden 1999, S. 16)

10 Erklären Sie die oben genannte Definition von Vorurteil anhand eines Beispiels.

11 Nennen Sie anhand des Textes die vier Gründe, die hinter Vorurteilen stecken können.

12 Es gibt „gute" und „schlechte" Vorurteile. Finden Sie Beispiele.

Inhaltsangabe (nichtliterarisch)

Die Inhaltsangabe
(nichtliterarisch)

- ▲ Den Text lesen, bis Sie ihn verstanden haben.
- ▲ Fremdwörter und Unbekanntes mit Hilfe eines Lexikons klären.
- ▲ Wichtiges unterstreichen bzw. herausschreiben.
- ▲ Den Text in Abschnitte gliedern.
- ▲ Den Inhalt jedes einzelnen Abschnitts in einem Satz zusammenfassen.
- ▲ Einen zusammenhängenden Text erstellen.
- ▲ Die Meinung Dritter in indirekter Rede wiedergeben.
- ▲ Eine Einleitung und einen Schluss formulieren.

Einleitung   Sie nennen Verfasser, Titel, Quelle und Thema des Textes.

Schluss   Sie können
- Ihre Einstellung zum Thema äußern,
- die Wirkung bzw. die Wirkungsabsicht des Textes beschreiben oder
- die Wichtigkeit des Themas beleuchten.

Musterbeispiel

Roland Kirbach berichtet in seinem im Dezember 1999 in der „Politischen Zeitschrift" erschienenen Artikel „Wir haben Vertrauen in dieses Land" über das Leben einer türkischen Frau, die bei einem Brandanschlag auf ihr Haus 1993 in Solingen nur knapp dem Tod entronnen ist.

5   Das neue Haus, das die Familie Genc inzwischen bewohnt, gleiche einer Festung; es sei mit aufwändigen Sicherheitsvorkehrungen ausgestattet. Die Familie befürchte nicht nur neue Anschläge deutscher Rechtsradikaler, sondern sei auch Anfeindungen türkischer Landsleute ausgesetzt. Mevlüde Genc, die bei dem Brandanschlag fünf nahe Verwandte verloren hat, vertrete trotz ihrer leidvollen

10   Erfahrungen eine Botschaft des friedlichen Zusammenlebens. Die Trauer über ihre getöteten Angehörigen werde sie jedoch ihr ganzes Leben lang begleiten. Da die vier Verurteilten mittellos seien, könne der jüngste Sohn Bekir, der schwerste Verbrennungen erlitten hat, mit keinerlei Entschädigung durch die Täter rechnen. Weil Solingen längst zur zweiten Heimat geworden sei, habe Familie Genc die

15   deutsche Staatsbürgerschaft beantragt und erhalten.

Solingen blieb kein Einzelfall. Fremdenfeindlichkeit ist leider noch immer ein aktuelles Thema. Frau Genc, der so viel Leid zugefügt wurde, glaubt an die Menschen und sie wünscht sich, dass alle Menschen friedlich miteinander leben. Ihre Haltung sollte uns ein Vorbild sein und uns aktiv gegen Fremdenfeindlichkeit und

20   Rassismus eintreten lassen.

Die Inhaltsangabe
(literarisch)

▲ Den Text mehrmals lesen, bis Sie ihn verstanden haben. Unklares mit Hilfe eines Lexikons klären.

▲ Wesentliches unterstreichen bzw. herausschreiben: Ort und Zeit der Handlung, handelnde Personen.

▲ Den Text in Handlungsabschnitte gliedern.

▲ Den Inhalt jedes einzelnen Handlungsabschnitts in einem Satz zusammenfassen.

▲ Einen zusammenhängenden Text erstellen.

   • Schreiben Sie im Präsens.
   • Bleiben Sie sachlich und neutral.
   • Verlieren Sie sich nicht in Details, lassen Sie bildhafte Schilderungen weg, erzeugen Sie keine Spannung.
   • Verwenden Sie keine direkte Rede.

▲ Eine Einleitung und einen Schluss formulieren.

Einleitung   Sie nennen Verfasser, Titel, Textsorte (z. B. Erzählung, Kurzgeschichte, Roman) und das Thema des Textes.

Schluss   Sie können
   • Ihre Einstellung zum Thema äußern,
   • die Wirkung bzw. die Wirkungsabsicht des Textes beschreiben oder
   • die Wichtigkeit des Themas beleuchten.

Musterbeispiel

[...]
Die 16-jährige Aischa wächst als Tochter algerischer Einwanderer in Paris auf. Ihre strenggläubigen Eltern fühlen sich der arabischen Tradition verpflichtet. Als Aischa eine höhere Schule besucht, ist sie Außenseiterin. Aus religiösen Gründen, wie ihre Eltern sagen, darf sie am Alltag und an verschiedenen schulischen Veran-
5 staltungen ihrer Klassenkameradinnen und -kameraden nicht teilnehmen. Aischa akzeptiert die Einschränkungen ihrer Bewegungsfreiheit fraglos.
Ariane, aus einem freiheitlich denkenden jüdischen Elternhaus stammend, bemüht sich um die Freundschaft mit Aischa. In den Gesprächen mit ihr fühlt sich Aischa immer mehr zwischen Gehorsam und Aufbegehren hin- und hergerissen.
10 Über ihre Freundin lernt Aischa den vietnamesischen Jungen Kim kennen. Als sie sich in ihn verliebt, wird Aischa von ihrer Familie extrem unter Druck gesetzt.
[...]

1 Schreiben Sie eine Einleitung und einen Schluss zu dieser Inhaltsangabe.

2 Vervollständigen Sie die Inhaltsangabe, nachdem Sie den Roman vorgestellt bekommen haben.

Heimat

„Seit 1970 wohnen wir hier, die Stadt ist längst zur zweiten Heimat geworden",
sagte Mevlüde Genc auf Seite 171 über Solingen.

1 Welche Gefühle ruft bei Ihnen der Begriff „Heimat" hervor? Notieren Sie ganz
spontan, was Ihnen dazu einfällt. Sie müssen nicht einen logisch aufgebauten
Text schreiben. Sie können ein Gedicht verfassen, einen Tagebucheintrag schreiben, aber auch ein Bild malen oder einen Comic zeichnen.

Der Traum vom zweiten Zuhause

Es gibt viele Orte, wo ich gerne bin: am Meer, wo mein
Blick über die unendliche Weite hinreicht und die
Freiheit grenzenlos scheint; am Fenster in meinem
Zimmer; auf der Terrasse hinter dem Haus meiner
5 Eltern, wo wir an langen Sommerabenden bis spät in
die Nacht sitzen und viele schöne Stunden erlebt
haben. Doch etwas ganz Besonderes für mich ist die
Heimatstadt meines Vaters in Süditalien, der Ort, der
mir nur wenige Wochen im Jahr gehört; denn dann
10 kehre ich wieder zurück in meine Welt – eine schöne
Welt, und doch ist sie ganz anders.
Der Abschied von dort fällt mir immer sehr schwer,
doch es wäre schlimmer, wenn es nicht den Schimmer der Hoffnung gäbe, der mir sagt, dass ich wieder-
15 komme. Vielleicht will ich gar nicht für immer an diesen Ort gehen; denn ich weiß, dass sonst das Leben
dort für mich zum Alltag würde und ich dann meinen
Traum verloren hätte. Sicher könnte ich es auch nicht
arg viel länger dort aushalten, weil ich doch schon
20 sehr vom Leben hier geprägt bin und das Leben hier
vermissen würde.
Was ist es, das dort so anders ist? Es gibt dort Fernsehen, Radio, Schule, einfach alles, was man zum Leben

braucht; es ist die gleiche Welt und für mich doch so
voller Gegensätze. Ich habe mir schon oft überlegt, 25
was für mich an dieser Welt so einzigartig ist. Sind es
die Menschen? Ist es die Sprache? Ist es die Gegend?
Vielleicht das Essen oder die Kultur? Die kleine Stadt
auf dem Berg ist sicher nicht die schönste Stadt in der
Provinz, sie hat keine Hotels und ist auch in keinem 30
Touristikkatalog zu finden. Was ist es dann? Sind es
die Großeltern, die Verwandten, die Freunde, einfach
das Gefühl der Freiheit, weit weg von den alltäglichen
Sorgen zu sein?
Ich weiß es nicht. Wahrscheinlich bin ich dort so 35
glücklich, weil das alles ein unersetzlicher Teil meines
Lebens ist. Sicher können das viele nicht verstehen;
sie denken, dass es langweilig sein müsse, immer an
denselben Ort zu fahren, dazu in ein Nest, wo es nicht
einmal ein Kino gibt. Doch für mich ist es gut zu wis- 40
sen, dass es irgendwo im Süden Italiens etwas gibt,
was auf mich wartet: ein zweites Zuhause. Es ist für
mich wie in einem Traum, der sich immer wieder
erfüllt, aber trotzdem ein Traum bleibt.

(Kathrin-Anna Cetani, in: FAZ – Zeitung in der Schule,
Nr. 4, 5.1.1991, S. 24)

Gran amor, España

Du bist weder männlich noch weiblich

Trotzdem habe ich noch nie jemanden

So geliebt wie dich

War ich ausgelaugt und

5 Mein Körper durstig

Gabst du mir das nötige Wasser

Fühlte ich mich einsam

Warst du sofort an meiner Seite

Suchte ich Schutz

10 Öffnetest du mir weit deine Tür

Hatte ich Kummer

Trocknetest du mir meine Tränen

Meine Wunden heilten durch dich

Ich glaube dich zu kennen

15 Doch du bist voller Geheimnisse

Der Gedanke an dich

Gibt mit die Kraft

Die ich jeden Tag brauche

Um ihn zu bestehen

20 Deine Wärme umhüllt mich

Deine Herzlichkeit macht mich glücklich

Dein Inneres stolz

Du faszinierst mich

Schon oft war ich bei dir

Ging ich wieder fort 25

Glaubte ich vor Sehnsucht zu sterben

Ich liebe dich

Du wirst meine Gefühle nie

Erwidern können

Bin ich doch eine Fremde für dich 30

Du bist so weit weg

Und doch wieder so nah

Eines Tages werde ich

Ganz bei dir bleiben

Dich nie wieder verlassen 35

Ich, Fremde, werde zur Vertrauten

Bin ich doch ein Teil von dir

Um dich einfach mitzunehmen

Bist du zu groß

Doch in meinen Gedanken 40

Werde ich dich immer tragen:

Gran amor, España

(Maria del Carmen Abril Romero, in: FAZ –
Zeitung in der Schule, Nr. 4, 5.1.1991, S. 24)

2 Erklären Sie, was die beiden Verfasserinnen, Schülerinnen aus Italien und Spanien, mit dem Wort „Heimat" verbinden und vergleichen Sie mit Ihrer spontanen Reaktion in Aufgabe 1.

3 Viele Menschen leben in einem Land, ohne die dort gesprochene Sprache ausreichend zu verstehen und sich in ihr verständigen zu können. Überlegen Sie, welche Probleme sich daraus ergeben können.

Ideenbörse

Arbeitsschritte eines Projekts

▲ Ein Thema festlegen.
Wichtig dabei ist, dass das Thema nicht zu eng gefasst und präzise formuliert ist.

▲ Ideen sammeln, wie das Thema bearbeitet werden kann.
Zur Ideensammlung eignen sich:
  – **Brainstorming:** Jedes Gruppenmitglied sagt spontan, was ihm zum Thema einfällt. Ein/e Schriftführer/in hält die Beiträge für alle Gruppenmitglieder sichtbar fest. Wichtigster Grundsatz: Es wird nicht kritisiert oder bewertet. Dadurch haben die Gruppenmitglieder die Sicherheit, sich frei äußern zu können. Erst nach der Ideensammlung prüfen die Teilnehmer/innen, was für die Gruppe und das gemeinsame Vorgehen von Nutzen sein kann.
  – **Kartenabfrage:** Jedem Schüler/jeder Schülerin wird dieselbe Frage gestellt. Jede/r Teilnehmer/in schreibt die Ideen auf Papierstreifen und veröffentlicht sie an einer Pinnwand. Gemeinsam werden sie überprüft.
  – **3 x 3-Methode:** 3 Gruppen mit jeweils 3 Schülerinnen und Schülern finden 3 Ideen, die danach vorgestellt werden.

▲ Ideen ordnen, Thema gliedern, Ziele und Zeitplan festlegen.

▲ Gruppen bilden zur Bearbeitung einzelner Themenschwerpunkte.
Die Verantwortlichkeiten in einer Gruppe müssen klar verteilt sein, z. B.: Wer leitet die Gespräche? Wer führt das Protokoll? Wer verwaltet die Materialien?

▲ Projekt in den Kleingruppen durchführen.

▲ Gruppenergebnisse im Plenum ordnen, zusammenstellen und auswerten.

▲ Ergebnisse präsentieren.
Vorher muss geklärt sein, in welchem Rahmen die Ergebnisse präsentiert werden sollen, welche Medien unterstützend eingesetzt werden sollen, …

Bücher und Filme zum Thema

Fotosafari durch die Stadt

Deutsche im Ausland

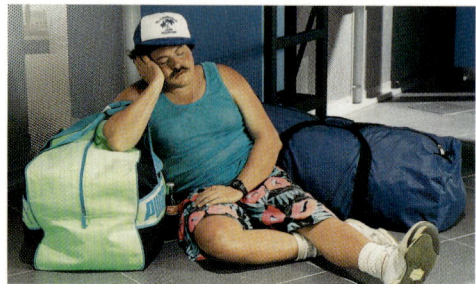

Wem gehört Mallorca?

Rechtschreiben – recht schreiben?
Zeichensetzung – Zeichen setzen!

Jeder macht Fehler – aber welche?	Fehlerquellen aufdecken
„das" oder „dass"?	„das"/„dass"
Alles Gute!	Groß- und Kleinschreibung
frei sprechen / freisprechen	Getrennt-/Zusammenschreibung
Kuss und Schluss	Schärfung
Leere und Lehre	Dehnung
Gehen Sie online!	Fremdwörter
Ü-bung macht den Meis-ter	Silbentrennung
Zeichen setzen!	Zeichensetzung

Jeder macht Fehler – aber welche?

Ob Sie eine Karte aus dem Urlaub, eine E-Mail an Ihre Freundin/Ihren Freund schicken oder Ihrem Arbeitskollegen eine kurze Nachricht hinterlassen: Ein fehlerhaftes Schreiben sieht nie gut aus. In der Korrespondenz mit Kunden, im Geschäftsbrief oder im Schreiben an eine Behörde werfen Fehler ein schlechtes Licht auf Sie. Im Bewerbungsschreiben oder im Lebenslauf können Fehler Ihre berufliche Laufbahn entscheidend beeinträchtigen.
Um das zu verhindern, sollten Sie unbedingt Ihre persönlichen Fehlerquellen ausfindig machen. Jeder macht Fehler, die Frage ist: welche? Erst dann, wenn Sie Ihr persönliches Fehlerprofil kennen, können Sie daran arbeiten, Ihre Fehlerzahl zu verringern und schließlich Fehler zu vermeiden. Dieses Kapitel hilft Ihnen dabei.

① In dem folgenden Auszug aus einem Schüleraufsatz sind 18 Fehler in Rechtschreibung und Zeichensetzung verborgen. Schreiben Sie in einer Liste die fehlerhaften Stellen heraus und notieren Sie daneben die richtige Schreibweise.

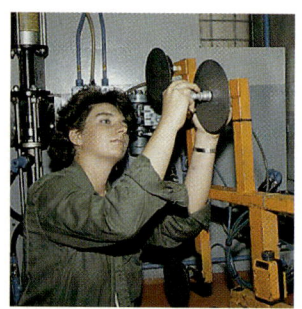

> Der Lehrling in seinem Betrieb
>
> In meinem Betrib ist das Klima sehr gut. Wir verstehen uns alle prima. Das beste ist, das unser Ausbilder es versteht, uns zu motiwieren. Gestern zum Beispiel hat einer der Lehrlinge widersprochen; da hat jeder von uns gedacht, das es jetzt Ärger gibt. Das der Herr Mayer aber dann nur geschmunzelt hat und überhaupt nicht in Rasche kam, war echt stark. Vorausgesetzt, dass ich übernommen werde, kann ich mir wirklich vorstellen, mevere Jahre dort zu arbeiten zumal die Bezalung nicht so mieß ist, wie Viele jamern. Sowie ich fertig bin mit der Lehre, werde ich mich um zusätzliche Kwalifikationen bemühen. Bei uns werden viele Lehrgänge angeboten, damit wir die Möglichkeit haben, uns mehr wissen an zu eignen.

② Vergleichen Sie die korrigierten Stellen (siehe Lösung) mit dem ursprünglichen Text und stellen Sie die Unterschiede fest. Um welchen Fehler handelt es sich jeweils? Welche Fehler kommen in diesem Aufsatz am häufigsten vor?

Lösung

In meinem *Betrieb* (1) ist das Klima sehr gut.
Wir verstehen uns alle prima. Das *Beste* (2) ist,
dass (3) unser Ausbilder es versteht, uns zu
motivieren (4). Gestern zum Beispiel hat einer
der Lehrlinge widersprochen; da hat jeder
von uns gedacht, *dass* (5) es jetzt Ärger gibt.
Dass (6) der Herr Mayer aber dann nur ge-
schmunzelt (7) hat und überhaupt nicht in *Rage* (8)
kam, war echt stark. Vorausgesetzt, dass ich
übernommen werde, kann ich mir wirklich vor-
stellen (9), *mehrere* (10) Jahre dort zu arbeiten (11) zumal
die *Bezahlung* (12) nicht so *mies* (13) ist, wie *viele* (14)
jammern (15). Sowie ich fertig bin mit der Lehre, werde ich
mich um zusätzliche *Qualifikationen* (16) bemühen.
Bei uns werden viele Lehrgänge angeboten, damit wir
die Möglichkeit haben, uns mehr *Wissen* (17) *anzueignen* (18).

3 Überprüfen Sie Ihre eigene Fehlerliste von Aufgabe 1 mit dem korrigierten Text:
a) Welche Fehler haben Sie nicht erkannt? Welche richtigen Schreibungen haben Sie
für Fehler gehalten?
b) Werten Sie Ihre Fehler aus und notieren Sie Ihre persönlichen Fehlerquellen.
c) Unterstreichen Sie Ihre häufigste Fehlerquelle. Auf die Vermeidung dieser Fehlerquelle sollten Sie sich am meisten konzentrieren.

Fehlerquellen

(1)	Dehnung – Fehlerquelle 5
(2)	Groß- und Kleinschreibung – Fehlerquelle 2
(3)	Schreibung von „das" und „dass" – Fehlerquelle 1
(4)	Schreibung von Fremdwörtern – Fehlerquelle 6
(5, 6)	Schreibung von „das" und „dass" – Fehlerquelle 1
(7)	Silbentrennung – Fehlerquelle 7
(8)	Schreibung von Fremdwörtern – Fehlerquelle 6
(9)	Silbentrennung – Fehlerquelle 7
(10)	Dehnung – Fehlerquelle 5
(11)	Kommasetzung – Fehlerquelle 8
(12)	Dehnung – Fehlerquelle 5
(13)	Schärfung – Fehlerquelle 4
(14)	Groß- und Kleinschreibung – Fehlerquelle 2
(15)	Schärfung – Fehlerquelle 4
(16)	Schreibung von Fremdwörtern – Fehlerquelle 6
(17)	Groß- und Kleinschreibung – Fehlerquelle 2
(18)	Getrennt- und Zusammenschreibung – Fehlerquelle 3

Fehlerquellen

„das" oder „dass"?

Die Wörter das und dass sind in der Aussprache oft schwer zu unterscheiden, haben aber im Satz eine vollkommen unterschiedliche Funktion (s. Grammatik, S. 218). Während das ein bestimmter Artikel (Geschlechtswort), ein Demonstrativpronomen (hinweisendes Fürwort) oder ein Relativpronomen (bezügliches Fürwort) sein kann, ist dass immer eine Konjunktion (Bindewort).

Das ist das Gesellenstück, das mir am besten gefällt.
(Demonstrativpronomen – Artikel – Relativpronomen)

Der Meister erwartet, dass wir pünktlich erscheinen.
        (Konjunktion)

Vor allem das Relativpronomen das und die Konjunktion dass werden gern verwechselt, weil beide Nebensätze einleiten. Sie umgehen diese Fehlergefahr, wenn Sie die Ersatzprobe mit welches machen.

Das ist das Gesellenstück, welches mir am besten gefällt.
Der Sinn des Satzes bleibt erhalten.

Der Meister erwartet, welches wir pünktlich erscheinen.
Hier wird der Sinn des Satzes vollkommen zerstört:
Es kann sich also nur um die Konjunktion dass handeln.

❶ Ersetzen Sie im folgenden Text die Fragezeichen durch „das" oder „dass". Begründen Sie Ihre Entscheidung, indem Sie die jeweilige Wortart nennen. Machen Sie im Zweifelsfall die Ersatzprobe.

Berichtsheft

IHK

??? Berichtsheft, ??? jeder Auszubildende zu führen hat, soll die Ausbildungsphasen dokumentieren. Deshalb ist es auch für die Prüfung wichtig, ??? man ein korrekt geführtes Berichtsheft vorweisen kann und ??? der Auszubildende zumindest einmal in der Woche die notwendigen Einträge vornimmt. Es ist verständlich, ??? den Schülerinnen und Schülern ??? Führen eines Berichtsheftes zunächst lästig erscheinen mag, aber ??? es nicht überflüssig ist, wird die Prüfung zeigen. Denn ??? Berichtsheft wird bei der mündlichen Prüfung herangezogen, damit sich die Prüfer ein Bild über ??? machen können, was der Auszubildende in seiner Lehrzeit gelernt hat. ??? hat also nichts mit Schikane zu tun, sondern gibt dem Auszubildenden auch eine gewisse Sicherheit.

Alles Gute!

Die wichtigsten Regeln zur Groß- und Kleinschreibung:

Immer großgeschrieben werden	
Substantive/Nomen	**M**ensch, **H**und, **F**ahrrad, **S**inn, **T**heorie
Eigennamen	**P**etra, **W**ien, **S**chweiz, **E**uropa
Anredepronomen (Höflichkeitsform)	Haben **S**ie etwas Zeit für mich? Ich danke **I**hnen.
Satzanfänge	**E**r geht. **S**ie bleibt noch.
Beginn der wörtlichen Rede	Sie entgegnet: „**H**eute komme ich nicht."

① Schreiben Sie den folgenden Text ab und entscheiden Sie, ob jeweils groß- oder kleingeschrieben wird. Begründen Sie Ihre Entscheidung.

> (L/l)iebe (F/f)rau (H/h)inde,
>
> (V/v)ielen (D/d)ank für (I/i)hre (B/b)ereitschaft, mich zu empfangen. Es ist (I/i)hnen sicher (R/r)echt, wenn (S/s)ie bereits vor unserem (T/t)reffen alle wichtigen (U/u)nterlagen zur (V/v)erfügung haben. Dann können (S/s)ie auch mit (I/i)hren (M/m)itarbeiterinnen alles (N/n)ötige besprechen. (Ü/ü)brigens war in der (F/f)rankfurter (A/a)llgemeinen (Z/z)eitung ein (R/r)echt interessanter (A/a)rtikel über (F/f)rauen in (F/f)ührungspositionen. Da mich der (I/i)nhalt sehr angesprochen hat, lege ich (I/i)hnen eine (K/k)opie bei. Vielleicht können wir (I/i)hn ja bei (U/u)nserem (T/t)reffen besprechen.
>
> (M/m)it freundlichen (G/g)rüßen

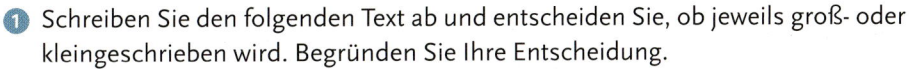

Die Anrede mit „du" und „ihr" wird kleingeschrieben; die Höflichkeitsform mit „Sie" wird großgeschrieben.

```
Betreff:   Treffen

Hi, Kumpels!
Falls ihr morgen Zeit habt und mal wieder rich-
tig abtanzen wollt, können wir uns ja wie üblich
mit euch im Nachtcafé treffen. Sagt bitte auch
den anderen von der Clique, dass wir ab acht Uhr
dort sind.
Übrigens – Monika, kannst du mir eventuell mor-
gen deinen Roller leihen? Ich komme dann nach
der Schule bei dir vorbei und hole ihn.
Peter
```

> Verschiedene Wortarten, vor allem Verben und Adjektive, werden häufig substantiviert und dann großgeschrieben. Solche Wörter erkennt man meist daran, dass ein Artikel davorsteht.
>
> **Verb**: mitnehmen　　　Hier gibt es Pizza zum (= zu dem) Mitnehmen.
>
> **Adjektiv**: schön　　　Das Schöne daran ist, dass wir gewinnen.

Einstellen des Datums

Das (B/b)etätigen des linken Knopfes hat zur Folge, dass die Datumsanzeige blinkt. Mit dem rechten Knopf ist das (E/e)instellen des Datums möglich. Durch mehrfaches (D/d)rücken des Knopfes können Sie nun das Datum einstellen. Die Herrenuhr entspricht höchsten Anforderungen und kann auch beim (T/t)auchen bis zu einer (T/t)iefe von einhundert Metern eingesetzt werden. Neben (A/a)ussehen und Funktionseigenschaften besitzt die Uhr ein hochsensibles Werk, das perfektes (F/f)unktionieren über Jahre hinweg garantiert.

2 Texte mit vielen Substantivierungen wirken stilistisch unschön und sind oft schwer verständlich. Formulieren Sie die Substantivierungen, die Ihres Erachtens störend wirken, in Nebensätze um.

Substantivierung	Nebensatz
Das Betätigen des linken Knopfes ...	Wenn man den linken Knopf betätigt, ...
das Einstellen des Datums ...	...
Durch mehrfaches Drücken ...	...
... perfektes Funktionieren ...	...

> **Substantivierte Verben oder Adjektive erkennt man an ihren Begleitern.**
>
> Wir wünschen alles Gute zum Geburtstag.
> Beim Schweißen ist eine Schutzbrille zu tragen.

3 **Begleiter**: viel, etwas, alles, wenig, nichts, beim, im, zum, durch, vom
Wörter: süß, backen, leimen, einkaufen, neu, alt, fahren, trocknen, interessant, fernsehen
Formulieren Sie mit den genannten Begleitern und Wörtern Sätze.
Schreiben Sie die Sätze auf und unterstreichen Sie die Substantivierungen.

4 Auch andere Wortarten können substantiviert werden: nach langem Hin und Her, ohne Wenn und Aber, zum ersten Mal, im Nachhinein, im Voraus.
Bilden Sie Sätze und unterstreichen Sie die Substantivierungen.

5 Häufig falsch geschrieben werden auch Substantive in festen Redewendungen:
außer Acht lassen, Rad fahren, Recht haben, Wert legen, Not leiden, in Kauf nehmen
Bilden Sie mit den Redewendungen Sätze.

Adjektive werden dann großgeschrieben, wenn sie zusammen mit dem Substantiv einen Eigennamen bilden.

das Städtische Krankenhaus, die Kaufmännischen Schulen Offenburg,
das Rote Meer, der Bayerische Wald

6 Groß- oder Kleinschreibung?

Die (B/b)adische Zeitung berichtete von dem politischen Skandal.
Der IC (F/f)liegender Holländer hält in Mannheim, Frankfurt und Göttingen.
Der (F/f)ranzösische Wein ist sehr beliebt.
Wir übernachteten im Hotel (B/b)ayerischer Hof.

Adjektive im Superlativ werden kleingeschrieben.

Vorsicht: Superlativ!

Er war der lauteste Sänger im Chor.
Er sang im Chor am lautesten.

Werden sie als Substantive verwendet, schreibt man sie groß.

Es ist das Gescheiteste, ihm seine Ruhe zu lassen.
Es ist das Klügste, sich ruhig zu verhalten.
Das wäre das Dümmste, was du jetzt tun könntest.

7 Begründen Sie in den folgenden Sätzen die Schreibung des Superlativs.

Du willst mich zum Besten halten.
Das ist das schlechteste aller Bücher, die ich je gelesen habe.
Es ist am besten, die Arbeit nicht zu verschieben.
Ihn kann ich am wenigsten leiden.
Es ist das Beste, du hältst den Mund.
Sie ist die witzigste aller Frauen.

8 Entscheiden Sie: groß oder klein? Übertragen Sie den Text in richtiger Schreibung in Ihr Heft.

Unsere Klasse war die (G/g)rößte mit zweiunddreißig Schülern. Die Lehrer waren deshalb oft genervt – besonders der Mathematiklehrer fiel auf, weil er der (N/n)ervöseste von allen war. Wer am (U/u)nauffälligsten war, kam am (L/l)eichtesten über die Runden. Der (G/g)escheiteste in der Klasse war Frank, der selbst an schweren Aufgaben nicht verzweifelte, sondern immer nach einer Lösung suchte. Alles in allem war unsere Klasse die (C/c)oolste, in der ich je gewesen war.

**Substantive werden großgeschrieben. Alle anderen Wortarten werden klein-
geschrieben, sofern sie nicht als Substantive gebraucht werden.**

Verben:	hämmern, feilen, schlagen, schreiben
Hilfsverben und Modalverben:	haben, sein, können, müssen, sollen
Adjektive:	anstrengend, schnell, gut
Adverbien:	dahinter, davon, drüber, drunter
Unbestimmte und bestimmte Artikel:	der, die, das, ein, eine, ein
Konjunktionen:	weil, aber, dass, obwohl
Präpositionen:	in, an, auf, gemäß, wegen
Pronomen:	wir, dieser, jene, mein, unser

**Grundsätzlich werden bestimmte Zahlwörter wie drei, dritter, tausend und
unbestimmte Zahlwörter wie einige, viel, wenig kleingeschrieben.**   **Vorsicht: Zahlwörter!**

Das erste Spiel endete unentschieden.

Wir bemühen uns, möglichst viele anzusprechen.

Ich verdiene tausend Euro.

Werden Zahlwörter aber als Substantive gebraucht, schreibt man sie groß.

Sie war die Erste im Turnier.

Ich nehme noch ein Achtel von diesem Rotwein.

Beim Roulette kam viermal die Zwölf.

9 Entscheiden Sie: groß oder klein? (Achten Sie auf den Begleiter. Zum Begleiter siehe S. 213.)

Die Testfragen bei der Eignungsprüfung waren so umfangreich, dass (V/v)iele gar nicht fertig wurden. Jeder (D/d)ritte ließ am Schluss verzweifelt den Kopf hängen, und (M/m)ancher hatte das Gefühl, vollkommen schlecht abgeschnitten zu haben. Erst im Nachhinein erfuhren wir, dass die Tests so entworfen worden waren, dass man (M/m)ehrere Fragen überhaupt nicht beantworten konnte. Auch die (F/f)ünf Prüfer waren sehr streng, denn sie schauten (A/a)lle immer wieder auf die Uhr und kontrollierten uns ständig. Ich selbst habe ein (V/v)iertel der Prüfungsfragen nicht beantworten können, weil (V/v)iel zu (W/w)enig Zeit zur Verfügung stand.

Tageszeiten und Zeitangaben werden großgeschrieben, wenn sie als Substantive gebraucht werden. Dies gilt auch für die häufig auftretenden Verbindungen mit den Adverbien gestern, heute, morgen, übermorgen.

Wir treffen uns heute Abend, um die Planung unserer Fete zu besprechen. Wer bis morgen Mittag noch keine Getränke eingekauft hat, kann sich bei mir melden. Am Abend bin ich in jedem Fall telefonisch erreichbar. Um Mitternacht könnten wir zudem ein kleines Feuerwerk abbrennen lassen. Am Samstag früh müssen wir noch auf dem Markt die Salate besorgen. Ich bin auf die Gesichter am Sonntag gespannt. Am nächsten Morgen werden wir kein so tolles Wetter haben. Im Wetterbericht wurden für morgen Gewitter mit Sturmböen angekündigt.

Aber:

Ich kann morgens noch nichts frühstücken. Bei mir kommt der Hunger immer erst mittags. Oft komme ich erst spätabends nach Hause. Wer wie ich von früh bis spät hart arbeiten muss, sollte auf eine ausgewogene Ernährung achten.

Zusammensetzungen von Tages- und Zeitangaben werden großgeschrieben.
Samstagmorgen, Sonntagmittag

Ist die Zeitangabe ein Adverb, schreibt man sie klein.
montagabends, dienstagmittags

Mittwoch
7
Mai

enstag
6
Mai

Montag
5
Mai

Sonntag
4
Mai

10 Übertragen Sie den Text in richtiger Schreibung in Ihr Heft.

Liebe Anne,

wir sollten uns unbedingt mal wieder treffen. Mir wäre es ABENDS ab 19 Uhr am liebsten. In Frage kommen alle Tage außer Montag, weil ich am MONTAGABEND immer ins Training gehe. Falls es bei dir allerdings nur MITTAGS möglich sein sollte, könnten wir uns ja am Wochenende treffen. Es ist mir gleich, ob am SAMSTAG oder SONNTAGNACHMITTAG.
Ich muss dir unbedingt noch von unserer Party erzählen. Die Stimmung war riesig, wir sind erst FRÜHMORGENS nach Hause gegangen. Schade, dass du an diesem FREITAGABEND keine Zeit hattest. Sollten wir uns MORGEN sehen, erzähle ich dir mehr davon.

Deine Juliane

frei sprechen/ freisprechen

Grundsätzlich werden Substantiv/Nomen und Verb getrennt geschrieben.
Motorrad fahren, Klavier spielen, Bier trinken, Schlittschuh laufen

Auch die Verbindungen von Verben werden getrennt geschrieben.
tanzen lernen, liegen bleiben, sich schlafen legen, arbeiten gehen

Schwieriger wird es bei der Frage, ob Adjektive und Adverbien in Verbindung mit einem Verb getrennt oder zusammengeschrieben werden. Die wichtigsten Regeln zur Getrenntschreibung:

Verbindungen mit dem Verb sein werden getrennt geschrieben.
da sein, dort gewesen sein, weg sein, nahe sein

Adjektive sowie Adverbien, die auf -einander oder -wärts enden, werden ebenso getrennt geschrieben wie die Gruppe, die auf -ig, -lich oder -isch endet:
miteinander reden, voneinander lernen, abwärts gehen, komisch aussehen, zornig schauen, deutlich machen

Im Zweifelsfall sollten Sie in einem Wörterbuch nachschlagen.

❶ Bilden Sie möglichst viele Wortgruppen und verwenden Sie diese in Sätzen.

gegeneinander	kämpfen
laufen	lassen
lustig	machen
miteinander	reden
müde	schauen
rückwärts	sehen
schlecht	sein

Diese Regeln gelten nicht, wenn die Verbindungen substantiviert werden.
getrennt schreiben *aber* die Getrenntschreibung
Rad fahren   beim Radfahren

Verbindungen mit einem Verb werden dann zusammengeschrieben, wenn sie untrennbar zusammengesetzt sind.

wiederholen   ich wiederhole, du wiederholst   *aber:* wieder holen (= zurückholen)
widersprechen   ich widerspreche, du widersprichst

Eine Verbindung aus Adjektiv und Verb wird getrennt geschrieben, wenn sich das Adjektiv steigern lässt.

gutmachen
Ich will das wieder gutmachen, indem ich dir das nächste Mal helfe.

aber

gut machen
Ich werde diese Aufgabe gut (besser) machen.

2 Entscheiden Sie über Getrennt- oder Zusammenschreibung.

Der Fußgänger ist bei Glatteis schwer/gefallen.
Der Angeklagte wurde frei/gesprochen.
Ich gehe zum Arzt und lasse mich krank/schreiben.
Julia ließ sich den Betrag gut/schreiben.

Außerdem werden zusammengesetzte Adjektive und Adverbien zusammengeschrieben.
hundeelend, topfit, brühwarm, eiskalt, stocksteif

3 Schreiben Sie die in Klammern gesetzten Wörter ab und entscheiden Sie: getrennt oder zusammen?
den Kaffee (auf/brühen)
ein Puzzle (zusammen/setzen)
der Versuchung (wider/stehen)
dem Partner (entgegen/kommen)
(Erholung/suchende) Wanderer
bitte nur (ernst/gemeinte) Zuschriften
Im Betrieb haben wir fast nur (fest/angestellte) Kräfte.
Das ist (nahe/liegend).
Sie hatte (viel/zu/wenig) verdient.
Wie kannst du mir das (übel/nehmen)?

Verbindungen mit irgend werden meistens zusammengeschrieben.
irgendwann, irgendwelche, irgendeiner

aber: irgend so einer, irgend so etwas

> **Präpositionen** (siehe S. 223) **und Partikel wie** an, bei, durch, hervor, über **werden
> in Verbindung mit Verben zusammengeschrieben.**
> anhalten, beistehen, durchschneiden, hervorheben, übernehmen

4 Bilden Sie mit folgenden Partikeln und Verben möglichst viele zusammengesetzte Verben. Formulieren Sie mit jedem Verb einen Satz.

auf	fahren
dabei	geben
herab	kommen
hinaus	liegen
hinzu	nehmen
voraus	schlagen
weiter	stehen

5 Schreiben Sie den folgenden Text ab und prüfen Sie, ob die fett gedruckten Wörter richtig geschrieben sind: Korrigieren Sie gegebenenfalls und begründen Sie
Ihre Entscheidung.

Lieber Herr Müller,

leider muss ich von Ihrem Vorschlag, nochmals über die Kreditkonditionen
zu verhandeln, **abstandnehmen**. Es ist mir nicht **gleich gültig**, ob Sie zu
einem anderen Kreditinstitut wechseln, aber ich habe Ihnen mehrfach versucht **klar zu machen**, dass mir keine weiteren Spielräume zur Verfügung
stehen. Mehr als das, was ich Ihnen am Montag angeboten habe, kann ich
gegenüber meinen Vorgesetzten nicht **durch setzen**. Natürlich täte es mir
Leid, wenn unsere Verhandlungen nun doch scheitern würden, **zu Mal** ich
den Eindruck hatte, wir hätten die fraglichen Punkte beim **letztenmal** miteinander geklärt. Sie haben Ihre Vorstellungen mehr als **deutlichgemacht**,
so dass mir nichts weiter **übrigbleibt**, als Ihnen **frei zu stellen**, mit **irgendeiner** anderen Bank Kontakt **auf zu nehmen**. In der Hoffnung, dass wir wieder
voneinander hören, verbleibe ich

mit freundlichen Grüßen

Kuss und Schluss

Unter **Schärfung** versteht man die Verdoppelung eines Konsonanten nach einem kurz gesprochenen Vokal:
Stelle, kennen, fassen, still.

Die Schreibung der s-Laute

Nach kurz gesprochenem Vokal wird ss geschrieben.

Masse:	kurzes a	im Gegensatz zu Maße:	langes a
Fluss:	kurzes u	im Gegensatz zu Fuß:	langes u
Riss:	kurzes i	im Gegensatz zu mies:	langes i

Stoßen bei Zusammensetzungen drei s aufeinander, kann man die Wörter mit Bindestrich schreiben. Das Wort wird dann leichter lesbar.

Messskala, auch Mess-Skala
Flussströmung, auch Fluss-Strömung

Nach einem Diphthong (Zwielaut/Doppelvokal wie **ai, ei, au, äu, eu**) **bleibt das ß erhalten.**

heißen　　wir heißen euch willkommen; sie heißt Monika
reißen　　er reißt sich zusammen

In gebeugten Verben können sich ß und ss abwechseln, je nachdem, ob der s-Laut nach einem Diphthong, einem kurzen oder einem langen Vokal steht.

beißen – biss:　Der Hund beißt zu. Er biss zu. Ein bissiger Hund ...
fressen – fraß:　Die Katze frisst die Maus. Sie fraß eine Maus.
　　　　　　　Ein gefräßiges Tier ...

Bei Substantiven, die auf -nis enden, wird im Plural das s verdoppelt.
Hindernis – Hindernisse, Zeugnis – Zeugnisse

1 Schreiben Sie den Text ab und ersetzen Sie die Fragezeichen durch s, ss oder ß.

Liebe Gä?te,

nachdem wir nun alle gege?en haben, mü?en wir un? über den weiteren Tag Gedanken machen. Es lä?t sich kaum erme?en, welche Anstrengungen es geko?tet hat, einen Termin zu finden, der allen gemä? war. Umso erfreulicher i?t es, da? der Kongre? nun doch so schnell stattfinden konnte. Ich bin mir bewu?t, da? es nur Ihrem Flei? und Ihrer Au?dauer zu verdanken i?t, da? wir mit guten Ergebni?en hierher angerei?t sind. La?en Sie uns also mit gro?em Schwung an die Aufgaben gehen, die vor uns liegen. Dabei sollten wir Ma? und Ziel nicht au? den Augen verlieren!

Leere und Lehre

Lang gesprochene (gedehnte) Vokale werden häufig durch das Dehnungs-h gekennzeichnet.
dehnen, bezahlen, Huhn, Sahne, belehren, fahren, Hohn, Mehl

In seltenen Fällen wird der Vokal verdoppelt.
Moor, See, Seele, Maat, Klee, Zoo

aber: Saal : Säle, Paar : Pärchen

Das lang gesprochene i wird meist durch ie kenntlich gemacht.
Miete, ziehen, spielen, viel, Riemen, spazieren, Vieh, Manieren

FEHLERQUELLE
RECHT-SCHREI-BUNG
5

❶ Entscheiden Sie über die richtige Schreibweise und tragen Sie die Wörter aus dem Text unten in eine Tabelle ein:

nicht gekennzeichnet	mit Dehnungs-h	mit Doppelvokal	mit ie

Ein w(a)nsinniges Erlebnis!

Immer mehr Urlauber z(i)t es im Sommer in den Süden. Das ist nichts Ungew(ö)nliches. Der Trend zum organis(i)rten Abenteuer ist eine Marktlücke, die der Tourismusbranche neue s(e)gensreiche Einkünfte verspricht. Es gilt, die S(e)nsüchte der Massen zu befr(i)digen, und diese scheinen offenbar immer m(e)r nach Nervenkitzel und Gef(a)r zu lechzen. Im Jeep durch die Wüste, mit dem Bike unber(ü)rte M(o)rlandschaften durchpflügen, Wildbäche mit Schlauchb(o)ten bes(i)gen – das ist der Kick der letzten J(a)re.
Mal (e)rlich – wer von d(i)sen Schreibtischtätern und Bürohengsten w(ä)re in der Lage, wirkliche Bedr(o)ung auszuhalten? Tourismus war schon immer ein Geschäft mit Träumen, aber was sich h(i)r absp(i)lt, ist sow(o)l für die Natur als auch für die vom Tourismus betroffenen Geb(i)te nicht m(e)r zu befürworten. Und es ist m(e)r denn je an der Zeit, sich über Erh(o)lung und (U)rlaub Gedanken zu machen. Es muss ein Z(i)l sein, der hemmungsl(o)sen G(i)r nach Attraktionen Einhalt zu geb(i)ten. Aber wie immer wird man sie w(o)l gew(ä)ren lassen müssen.

Gehen Sie online!

Viele Fremdwörter sind uns heute bereits so vertraut, dass wir sie überhaupt nicht mehr als solche wahrnehmen. Probleme mit der richtigen Schreibweise ergeben sich eigentlich eher bei unbekannten Wörtern, wie sie vor allem in den Fachsprachen der unterschiedlichen Berufe vorkommen. Auch durch die neuen Medien und das Internet hat die deutsche Sprache eine Fülle neuer Wörter erhalten, deren Schreibweise eingeübt werden muss.

1 Welche Wörter kennen Sie?

Nutzen Sie Ihre Chance jetzt und gehen Sie online. Prüfen Sie die Vorteile: Schnelle E-Mails verschicken, mit Netscape oder Internet Explorer arbeiten, eine eigene Homepage gestalten – all das bietet Ihnen Ihr Provider. Kaufen Sie jetzt den neuen PC mit dem superschnellen Prozessor, einem 17-Zoll-Monitor, einem Faxmodem und einem Laserstrahldrucker der neuen Generation.

Die richtige Schreibung von Fremdwörtern muss man einüben.

ch statt sch/tsch:	Branche, Chanson, Chance, Champagner, Champion, Checkliste (*aber:* Scheck!), abchecken, Chef, chiffrieren, Chirurgie
c statt s oder z:	City, Center, Celsius, Service
c oder ch statt k im Anlaut:	Computer, Comic, Controlling, Cockpit, Crash, Charakter, Chaos, Chor
th statt t:	Therme, Thematik, Antipathie, Thermometer, Ethik, Mathematik, These
v statt w:	Interview, Voyeur, Provider, Vandale, Villa, Vene, Video, Variation
x statt ks:	Extrem, maximal, sexuell, Taxi, extra, Mixer, Extrakt, toxisch

---

2 Lösen Sie das folgende Silbenrätsel, in welchem häufig gebrauchte Fremdwörter zu finden sind:

ag/ant/ben/com/de/denz/fer/frus/gres/ka/kom/kor/lek/li/mob/mu/ ni/nun/on/on/on/on/pon/pu/res/si/ta/tät/ter/ti/ti/ti/tra/trans/vi/zi

- elektronischer Rechner
- Wut, Zorn
- Lebenskraft
- jemand, der einen anderen öffentlich als negativ hinstellt
- Enttäuschung
- Lernkapitel
- Briefwechsel
- verletzen, Kollegen schikanieren
- Übertragung, Überführung, Weitertransport
- Verständigung

Ü-bung macht den Meis-ter

Mehrsilbige Wörter werden am Zeilenende nach ihren Sprechsilben getrennt.
Ra-sen, Blu-men, wie-der, he-rauf, vo-raus

Stehen zwischen zwei Vokalen zwei oder mehrere Konsonanten, kommt der letzte Konsonant in die nächste Zeile.
Win-ter-gar-ten, Bun-des-tags-ab-ge-ord-ne-ter, ren-nen, sam-meln, Samm-lung

Auch Konsonantenverbindungen wie st oder pf werden getrennt.
Fens-ter, wenigs-tens, stop-fen, hüp-fen, emp-finden

Hingegen werden ch, sch und ck nicht getrennt, da sie nur als ein Laut zu hören sind.
Tech-nik, Zu-cker, Ta-sche

FEHLERQUELLE
RECHT-SCHREI-BUNG
7

1 Trennen Sie die folgenden Wörter entsprechend ihren Silben:

Maschinenbau   Werkzeugkoffer   Bürokauffrau   Friseursalon
Handwerksgeselle   Chemielaborantin   Fachangestellte

Achten Sie auf sinnvolle Worttrennung, besonders bei Zusammensetzungen.
nicht: Lateina-merika, sondern: Latein-amerika
nicht: Turnü-bung, sondern: Turn-übung

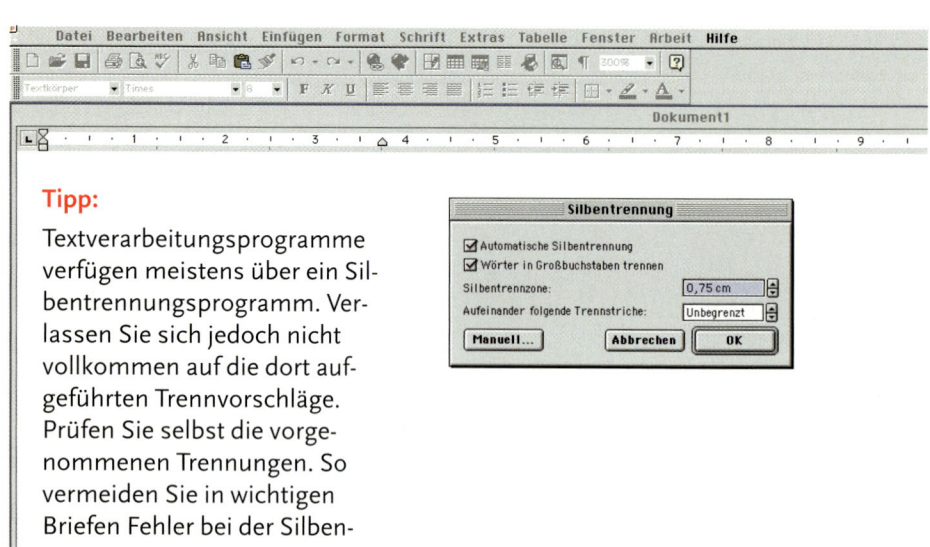

Tipp:
Textverarbeitungsprogramme verfügen meistens über ein Silbentrennungsprogramm. Verlassen Sie sich jedoch nicht vollkommen auf die dort aufgeführten Trennvorschläge. Prüfen Sie selbst die vorgenommenen Trennungen. So vermeiden Sie in wichtigen Briefen Fehler bei der Silbentrennung.

Zeichen setzen!

Kommas gliedern den Satz und machen manchen Sachverhalt erst verständlich. Mit einigen wenigen Regeln können Sie den Großteil der Fehler in der Zeichensetzung vermeiden.

Das Komma trennt Haupt- und Nebensatz.
Eingeschobene Nebensätze werden durch zwei Kommas vom Hauptsatz abgetrennt.

Zur Erinnerung: Die wichtigsten Nebensatzarten sind:

Relativsatz   Er bewohnt ein Zimmer, das sehr groß ist.
(siehe S. 218, 221)   *eingeleitet durch ein Relativpronomen*
                          Das Zimmer, das er bewohnt, ist sehr groß.
                                  eingeschobener Relativsatz

Konjunktionalsatz   Sie hofft, dass sie die Stelle bekommt.
(siehe S. 218, 221)   *eingeleitet durch eine Konjunktion*

Indirekter Fragesatz   Ich frage mich, wer mir Auskunft geben könnte.
                              eingeleitet durch ein Fragewort

---

Aneinander gereihte Hauptsätze oder Nebensätze werden durch Komma getrennt, wenn sie nicht durch „und" bzw. „oder" verbunden sind.

Er wäscht sein Auto, sie kauft inzwischen ein.
  1. Hauptsatz   *2. Hauptsatz*

In der Werkstatt steht ein Auto, das so teuer ist,
     Hauptsatz   *1. Nebensatz*
dass man sich für das Geld eine Eigentumswohnung kaufen könnte.
                       2. Nebensatz

Hingegen:
Er lügt uns an, weil er sich einen Vorteil erhofft oder weil er uns nicht vertraut.
  Hauptsatz   *1. Nebensatz*   *2. Nebensatz*

---

❶ Hier fehlen die Kommas. – Bestimmen Sie erst Haupt- und Nebensatz und setzen Sie dann das Komma.

Mein erster Arbeitstag war ermüdend obwohl wir eigentlich noch nicht viel zu arbeiten hatten. Wir mussten lange warten bis endlich der Beton kam. Da die Schalung bereits am Vortag fertig gestellt war konnten wir erst mittags mit dem Ausgießen des Fundaments beginnen. Manchmal frage ich mich wie sich das rechnet. Da stehen wir drei Stunden herum und werden bezahlt ohne dass wir einen Handstreich erledigen. Unserem Vorarbeiter der ständig nervös auf der Baustelle herumlief schien das auch auf die Nerven zu gehen. Eigentlich ist es mir auch lieber wenn wir arbeiten können; die Zeit vergeht dann wie im Flug.

Das Komma trennt die Aufzählung gleicher Satzglieder und gleicher Nebensätze, sofern sie nicht durch „und", „oder" bzw. „sowie" verbunden sind.

Der Stahl war hart, glänzend und kalt.
Sie kümmern sich um das Haus, den Garten, die Haustiere und die Pflanzen.
Sie hat eine Arbeit, die ihr Spaß macht, die ihren ganzen persönlichen Einsatz verlangt, die ihr Anerkennung bringt und die obendrein noch gut bezahlt wird.

Partizipialgruppen können zum besseren Verständnis vom übrigen Satz durch Kommas abgetrennt werden.

Ihrem Vorschlag entsprechend(,) werden wir die Ware neu auszeichnen.
                 Partizip
Er ging(,) erschöpft und abgearbeitet(,) nach Hause.
                 Partizip

Vor erweiterten Infinitiven muss ein Komma stehen, wenn auf den Infinitiv durch ein Wort oder eine Wortgruppe verwiesen wird. Ist dies nicht der Fall, dann kann man ein Komma setzen, um den Satz übersichtlicher und leichter lesbar zu machen.

Wir haben uns geeinigt(,) den Gewinn gerecht zu teilen.
                      Infinitiv
Wir haben uns darauf geeinigt, den Gewinn gerecht zu verteilen.
         (Hier muss ein Komma stehen.)

❷ Verwenden Sie folgende erweiterte Infinitive in ganzen Sätzen.

anstatt ihn einzuladen
ohne zu zögern
sich zu verabreden
um zu erreichen

❸ Ohne Komma ist ein Satz wie dieser nicht eindeutig zu verstehen:

Christine versprach Frau Rösler am Donnerstag ein Angebot zu machen.

In diesen Fällen machen erst die Kommas den Satz klar verständlich. Kommas sind notwendig: Sie beugen Missverständnissen vor.

Setzen Sie das Komma so, dass Christine
a) der Kundin Rösler verspricht, ein Angebot zu machen;
b) Frau Rösler (ihrer Chefin) verspricht, am Donnerstag ein Angebot zu machen;
c) Frau Rösler (ihrer Chefin) bereits am Donnerstag versprach, ein Angebot zu machen.

❹ Setzen Sie das Komma und erklären Sie jeweils den Sinn des Satzes:

Christine beteuert Jens habe nie gelogen.
Sandra riet Petra zu helfen.

Das Komma und der Gedankenstrich bei Einschüben

> Einschübe werden vom übrigen Satz durch Kommas oder Gedankenstriche abgetrennt.

Ich würde vorschlagen, dass wir uns in einer Stunde – es ist jetzt 9.30 Uhr – nochmals zusammensetzen. Sollten Sie bis dahin ihre Position, aber das erwarte ich eigentlich nicht, doch noch einmal überdacht haben, können wir uns vielleicht zu guter Letzt einigen.

5 Entscheiden Sie, ob ein Einschub oder ein Nebensatz vorliegt, und setzen Sie die Satzzeichen.

Die Immobilie eine Drei-Zimmer-Wohnung mit Bad und WC ist zum 1. Oktober zu vermieten. Allerdings müssten Sie eine Kaution die Wohnung ist vollständig renoviert in Höhe von drei Monatsmieten stellen. Die Wohnung befindet sich in einem Mehrfamilienhaus im Stadtrandgebiet also in der besten Wohnlage Freiburgs und kostet monatlich 450.– Euro zuzüglich aller Nebenkosten.

Die Zeichensetzung in der wörtlichen Rede

> **Die direkte Rede wird in Anführungszeichen gesetzt. Der vorangestellte Begleitsatz schließt mit einem Doppelpunkt.**
>
> Ich fragte sie: „Kannst du mir einen Stift leihen?"
> *Begleitsatz*   *direkte Rede*

> **Der Begleitsatz kann auch die wörtliche Rede unterbrechen. Wie ein Einschub wird der Begleitsatz dann durch Kommas von der direkten Rede getrennt.**
>
> „Ich glaube", gab Stefan zu bedenken, „dass wir mit dieser Aktion nicht viel erreichen werden."

> **Der Begleitsatz kann auch nachgestellt sein.**
>
> „Sei doch etwas optimistischer!", entgegnete Sabine.

> **Der Punkt am Schluss der direkten Rede entfällt, wenn diese vorangestellt ist oder den Begleitsatz unterbricht.**
>
> „Ich bin heute sehr müde", flüsterte sie, kurz bevor sie einschlief.
>
> Kim antwortete: „Ich brauche etwas mehr Zeit, um die Aufgabe zu lösen", und weigerte sich, das Arbeitsblatt abzugeben.

6 Setzen Sie die Zeichen.

Der Lehrer trat ins Klassenzimmer und begrüßte die Klasse Ich möchte mich zunächst vorstellen Mein Name ist Müller und ich werde hier Mathematik unterrichten

Der Klassensprecher meldete sich Brauchen wir ein Heft für die Arbeiten Herr Müller antwortete Es genügt ein Rechenheft im DIN-A4-Format. Außerdem benötigen Sie einen Zirkel und einen Taschenrechner.

Die Schreibung nach einem Doppelpunkt

Außer bei der direkten Rede wird der Doppelpunkt auch vor Aufzählungen und Erklärungen gesetzt. Folgt nach dem Doppelpunkt ein ganzer Satz, wird der Satzanfang großgeschrieben.

Dieses Jahr habe ich recht gute Zeugnisnoten: in Deutsch eine Zwei, in Mathematik eine Drei, in Englisch eine Zwei.
Sie hatte sich vollkommen verausgabt: Die Beine und Arme versagten ihren Dienst.

Der Bindestrich

Bei Zusammensetzungen mit einzelnen Buchstaben und Abkürzungen wird ein Bindestrich gesetzt:

Kfz-Lehrling, B-Kurs, 80-Tonner, PC-Zubehör

Der Strichpunkt und der Gedankenstrich

In der Rechtschreibung werden der Strichpunkt und der Gedankenstrich wie das Komma behandelt. Gesetzt werden sie, um eine größere Abgrenzung zum vorherigen Satz deutlich zu machen. Der Gedankenstrich steht häufig dann, wenn etwas Unerwartetes folgt.

Der Lehrer teilte die Arbeit aus; ich starrte hoffnungsvoll auf die Aufgaben.
Wir hatten uns gut vorbereitet; es war bekannt, wie schwer die Prüfung werden würde.
Die Frage ist, was wir jetzt machen wollen; es macht wenig Sinn, weiter zu warten.
Ich hatte den Wagen bereits geparkt – plötzlich knallte es.
Er nahm hoffnungsvoll die Klassenarbeit entgegen – Note 6 stand darunter.

Grammatik

gehen – laufen – sitzen

In der Wortlehre erfahren Sie, welche Wortarten es gibt und was sie leisten, wie Wörter sich im Gebrauch verändern und wie neue Wörter entstehen. Die Sprache verändert sich ständig, täglich kommen neue Wörter hinzu und alte werden nicht mehr gebraucht.

❶ Piktogramme sind grafische Symbole, die unabhängig von der Sprache international verständlich sind. Setzen Sie die Bilder in Sprache um. Benennen Sie die dargestellten Tätigkeiten.

Das Verb bezeichnet eine Tätigkeit (laufen, bohren, hämmern), einen Vorgang (erwerben, wachsen, fallen) oder einen Zustand (liegen, hängen, ruhen). Neben diesen Vollverben gibt es Hilfsverben und Modalverben.

Die Hilfsverben (haben, sein, werden) werden meist zusammen mit einem Vollverb verwendet:

> Sie hat gelesen. Er ist gelaufen. Sie werden fahren.

Hilfsverben können aber auch als Vollverben verwendet werden:

> Er hat ein Auto. Sie ist Schreinergesellin. Er wird Bäcker.

Modalverben (dürfen, können, müssen, sollen, wollen, mögen) drücken eine Möglichkeit, einen Wunsch, eine Verpflichtung, eine Notwendigkeit aus. Sie verändern die Bedeutung des Vollverbs, zu dem sie gehören.

> Sie muss heute Erdbeeren ernten. Sie kann heute Erdbeeren ernten.
> Sie will heute Erdbeeren ernten.

Voll-verben
laufen wachsen ruhen
hängen bohren fallen

Hilfs-verben
sein haben werden

Modal-verben
dürfen müssen können
sollen wollen mögen

❷ a) Erklären Sie, auf welche Weise die Modalverben den Sinn des Satzes verändern, indem sie eine Begründung mit „weil ..." anschließen.
Sie muss heute Erdbeeren ernten, weil es morgen regnen soll.
Sie kann heute Erdbeeren ernten, weil ...
Sie will heute ...

b) Verfahren Sie ebenso mit dem Satz:
Er muss heute mit dem Zug fahren.

Verben können konjugiert (gebeugt) werden. Die Konjugation zeigt Person und Numerus (Anzahl), aber auch die Zeit, in der die Tätigkeit oder der Vorgang stattfindet.

	Singular (Einzahl)	**Plural** (Mehrzahl)
1. Person	ich fahre	wir fahren
2. Person	du fährst	ihr fahrt
3. Person	er, sie, es fährt	sie fahren

3 Konjugieren Sie die Verben: laufen, pflanzen, lesen, lassen.
Bilden Sie mit jedem Verb in der 3. Person Singular einen Satz.

4 Ein Auszubildender muss in seinem Berichtsheft die Pflege und den richtigen Umgang mit Fahrrädern beschreiben. Mit Hilfe einer Skizze zeigt er, wie ein Dynamo an einem Fahrrad angebracht wird. Fachwörter und treffende Verben hat er schon gesammelt.

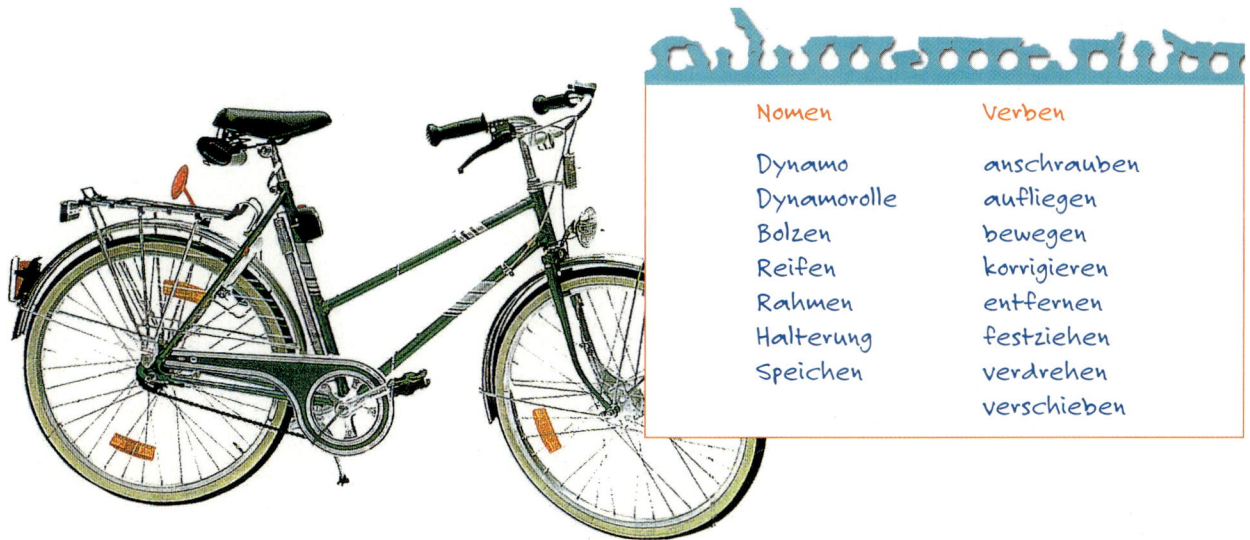

Nomen	Verben
Dynamo	anschrauben
Dynamorolle	aufliegen
Bolzen	bewegen
Reifen	korrigieren
Rahmen	entfernen
Halterung	festziehen
Speichen	verdrehen
	verschieben

Verfassen Sie den Text im Präsens (Gegenwart).

5 Für eine Vorgangsbeschreibung (siehe S. 117) werden viele treffende Verben benötigt. Die Sammlung von Nomen und Verben ist hierfür eine gute Vorbereitung. Sammeln Sie Nomen und Verben für eine der folgenden Tätigkeiten und beschreiben Sie anschließend diesen Vorgang.

Reparatur eines Fahrradschlauchs
Einlegen eines Films in eine Fotokamera
Austausch einer Autobatterie

Gerade bei Fachwörtern ist man sich manchmal nicht sicher in der Rechtschreibung. Wenn Sie im Wörterbuch nachschlagen, finden Sie dort die Verben im Infinitiv (Grundform).

Der Infinitiv kann nicht verändert werden, es gibt ihn nur in dieser einen Form. Jedes Verb endet im Infinitiv auf -en.

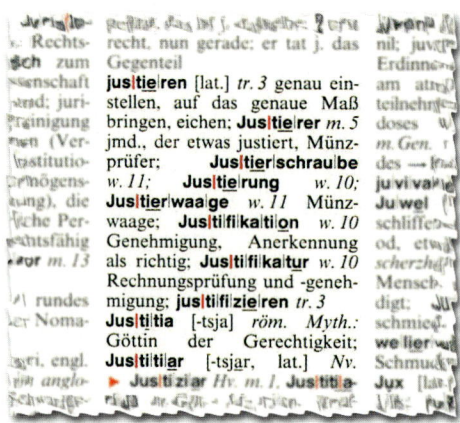

Wie der Infinitiv kann auch das Partizip nicht konjugiert werden.
Man unterscheidet zwei Partizipien:
Partizip I (Partizip Präsens oder Mittelwort der Gegenwart)
Es endet auf -(e)nd: laufend, lachend

Partizip II (Partizip Präteritum oder Mittelwort der Vergangenheit)
Man kann es häufig an der Vorsilbe ge- und an der Endung -t oder -en erkennen:
gelaufen, gelacht (aber: beworben, versorgt).

Das Partizip wird aus dem Verb gebildet und kann wie ein Adjektiv (Eigenschaftswort) verwendet werden (das geöffnete Fenster). Vor allem wird es aber bei der Bildung der zusammengesetzten Zeiten gebraucht (Sie hat das Fenster geöffnet).

6 a) Formulieren Sie Sätze mit folgenden Wortgruppen. Achten Sie dabei auf die unterschiedliche Verwendungsmöglichkeit der Partizipien.
bei laufendem Motor – laufend in Zahlungsschwierigkeiten stecken – lachende Zuschauer – die Sache ist gelaufen – schallend gelacht – laut lachend

b) Bilden Sie von jedem der folgenden Verben das Partizip II und verwenden Sie es in einem Satz.
öffnen – eröffnen – stanzen – reparieren – fräsen – garnieren – binden – verzieren – schließen

Das Geschäft ist durchgängig von 8 Uhr bis 18 Uhr geöffnet.
Der Kiosk am Bahnhofsvorplatz wurde ...

damals – heute – morgen

Weil man mit Hilfe des Verbs ausdrücken kann, wann etwas stattfindet: in der Gegenwart, in der Vergangenheit oder in der Zukunft, wird es manchmal auch „Zeitwort" genannt. Der grammatische Begriff für „Zeit" ist das Tempus, Mehrzahl: die Tempora. Die Zeitformen geben auch darüber Auskunft, ob eine Aussage immer gültig ist oder ob es sich um einen einmaligen Vorgang handelt.
Eine Vorgangsbeschreibung (siehe S. 117), zum Beispiel über das Anbringen eines Dynamos am Fahrrad, ist allgemein gültig, sie wird deshalb im Präsens geschrieben. Der Bericht über Christines erstes Vorstellungsgespräch ist im Präteritum abgefasst, denn hier wird von einer abgeschlossenen Handlung berichtet. (Zum Bericht siehe S. 149.)

Das Vorstellungsgespräch (1)

Lange vor der Gesellenprüfung hatte Christine sich bei mehreren Konditoreien um eine Stelle beworben. Als sie schließlich eine Einladung zu einem Vorstellungsgespräch erhielt, war sie erleichtert und aufgeregt zugleich. Ausgeruht und geschmackvoll gekleidet erschien sie pünktlich zum abgesprochenen Termin. Sie wurde von zwei Herren, dem Geschäftsinhaber und dem Konditormeister, begrüßt. Die Herren stellten freundlich einige höfliche Fragen zu ihrer Anreise. Dann begannen sie mit dem eigentlichen Vorstellungsgespräch.

Mit den Zeitformen kann man Vorzeitigkeit und Nachzeitigkeit ausdrücken.

Ein Vorgang, der zeitlich vor einem anderen stattfindet, ist vorzeitig.
Lange vor der Gesellenprüfung hatte Christine sich bei mehreren Konditoreien um eine Stelle beworben.

Ein Vorgang, der zeitlich nach einem anderen stattfindet, ist nachzeitig.
Wenn Christine das Bewerbungsgespräch hinter sich gebracht hat, wird sie sich mit ihrer Freundin treffen.

1 Formulieren Sie die beiden letzten Sätze aus dem Bericht über Christines Vorstellungsgespräch um und bringen Sie die Zeitenfolge deutlich zum Ausdruck. Beginnen Sie so:
Nachdem die Herren freundlich ...

Es gibt im Deutschen sechs Tempora:

Es wird geschehen und abgeschlossen sein.	**Futur II**	Sie wird die Stelle bekommen haben.
Es wird in der Zukunft geschehen. (Nachzeitigkeit zum Präsens)	**Futur I**	Sie wird die Stelle bekommen.
Es geschieht jetzt, in der Gegenwart.	**Präsens**	Sie bekommt die Stelle.
Es liegt weit zurück. (wirkt in die Gegenwart hinein)	**Perfekt**	Sie hat die Stelle bekommen. (*... und hat sie heute noch*)
Es ist vergangen. (ist abgeschlossen)	**Präteritum**	Sie bekam die Stelle. (*... hat aber inzwischen gekündigt*)
Es liegt sehr weit zurück. (Vorzeitigkeit zum Präteritum)	**Plusquam-** **perfekt**	Sie hatte die Stelle bekommen.

Das Präsens hat mehrere Bedeutungen. Es drückt die Gegenwart aus, aber auch die Zukunft, und Handlungen oder Vorgänge, die immer so ablaufen.

> Christine fährt zum Vorstellungsgespräch. (= *Sie ist gerade unterwegs.*)
> Sie fährt dieses Jahr nach Südfrankreich. (= *Ihren Urlaub wird sie dieses Jahr in Südfrankreich verbringen.*)
> Zur Arbeit fährt sie mit dem Bus. (= *Immer, wenn sie zur Arbeit fährt, nimmt sie den Bus.*)

Das Futur II wird heute fast nur noch gebraucht, um eine Vermutung auszudrücken.

> Wo ist Christine? – Sie wird (wohl) zu ihrer Freundin gefahren sein.

② Schreiben Sie aus dem Bericht „Das Vorstellungsgespräch" (S. 207) alle Verben in ihren Zeitformen heraus. Setzen Sie die Verben in alle Zeiten.
Beispiel: hatte sich beworben – bewirbt sich – bewarb sich – ...

③ Verändern Sie die Zeitform: Schreiben Sie den Text im Präsens in Ihr Heft.
Beachten Sie die Zeitenfolge.

④ Setzen Sie folgende Verben in das richtige Tempus.
Sie (zeigen) ihrer Freundin das Rad, das sie gestern (kaufen).
Als er (aufschließen) will, (merken) er, dass er seinen Schlüssel (vergessen).
Nachdem er seinen Koffer (packen), (bringen) er die Katze noch zu den Nachbarn.

Sehen und gesehen werden

Das Passiv drückt aus, was mit einem Lebewesen oder einer Sache geschieht.
Das Passiv wird mit dem Hilfsverb „werden" und dem Partizip II gebildet.

Im Aktiv steht der Handelnde im Blickfeld:
Meier hämmerte den Ball an die Latte.

Im Passiv steht die Handlung im Vordergrund:
Der Ball wurde an die Latte gehämmert.

Auch im Passiv kann der Handelnde genannt werden:
Der Ball wurde von Meier an die Latte gehämmert.

Das Passiv eignet sich vor allem zur Beschreibung
von Zuständen oder Vorgängen.

1 Lesen Sie die beiden Rezepte „Disco-Fever" und „Cool-Driving" (S. 144). In diesen Rezepten stehen die Verben im Infinitiv, die Sätze sind unvollständig. Schreiben Sie die beiden Rezepte um und verwenden Sie die Verben im Passiv.

2 Vergleichen Sie die folgenden Sätze. Erläutern Sie, welche Aussage jeweils im Vordergrund steht.
Denken Sie an den Adressaten: Für wen könnte die Mitteilung interessant sein?
1. Diese Woche werden die Fenster gestrichen.
   Erich streicht diese Woche die Fenster.
2. Die Mülltonnen werden wöchentlich geleert.
   Die Städtische Müllabfuhr leert die Mülltonnen.

3 Begründen Sie, warum in den folgenden Beispielen das Passiv bevorzugt wird.
Die Kfz-Zulassungsstelle wird freitags bereits um 7 Uhr geöffnet.
Der Verkehr wird umgeleitet.

!

Passivsätze im Präsens werden häufig mit Aktivsätzen im Futur verwechselt.
In beiden Fällen wird das Hilfsverb „werden" verwendet.
    Daniels Fahrrad wird soeben repariert.   (= Passivsatz im Präsens)
    Daniel wird morgen sein Fahrrad reparieren.   (= Aktivsatz im Futur)

Wenn das Wörtchen „wenn" nicht wär ...

Das Verb hat drei Aussageweisen.

- Der Indikativ (Wirklichkeitsform) drückt eine Tatsache aus:
    Er geht zur Arbeit.
- Der Imperativ (Befehlsform) fordert zu etwas auf:
    Geh zur Arbeit!

Der Konjunktiv (Möglichkeitsform)

– bringt Möglichkeiten, Wünsche, Träume, Bedingungen zum Ausdruck:
    Wenn ich Millionär wäre, ginge ich nie mehr zur Arbeit. (Konjunktiv II)
    Wenn ich Millionär wäre, würde ich nie mehr zur Arbeit gehen. (Konjunktiv II)

– wird bei der indirekten Rede verwendet:
    Er sagt, er gehe zur Arbeit. (Konjunktiv I)

Indikativ Präsens	Konjunktiv I	Indikativ Präteritum	Konjunktiv II
er kommt	er komme	er kam	er käme

Der Konjunktiv I wird vom Präsensstamm des Verbs gebildet, der Konjunktiv II vom
Präteritum. Der Konjunktiv wird in der Literatur, bei Nachrichten in Zeitungen und
im Fernsehen verwendet, ansonsten wird heute eher die Umschreibung mit „würde"
+ Infinitiv bevorzugt: Er käme. – Er würde kommen.

1 Vervollständigen Sie die Sätze.

Wenn ich ein Fußballstar wäre, dann ...   *Wenn ich genügend Geld hätte, ...*
Wenn ich im Lotto gewinnen würde, ...   *Wenn ich der Meister wäre, ...*

2 Das Bundespresseamt meldet, der Staatsbesuch komme morgen nach Stuttgart und fahre am nächsten Tag weiter nach Mainz.
Setzen Sie diese Meldung in das Futur und in die Vergangenheit.

Das Bundespresseamt meldet, der Staatsbesuch ...

Krankmeldung

Herr Kern ruft in der Schule an und teilt mit: „Mein Sohn Matthias kann diese Woche nicht kommen, er ist krank. Meine Frau bringt die Krankmeldung vorbei." In der Pause informiert die Sekretärin Herrn Schneider: „Der Vater von Matthias Kern hat angerufen. Matthias ist für diese Woche krankgeschrieben." Herr Schneider hinterlässt seiner Kollegin, die den Nachmittagsunterricht hat, folgende Notiz:

3 Schreiben Sie diese Notiz. Verwenden Sie die indirekte Rede mit dem Konjunktiv.

Herr Kern teilte mit, sein Sohn Matthias könne diese Woche ...

Das Vorstellungsgespräch (2)

Zuerst <u>wurde</u> Christine vom Konditormeister <u>gefragt</u>, welchen Bildungsweg sie <u>absolviert</u> und bei welcher Konditorei sie ihre Ausbildung <u>gemacht habe</u>. „Nach der Hauptschule habe ich bei der Konditorei Beck einen Ausbildungsplatz erhalten", antwortete Christine kurz und präzise. Den Geschäftsinhaber interessierte, warum sie sich gerade für diesen Beruf entschieden habe. Weil es ihr Kindheitswunsch gewesen sei, einmal Konditorin zu werden, erwiderte Christine. „Und weshalb haben Sie sich jetzt bei unserer Firma beworben?", wollte der Geschäftsinhaber erfahren. „Ihre Torten sind einfach die besten, die ich bisher gegessen habe! Da würde ich gerne einmal arbeiten, das habe ich mir schon lange vor meiner Ausbildungszeit überlegt", erzählte Christine begeistert.

4 a) Übertragen Sie den Text in Ihr Heft. Unterstreichen Sie die Verben im Indikativ und im Konjunktiv mit verschiedenen Farben.
 b) Bilden Sie zwei Gruppen. Die eine Gruppe schreibt den Text so um, dass ausschließlich wörtliche Rede vorkommt, die andere Gruppe schreibt den Text unter Verwendung der indirekten Rede.
 c) Lesen Sie anschließend zum Vergleich abwechselnd einen Satz in direkter und indirekter Rede vor.

Wir kommen groß raus

Kater führte Doppelleben

Mehrere Jahre lang führte ein Kater ein Doppelleben. Am Tag ließ er sich von dem Ehepaar Hasmeier verwöhnen. Sie nannten ihn „Tom". Abends schlich er sich hinaus und lief ein paar Straßen weiter zum Haus der Familie Lichtenegger. Dort erwartete ihn schon ein gefüllter Fressnapf. Weil der Kater offensichtlich den ganzen Tag herumstrolchte, hieß er bei Lichteneggers „Strolch". Sie wunderten sich, dass

5   der Kater trotz seines Streunerlebens ziemlich dick wurde.

Eines Tages zogen Hasmeiers um. Damit sich ihr Tom an die neue Umgebung gewöhnen konnte, ließen sie den Kater eine Woche lang nicht mehr aus dem Haus. Familie Lichtenegger machte sich schon Sorgen. Nachdem Strolch endlich wieder bei ihnen aufgetaucht war, erhielt er ein Halsband mit einer Namensplakette. Als Tom am nächsten Tag bei den Hasmeiers ankam, flog der Schwindel auf.

❶ Schreiben Sie aus diesem Artikel alle Wörter heraus, die ein Lebewesen, einen Gegenstand oder einen Begriff (Vorstellungen, Zustände, Eigenschaften, Gefühle) bezeichnen.

Ordnen Sie diese Wörter in folgende Tabelle ein:

Lebewesen	Gegenstände	Begriffe
Kater	Straße	Jahr
...	...	...

Das Nomen bezeichnet Lebewesen und Gegenstände (Konkreta) und Begriffe (Abstrakta). Nomen kann man vor allem an ihren Begleitern erkennen (siehe S. 213). Nomen schreibt man immer groß (siehe S. 187).
Jedes Nomen hat ein grammatisches Geschlecht, das Genus (Mehrzahl: die Genera). Man erkennt es, indem man den bestimmten Artikel (der, die, das) vor das Wort setzt:

       der Kater – *maskulinum (männlich)*
       die Straße – *femininum (weiblich)*
       das Jahr – *neutrum (sächlich)*

Das Genus muss nicht mit dem natürlichen Geschlecht übereinstimmen: das Kind, das Mädchen, das Pferd *(sächlich)*; die Waise, die Maschine *(weiblich)*. Die Zuordnung zu einem Geschlecht ist oft willkürlich.

❷ Einige Nomen haben zwei Bedeutungen, die man jeweils nur am Genus erkennen kann.
der Kunde – die Kunde, der Mast – die Mast, der Tau – das Tau
Erklären Sie diese Begriffe und suchen Sie weitere.

Jedes Nomen hat einen Numerus (Anzahl). Es steht entweder im Singular (Einzahl) oder im Plural (Mehrzahl): der Tag – die Tage; die Familie – die Familien; das Haus – die Häuser. Den Plural erkennt man meistens am bestimmten Artikel (die) und an den Endungen (-e, -n, -en, -er, -s). Manche Nomen haben keine Plural-Endung: der Faden – die Fäden; der Schüler – die Schüler.

3 a) Bestimmen Sie bei allen Nomen in der Tabelle von Aufgabe 1 das grammatische Geschlecht, indem Sie den bestimmten Artikel voranstellen.

b) Setzen Sie alle Nomen in den Singular bzw. in den Plural. Was stellen Sie bei Nomen wie *Kater, Schwindel, Gemüse, Eis* fest?

c) Manche Nomen gibt es nur im Singular oder im Plural. Versuchen Sie, weitere Nomen zu finden.
der Schnee, das Obst, die Leute, …

4 Fremdwörter bilden den Plural auf besondere Weise: der Atlas, aber: die Atlanten.

Bilden Sie von folgenden Fremdwörtern den Plural und verwenden Sie jedes Nomen in einem Satz. Schlagen Sie, wenn Sie unsicher über die Pluralbildung und die Schreibweise sind, im Wörterbuch nach.
der Bus, das Datum, der Kaktus, das Zentrum, das Praktikum, das Lexikon, der Rhythmus

Im Deutschen gibt es vier Kasus (Fälle), in denen das Nomen stehen kann. Man fragt nach dem

Nominativ: „Wer oder was?"   Christine erklärt dem Ausbilder den Grund ihres Berufswunsches.
Genitiv: „Wessen?"   Christine erklärt dem Ausbilder den Grund ihres Berufswunsches.
Dativ: „Wem?"   Christine erklärt dem Ausbilder den Grund ihres Berufswunsches.
Akkusativ: „Wen oder was?"   Christine erklärt dem Ausbilder den Grund ihres Berufswunsches.

Den Kasus kann man mit Hilfe des bestimmten Artikels und an der Endung des Nomens erkennen. Diese Veränderung des Nomens nennt man Deklination (Beugung).

Kasus	Maskulinum		Femininum		Neutrum	
	Singular	Plural	Singular	Plural	Singular	Plural
Nominativ	der Wald	die Wälder	die Tanne	die Tannen	das Blatt	die Blätter
Genitiv	des Waldes	der Wälder	der Tanne	der Tannen	des Blattes	der Blätter
Dativ	dem Wald	den Wäldern	der Tanne	den Tannen	dem Blatt	den Blättern
Akkusativ	den Wald	die Wälder	die Tanne	die Tannen	das Blatt	die Blätter

5 Bestimmen sie von jedem Nomen in Aufgabe 1 das Genus, den Numerus und den Kasus.

Das Nomen erkennt man an seinen Begleitern. (Zur Substantivierung anderer Wortarten siehe S. 188.)

am bestimmten oder unbestimmten Artikel   der Weg, die Reise, das Ziel; ein Haus …

an der Präposition (Verhältniswort)   im Haus, am Fluss, auf dem Berg, vom Bahnhof, zur Arbeit

am Demonstrativpronomen
(hinweisendes Fürwort)   dieser Wagen, diese Leitung, dieses Kabel

am Possessivpronomen
(besitzanzeigendes Fürwort)   mein Rad, seine Wohnung, ihr Auto

am Indefinitpronomen
(unbestimmtes Fürwort)   alles Gute, etwas Milch, manche Leute

Zu den Pronomen siehe S. 222.

Alles schön und gut

Ein häufiger Begleiter des Nomens ist das Adjektiv. Mit Adjektiven kann ausgedrückt werden, wie ein Gegenstand oder ein Lebewesen, eine Idee oder ein Zustand beschaffen ist oder beurteilt wird. Manche Adjektive kann man an ihrer Endung erkennen: vorsichtig, erheblich, logisch.

Der richtige Unfallschutz

In manchen Branchen gibt es gefährliche Arbeiten, die spezielle Unfallschutzmaßnahmen verlangen. So trägt ein verantwortungsvoller Bauarbeiter stets einen bruchsicheren Schutzhelm, festes Schuhwerk und einen weithin sichtbaren Overall. Um die empfindlichen Augen vor dem grellen Licht zu schützen, braucht er beim Schweißen eine dunkle Schutzbrille. Ist er bei der Arbeit unerträglichem Lärm ausgesetzt, muss er einen vorschriftsmäßigen Ohrenschutz tragen.

❶ Schreiben Sie aus dem Text alle Adjektive zusammen mit ihren Nomen heraus. Bestimmen Sie Genus, Numerus und Kasus von jedem Nomen und seinem Adjektiv. Was stellen Sie fest?

Beispiel: gefährliche: *Femininum, Plural, Nominativ*
          Arbeiten: *Femininum, ...*

Fast alle Adjektive können gesteigert werden. Man unterscheidet drei Steigerungsformen:

Positiv (Grundstufe):	schön	gut	viel
Komparativ (Vergleichsform):	schöner	besser	mehr
Superlativ (Höchststufe):	am schönsten	am besten	am meisten

Die Steigerung des Adjektivs nennt man Komparation.
Adjektive wie gut und viel haben eine unregelmäßige Steigerung. Zu dieser Gruppe gehören auch Wörter wie hoch und nah. Adjektive wie einzig, rund, stumm, tot, ganz können nicht gesteigert werden.
Die Steigerungsprobe ist wichtig für die Rechtschreibung (siehe S. 193).

! Gebraucht man das Adjektiv in einem Vergleich, dann muss man die richtige Vergleichspartikel (Vergleichswort) verwenden. Hier werden häufig Fehler gemacht.
Jutta ist so alt wie mein Bruder. Ich bin älter als mein Bruder.

❷ Bilden Sie Sätze wie im Beispiel: gut – besser, groß – größer, klar – klarer

Der Bäcker bäckt Backwaren

Zu jedem Wortstamm kann man verwandte Wörter bilden, die eine Wortfamilie ergeben.

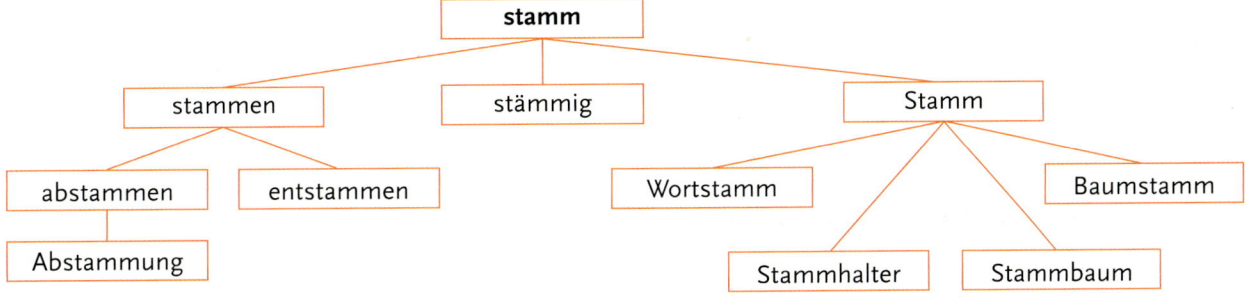

Neue Wörter können vor allem auf zwei Arten gebildet werden: durch Ableitung oder Zusammensetzung.
Bei der Ableitung fügt man an einen Wortstamm eine Vorsilbe (er-, ent-, be-, ver- ...) oder eine Nachsilbe
(-ung, -lich, -haft, -keit ...) an. So kann

aus einem Nomen ein Verb entstehen	Glas →	verglasen
aus einem Adjektiv ein Verb	rein → reinigen → bereinigen	
ein weiteres Adjektiv	→ reinlich	
ein Nomen	→ Reinigung	
aus einem Verb ein weiteres Verb	wärmen → erwärmen	
aus einem Verb ein Nomen	erwärmen → Erwärmung	

Bei der Zusammensetzung werden zwei oder mehrere Wörter oder Wortstämme zusammengefügt.

Tiefdruckgebiet

Wetterleuchten
Wetter + Leuchten

Regenmantel
Regen + Mantel

Tiefdruck + Gebiet
tief + Druck

Regenwetter
Regen + Wetter

wischfest
wischen + fest

hellbraun
hell + braun

Zusammengesetzte Wörter bestehen aus einem Bestimmungswort und einem Grundwort.
Kirschkuchen, Apfelkuchen, Nusskuchen, Blechkuchen, Hundekuchen

Das Bestimmungswort gibt in diesen Fällen an,
– um was für eine Art von Kuchen es sich handelt,   – womit er belegt ist,
– worauf er gebacken wurde,   – für wen er bestimmt ist.

Wie Glieder einer Kette

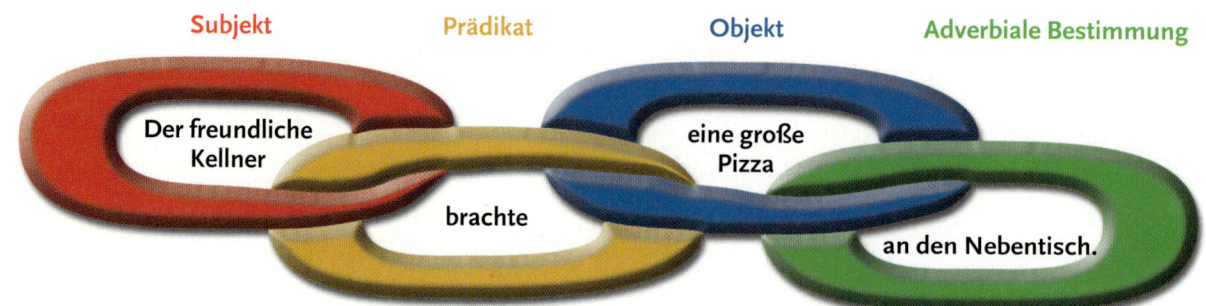

Subjekt   **Prädikat**   **Objekt**   **Adverbiale Bestimmung**

Der freundliche Kellner   eine große Pizza   brachte   an den Nebentisch.

Jeder Satz besteht wie eine Kette aus verschiedenen Satzgliedern (oder „Satzteilen").
Sie können jedes Satzglied mit Hilfe einer Frage bestimmen.

| Wer oder was tut etwas? | Der freundliche Kellner | *Subjekt* |
| Was tut er? | bringt | *Prädikat* |

Im Aktivsatz gibt das Subjekt den Handelnden an, es steht im Nominativ (1. Fall).
Das Prädikat sagt aus, was der Handelnde tut. Steht der Satz im Passiv, gibt das Subjekt an, wer etwas „erleidet":

Der Baum wird gepflanzt.

| Wer oder was wird gepflanzt? | Der Baum | *Subjekt* |
| Was geschieht mit ihm? | (er) wird gepflanzt | *Prädikat* |

Die kürzeste Kette eines vollständigen Satzes umfasst zwei Glieder: Subjekt (Satzgegenstand) und Prädikat (Satzaussage). Sie bilden den Satzkern. In wenigen Ausnahmefällen kann ein Satz aus einem einzigen Satzglied bestehen, zum Beispiel bei einem Befehlssatz: Gib her! Lies! Fahr los!

❶ Nennen Sie im folgenden Text Subjekt und Prädikat.

Die Faszination des Fliegens

Jedes Frühjahr tauchen die bunten Segel der Drachen- und Gleitschirmflieger am Himmel auf. Viele Menschen möchten die Faszination
5 des schwerelosen Gleitens erleben, den Wind im Gesicht spüren. In den 8oer Jahren saß der Pilot noch auf einer Art Affenschaukel eines Aluminiumgestells, über das man
10 einfachen Stoff gespannt hatte. Der Flieger steckte außerdem in einem unbequemen Bergsteigergurt.

Heute werden die Gleitschirme aus Nylonmaterial hergestellt und wiegen nur noch fünf bis sieben Kilo-
15 gramm. Immer mehr Männer und Frauen erfüllen sich den Traum vom Fliegen. 120 spezielle Schulen in ganz Deutschland bieten Gleitschirm- und Drachenfliegen in
20 ihrem Programm an.

(Nach: Metro-Clubpost, Nr. 187/März 2000, S. 14)

Um eine sinnvolle Aussage zu machen, wird ein Satz meistens erweitert. Mancher Satzkern verlangt geradezu eine Erweiterung. Objekt und Adverbiale sind zum Verständnis eines Sachverhalts oft unbedingt notwendig.

So kann ein Satz grammatisch durchaus vollständig sein, aber erst die Adverbiale macht die Information klar: „Mein Onkel sitzt" ist ein vollständiger Satz. Ohne den Zusatz „im Wohnzimmer" erhält er einen völlig anderen Sinn.

Wen oder was bringt der Kellner?	eine große Pizza	*Objekt*
Wohin bringt er die Pizza?	an den Nachbartisch	*Adverbiale Bestimmung*

Die häufigste Erweiterung ist das Objekt (Satzergänzung). Die Frage nach diesem Satzglied richtet sich nach dem Kasus (Fall), in dem das Objekt steht:

Tobias zeigt der Chefin das Ergebnis seiner Backkunst.
        Wem? → *Dativobjekt (3. Fall)*
Tobias zeigt der Chefin das Ergebnis seiner Backkunst.
        Wen oder was? → *Akkusativobjekt (4. Fall)*

In einem Satz können auch mehrere Objekte verwendet werden:

Der freundliche Kellner bringt	dem hungrigen Gast	eine große Pizza.
Satzkern (Subjekt und Prädikat)	Dativobjekt	Akkusativobjekt

❷ Bestimmen Sie die Objekte in dem Artikel „Die Faszination des Fliegens".

Die adverbiale Bestimmung (Umstandsbestimmung) gibt Auskunft über den Ort, die Zeit, die Art und Weise und über den Grund oder Zweck der Handlung.

Wir treffen uns auf der Baustelle. Der Meister erwartet uns dort.
Wo? → *Adverbiale des Ortes*   *Adverb*
Der Kranführer arbeitet seit sechs Uhr. Er kommt früh.
Wann? Seit wann? → *Adverbiale der Zeit*   *Adverb*
Er arbeitet ohne Unterbrechung bis zur Mittagspause. Er arbeitet pausenlos.
Wie, auf welche Weise? → *Adverbiale der Art und Weise*   *Adverb*
Wir unterbrachen die Grabungsarbeiten wegen der Regenfälle. Deshalb hatten wir zwei Tage frei.
Warum? → *Adverbiale des Grundes*   *Adverb*

❸ Um welche adverbialen Bestimmungen handelt es sich in den folgenden Sätzen?

> Der Kurs findet am kommenden Montag in Berlin statt. Die Begrüßung ist um acht Uhr im großen Konferenzsaal. Danach gehen die einzelnen Gruppen in ihre Kursräume. Von zwölf bis dreizehn Uhr ist Mittagspause. Nach Kursende können sich die Teilnehmer/innen im Sekretariat ihre Teilnahmebestätigung abholen. Letztes Mal haben einige Damen und Herren wegen Zugverspätungen die erste Unterrichtsstunde versäumt.

Gute Zeiten – schlechte Zeiten

Das Attribut ist kein selbstständiges Satzglied, sondern bezieht sich auf ein ganz bestimmtes Wort innerhalb eines Satzglieds. Attribute veranschaulichen Sachverhalte, sie sind oft unentbehrlich, wenn man genauere Mitteilungen machen will.

Der freundliche Kellner   bringt   eine heiße Pizza   an den Nebentisch.
Subjekt   *Prädikat*   *Akkusativobjekt*   *Adverbiale des Ortes*

Viele Wortarten können als Attribut verwendet werden.
- Das war ein schöner Betriebsausflug.
  Adjektiv / Eigenschaftswort
- Er ist bekannt als der singende Kellner.
  Partizip Präsens / Mittelwort der Gegenwart
- Sie fährt ein gebrauchtes Auto.
  Partizip Perfekt / Mittelwort der Vergangenheit
- In der Kantine gibt es jeden Tag drei Menüs.
  Numerale / Zahlwort
- Er liest eine Broschüre über Arbeitsplätze bei der Bundeswehr.
  Präposition / Verhältniswort
- An seinem Geburtstag durfte er mit dem Motorrad des Vaters fahren.
  Possessivpronomen / besitzanzeigendes Fürwort   *Nomen im Genitiv*

Auch ganze Sätze können Attribute sein, sie werden „Attributsätze" genannt.
- Das Stadion, das vor fünfzig Jahren gebaut worden ist, wird immer noch benutzt.
  Attributsatz, eingeleitet mit dem Relativpronomen „das"
- Die beiden Freunde hoffen, dass sie dem gleichen Team zugeteilt werden.
  Attributsatz, eingeleitet mit der Konjunktion „dass"

❶ Nennen Sie in allen oben genannten Beispielen das Wort, auf das sich das Attribut bezieht.
Sie erhalten das Bezugswort, wenn Sie fragen: „Was für ein ...?"

❷ Formulieren Sie zu jedem der oben angeführten Fälle einen ähnlichen Beispielsatz.

Wir sind Bayerns größter Öko-Backbetrieb. Unser Bauernbrot, das mit Natursauerteig hergestellt wird, unsere hochwertigen Backwaren, allesamt Vollkornprodukte, und unsere umweltorientierte Wirtschaftsweise sind unser Erfolgskonzept.
Für September suchen wir engagierte junge Mitarbeiter/innen, denen die Ausbildung zum/zur

Industriekaufmann/-frau

Spaß macht.
Sie erhalten bei uns eine praxisorientierte, abwechslungsreiche Ausbildung,
die das Fundament für Ihre künftige berufliche Karriere darstellt.

---

❸ a) Untersuchen Sie die Stellenanzeige auf Attribute. Stellen Sie die Bezugswörter fest.
b) Schreiben Sie den Text ohne Attribute ab. Welche Informationen gehen verloren?

Die Verschiebeprobe (auch: Umstellprobe) hilft dabei, Satzglieder zu erkennen. Aber Vorsicht: Attribute sind Satzgliedteile, sie können daher nur zusammen mit dem Satzglied verschoben werden, zu dem sie gehören. Die Verschiebeprobe zeigt außerdem, dass das Prädikat nur im Fragesatz seine Position verändert.

Subjekt	Prädikat	Akkusativobjekt	Adverbiale des Ortes
Der **freundliche** Kellner	bringt	eine **große** Pizza	an den Nachbartisch.

Akkusativobjekt	Prädikat	Subjekt	Adverbiale des Ortes
Eine **große** Pizza	bringt	der **freundliche** Kellner	an den Nachbartisch.

Adverbiale des Ortes	Prädikat	Subjekt	Akkusativobjekt
An den Nachbartisch	bringt	der **freundliche** Kellner	eine **große** Pizza.

Prädikat	Subjekt	Adverbiale des Ortes	Akkusativobjekt
Bringt	der **freundliche** Kellner	an den Nachbartisch	eine **große** Pizza?

4 Schreiben Sie die folgenden Sätze ab und markieren Sie die Satzglieder in verschiedenen Farben.
Machen Sie anschließend die Verschiebeprobe.

Am Mittwoch eröffnet die Firma Giga-Multi eine neue Filiale in der Seestraße.
3500 Techno-Fans feierten bis Montagmorgen eine riesige Party auf Ibiza.
Viele Snowboarder unterschätzen im Tiefschnee die Lawinengefahr.

Bei der Ersatzprobe wird ein Satzglied, das aus mehreren Wörtern besteht, durch ein einziges Wort ersetzt.

Subjekt	Prädikat	Akkusativobjekt	Adverbiale des Ortes
Der **freundliche** Kellner	bringt	eine **große** Pizza	an den Nachbartisch.
Er	bringt	eine **große** Pizza	an den Nachbartisch.
Der **freundliche** Kellner	bringt	sie	an den Nachbartisch.
Der **freundliche** Kellner	bringt	eine **große** Pizza	dorthin.
Bringt	er	sie	dorthin?

Das Adverbiale kann durch ein entsprechendes Adverb ersetzt werden (siehe S. 217). Subjekt und Objekt werden häufig durch Personalpronomen (persönliche Fürwörter) ersetzt: er, sie, es; wir, ihr, sie. Personalpronomen sind Stellvertreter von Nomen. Siehe hierzu auch die Übersicht auf Seite 222.

Gemeinsam sind wir stark

Ein Hauptsatz besteht zumindest aus Subjekt und Prädikat. Die Begriffe Hauptsatz und Nebensatz sind grammatische Begriffe, über die Bedeutung des Inhalts sagen sie nichts aus. So steht in dem Satz „Meine Tante hofft sehr, dass die Feuerwehr so schnell wie möglich kommt" die Hauptsache im Nebensatz.

Man unterscheidet beim Hauptsatz drei Satzarten, die in der Regel am Satzschluss-zeichen erkennbar sind.

Die meisten Hauptsätze sind Aussagesätze. Das Prädikat steht an zweiter Satzglied-stelle.

> Ich gehe heute Abend ins Kino.

Beim Fragesatz steht das Prädikat an erster Stelle. Der Fragesatz endet mit einem Fragezeichen.

> Gehst du heute Abend mit mir ins Kino?

Er kann auch wie ein Aussagesatz gebaut sein; dann erkennt man die Frage an der Stimmführung:

> Du gehst doch heute mit mir ins Kino?

Der indirekte Fragesatz endet mit einem Punkt, er teilt eine Frage mit.
Er fragt Jutta, ob sie heute Abend mit ihm ins Kino gehe(n würde).

Aufforderungssätze drücken Wünsche, Bitten, Befehle aus; sie enden mit einem Ausrufezeichen. Das Verb steht im Imperativ (Befehlsform).

> Geh doch heute Abend mit mir ins Kino!

Aufforderungssätze sind meist ganz kurz, häufig bestehen sie nur aus einem einzigen Wort (siehe S. 216):

> Geh, bitte! Geh! Tür zu! Sitz!

Man kann mehrere Hauptsätze aneinander reihen, die durch Komma oder Konjunktio-nen (Bindewörter) verbunden sind. Man spricht dann von einer Satzreihe.
Hauptsätze werden durch die nebenordnenden Konjunktionen und bzw. oder verbunden.

Peter arbeitet als Konditor, die Arbeit gefällt ihm, er wird gut bezahlt und er hat nicht weit nach Hause.
    1. Hauptsatz   *2. Hauptsatz*   *3. Hauptsatz*   *4. Hauptsatz*

Der Nebensatz ist im Satzbau unvollständig und vom Hauptsatz abhängig.
Er stellt eine inhaltliche Ergänzung des Hauptsatzes dar. Das Prädikat steht am Schluss.
Nebensätze werden mit unterordnenden Konjunktionen eingeleitet: weil, dass, sodass, obwohl, bis, wenn …
oder mit einem Relativpronomen: der, die, das; welcher, welche, welches.

Noch gestern hat Joachim gewettet, dass die Stuttgarter Kickers gewinnen.

Hauptsatz   *Nebensatz,*
                     eingeleitet mit der Konjunktion „dass"

Peter sitzt auf der Bank, weil er auf seine Freundin wartet.

Hauptsatz   *Nebensatz,*
                     eingeleitet mit der Konjunktion „weil"

Meine Freundin Melanie, die übermorgen ihre erste Stelle als Köchin antreten wird, gibt heute eine Fete.

Hauptsatz   *eingeschobener Nebensatz,*   *Hauptsatz*
                     eingeleitet mit dem Relativpronomen „die"

Der Nebensatz kann vor dem Hauptsatz stehen. Das Prädikat steht dann an erster Stelle.

Weil er auf seine Freundin wartet, sitzt Peter seit einer halben Stunde schon auf dieser Bank.

Nebensatz   *Hauptsatz*

Hauptsatz und Nebensatz bilden zusammen ein Satzgefüge. Man kann an einen Hauptsatz
auch mehrere Nebensätze anschließen.

Peter sitzt auf der Bank, weil er auf seine Freundin wartet, die übermorgen ihre erste Stelle antreten wird.

Hauptsatz   *1. Nebensatz*   *2. Nebensatz*

Zur indirekten und direkten Rede siehe S. 201 (Zeichensetzung) und S. 210 (Konjunktiv).

Sehr geehrte Damen und Herren,

am vergangenen Donnerstag habe ich bei Ihnen die Espressomaschine „MegaFun" gekauft. Ihre Abteilungsleiterin versicherte mir, dass die Maschine besonders geräuscharm sei. Obwohl sie nicht mit hohem Druck das Wasser durch den Kaffee presse, erzeuge sie allein mit Zentrifugalkraft den kremigen Schaum, den Espressotrinker so schätzen. Inzwischen musste ich leider feststellen, dass die Maschine keineswegs leise ist und auch nicht den versprochenen Schaum erzeugt. Im Gegenteil, mit erstaunlichem Lärm bildet sie ein dünnes Rinnsal, das die Tasse zur Hälfte füllt. Auch die Zubereitung eines Cappuccinos ist nicht problemlos, weil nämlich der Kaffee lauwarm ist, bis die Tasse endlich voll ist. Und wenn man schließlich mit „MegaFun" Milchschaum erzeugen will, gehen die Lichter aus: Es gibt Kurzschluss.
Ich bitte Sie, die Espressomaschine gegen eine neue auszutauschen, die Ihrer Werbung entsprechend funktioniert.

Mit freundlichem Gruß
Elisabeth Bär

---

❶ Unterstreichen Sie auf einer Klarsichtfolie die Haupt- und Nebensätze in verschiedenen Farben.

❷ Ziehen Sie einen Kreis um die unterordnenden Konjunktionen. Nummerieren Sie die Relativsätze.

❸ Nennen Sie die Bestandteile, mit denen diese Reklamation ergänzt werden müsste, um daraus einen formal richtigen Geschäftsbrief zu machen. (Zum Geschäftsbrief siehe S. 74 f.)

Auf einen Blick

Die Wortarten			
flektierbar (veränderbar)			**nicht flektierbar**
Verb	Konjugation: *Person, Numerus, Tempus* *Aktiv und Passiv* *Imperativ, Indikativ, Konjunktiv*		**Adverb** **Präposition** **Konjunktion** **Interjektion**
Nomen/Substantiv **Pronomen** **Artikel** **Adjektiv** **(Numerale)**	Deklination: *Genus, Numerus, Kasus* (nur teilweise flektierbar)		

Stellvertreter und Begleiter des Nomens/Substantivs	
bestimmter und unbestimmter **Artikel**	der, die, das; die – ein, eine, ein
Pronomen (Fürwörter)	
Personalpronomen (persönliches Fürwort)	er, sie, es; wir, ihr, sie
Demonstrativpronomen (hinweisendes Fürwort)	dieser, diese, dieses; jener ...
Indefinitpronomen (unbestimmtes Fürwort)	einer, man, jemand ...
Interrogativpronomen (Fragefürwort)	wer? was? wo? wann? wie? warum? ...
Possessivpronomen (besitzanzeigendes Fürwort)	mein, dein, sein; unser, euer, ihr
Reflexivpronomen (rückbezügliches Fürwort)	mich (freuen), dich, sich; uns, euch, sich
Relativpronomen (bezügliches Fürwort)	der, die, das; die – welcher, welche, welches; welche
Numerale (Zahlwort) **nur teilweise deklinierbar**	Grundzahl: ein, eine, ein; Ordnungszahl: erster, zweiter; unbestimmte Zahlwörter: einige, wenige, viele ...

Das Adverb (Umstandswort)

• des Ortes	wo? wohin? woher?	dort, hier, fort, hierher, auswärts, innen
• der Zeit	wann? bis wann? seit wann?	jetzt, immer, nie, heute, vorhin, gestern
• des Grundes	warum? weshalb?	deshalb, nämlich, somit, trotzdem
• der Art und Weise	wie? auf welche Weise?	pausenlos, genauso, folgendermaßen

Die Präposition (Verhältniswort)

• Ort und Raum	an, bei, vor, neben, hinter, auf, über, zwischen, in
• Zeit und Dauer	ab, bis, zwischen, während, seit
• Grund und Ursache	durch, aus, wegen, trotz

Die Konjunktion (Bindewort)

• nebenordnende Konjunktionen	und, oder
• unterordnende Konjunktionen	dass, weil, obwohl, bis

Satzglieder

Das Subjekt (Satzgegenstand)	Wer oder was?
Das Prädikat (Satzaussage)	Was tut ...? *(Aktiv)* Was geschieht mit ...? *(Passiv)*
Das Objekt (Ergänzung)	
• Genitivobjekt	Wessen?
• Dativobjekt	Wem?
• Akkusativobjekt	Wen oder was?
Die Adverbiale (Umstandsbestimmung)	
• des Ortes	Wo? (in meinem Ausbildungsbetrieb)
• der Zeit	Wann? (am späten Nachmittag)
• des Grundes	Warum? (wegen Umbauarbeiten)
• der Art und Weise	Wie? (mit großer Sorgfalt)
Satzgliedteil **Das Attribut** (Beifügung)	Was für ein ...? (ein schöner Spaß, das Auto meiner Oma, die Straße mit den Schlaglöchern)

Bildquellenverzeichnis

Autorenporträts

Bertolt Brecht wurde 1898 in Augsburg als Sohn eines Fabrikanten geboren. Er ist einer der bedeutendsten, vielseitigsten und einflussreichsten deutschen Dichter des 20. Jahrhunderts und hat als Dramatiker, Lyriker und Erzähler ein umfangreiches Werk geschaffen. Von Anfang an war er auch politisch aktiv und setzte sich vor allem mit seinen Dramen für eine sozialistische Veränderung der Gesellschaft ein. Aus diesem Grund musste er 1933 vor den Nationalsozialisten ins Ausland fliehen. Seine Werke wurden in Deutschland verboten, die deutsche Staatsbürgerschaft wurde ihm aberkannt. Nach dem Zweiten Weltkrieg kehrte er nach Ostberlin zurück und gründete dort mit seiner Frau, der Schauspielerin Helene Weigel, das „Berliner Ensemble". 1956 ist Brecht in Ostberlin gestorben.
Mit seinen „Stücken", wie er seine Dramen nannte, wollte er dem Publikum die Ungleichheit und Ungerechtigkeit in der Gesellschaft, die Macht des Geldes vor Augen führen. Von seinen mehr als 30 Theaterstücken, die auch heute noch an den deutschen Theatern aufgeführt werden, sind wohl „Die Dreigroschenoper" (1928), „Mutter Courage und ihre Kinder" (1941), „Leben des Galilei" (1943) und „Der kaukasische Kreidekreis" (1948) am bekanntesten. Seine Songs wurden unter anderem von Kurt Weill vertont. Bekannte Prosawerke: „Dreigroschenroman" (1934), „Die Geschäfte des Herrn Julius Cäsar" (1949) und „Kalendergeschichten" (1948).

Bertolt Brecht
Die unwürdige Greisin, S. 40 ff.

Uwe Britten wurde 1961 geboren und arbeitet heute als Lektor und Autor. Nach einer Ausbildung zum Einzelhandelskaufmann machte er auf dem zweiten Bildungsweg das Abitur und studierte danach Germanistik und Philosophie. Er war in der Erwachsenenbildung und in Verlagen tätig. Um das Buch „Abgehauen – Wie Deutschlands Straßenkinder leben" schreiben zu können, lebte er sechs Wochen in Berlin auf der Straße. Danach folgten weitere Bücher zu jugendlichen Obdachlosen und Kindern, die von zu Hause weggelaufen sind. Er beschäftigt sich vorrangig mit Jugendlichen in schwierigen Lebenslagen und mit Zukunftsvorstellungen von Kindern und Jugendlichen.

Uwe Britten
Die haben keine Ahnung vom Leben, S. 58 f.
Abgehauen, S. 62

Federica de Cesco wurde 1938 in Pordone in Norditalien als Tochter einer Deutschen und eines Italieners geboren. Die ersten vier Jahre verbrachte sie in Äthiopien, wuchs in Italien und Belgien auf und begann schon mit 15 Jahren zu schreiben. Bereits mit ihrem Erstlingswerk „Der rote Seidenschal" (1953) konnte sie sich als Schriftstellerin einen Namen machen. Auf ihren vielen Reisen – sie lebte unter anderem einige Zeit bei den Tuareg in Nordafrika – konnte sie die indianischen, japanischen und nomadischen Kulturkreise näher kennen lernen. Seit 1962 lebt sie in der Schweiz, sie ist mit einem Japaner verheiratet. Hauptthema in ihren Werken ist die Welt fremder Kulturen.
Weitere bekannte Bücher sind unter anderem „Die goldenen Dächer von Lhasa" (1974), „Im Wind der Camargue" (1987) und „Fern von Tibet" (1996). Ihre Werke wurden mehrfach ausgezeichnet.

Federica de Cesco
Aischa, S. 173 ff.

Erich Fried wurde 1921 in Wien geboren. Als Jude musste er 1938 vor den Nationalsozialisten fliehen. Bis 1968 war er Mitarbeiter der BBC in London, unter anderem als Rundfunkredakteur und Übersetzer. Er schrieb hauptsächlich Gedichte, aber

Erich Fried
Was es ist, S. 8

auch Erzählungen, Hörspiele, Essays und einen Roman. Viele seiner Texte enthalten eine scharfe Kritik an den politischen Zuständen seiner Zeit. Er verfasste auch Liebesgedichte und sprachspielerische Lyrik. 1987 erhielt er den Georg-Büchner-Preis. Er starb 1988 in Baden-Baden.

Walter Helmut Fritz
Augenblicke, S. 60 f.

Der Lyriker, Essayist, Romancier und Übersetzer Walter Helmut Fritz wurde 1929 in Karlsruhe geboren. 1956 erschien sein erster Gedichtband. Mit großem Einfühlungsvermögen und einer behutsamen Sprache gibt Fritz in seinen Werken Stimmungen aus dem Alltagsleben wieder, zeigt die Widersprüchlichkeit des Lebens, die Zerrissenheit des Menschen auf, seine Träume und seine Verzweiflung.

Herbert Grönemeyer
Land Unter, S. 15

Seine Werke wurden mehrfach mit Preisen ausgezeichnet, unter anderem mit dem Förderpreis der Bayerischen Akademie der Schönen Künste (1962), dem Stuttgarter Literaturpreis (1986) und dem Georg-Trakl-Preis (1992). Herbert Grönemeyer ist ein deutscher Rocksänger, Liedertexter und Schauspieler. Er wurde 1956 in Göttingen geboren. Mit seinem Album „4630 Bochum" (1984) – am bekanntesten wurde der Song „Männer" – gelang ihm der Durchbruch in der deutschen Rockmusik. Das Album „Chaos" erschien 1993. Als Schauspieler hatte Grönemeyer großen Erfolg in der Verfilmung von Buchheims Roman „Das Boot" (1981), in dem er eine der Hauptrollen besetzte. „Das Boot" handelt von der letzten, tödlichen Fahrt einer U-Boot-Besatzung im Zweiten Weltkrieg.

Nikos Kazantzakis
Die Blinden, S. 172

Nikos Kazantzakis wurde 1883 auf der Insel Kreta geboren. Er bekleidete einige hohe Staatsämter in Griechenland, die er aber aufgab, um schriftstellerisch tätig sein zu können. Nach dem Zweiten Weltkrieg lebte er hauptsächlich in Frankreich, unternahm ausgedehnte Reisen und starb 1957 in Freiburg/Breisgau. Besonders seine Romane, darunter der auch verfilmte „Alexis Sorbas", machten ihn weltbekannt, er schrieb aber ebenso Lyrik und Theaterstücke. Außerdem trat er als Übersetzer in Erscheinung.

Horst Krüger
Erste Leseerlebnisse,
S. 111

Der Schriftsteller Horst Krüger wurde 1919 in Magdeburg geboren. Der Autor war Jahrzehnte seines Lebens auf Reisen und verfasste Reiseprosa sowie zeitkritische Essays und Feuilletons. Er hat sich vor allem mit dem autobiografischen Buch „Das zerbrochene Haus. Eine Jugend in Deutschland" (1966), in dem er den Alltag in der NS-Zeit schildert, einen Namen gemacht. Weitere Werke von ihm sind „Der Kurfürstendamm" (1982), „Kennst du das Land" (1987) und „Diese Lust am Leben" (1993). Krüger verstarb 1999 nach schwerer Krankheit.

Günter Kunert
Dahinfahren, S. 88

Günter Kunert wurde 1929 in Berlin geboren. Während des Nationalsozialismus wurde seine Familie verfolgt. Nach dem Krieg lebte er bis 1979 in Ostberlin, siedelte aber dann in die Bundesrepublik Deutschland über. In Romanen, Kurzprosa, Fernseh- und Hörspielen versucht er die Gegenwart zu beschreiben. Bekannte Werke sind unter anderem „Wegschilder und Mauerinschriften" (Lyrik, 1950) und die Erzählung „Die Beerdigung findet in aller Stille statt" (1968).

Thomas Mann wurde 1875 als Sohn einer wohlhabenden Kaufmannsfamilie in Lübeck geboren. Dieses Milieu seiner Jugend schildert er 1901 in seinem Roman „Buddenbrooks", wodurch er mit einem Schlag berühmt wurde. Die Heirat mit der begüterten Katia Pringsheim ermöglichte Mann ab 1905 eine sorgenfreie Existenz als Schriftsteller, so dass die später verfilmte Erzählung „Der Tod in Venedig" (1912) in finanzieller Unabhängigkeit entstehen konnte. 1929 erhielt er den Nobelpreis für Literatur. Als Hitler 1933 an die Macht kam, befand sich Thomas Mann gerade auf einer Vortragsreise und blieb in der Schweiz, 1938 ging er in die USA, wo er hohes Ansehen genoss. In Radiosendungen der BBC wandte er sich gegen den Nationalsozialismus und setzte sich für deutsche Emigranten ein. Er lebte nach dem Zweiten Weltkrieg in der Schweiz, wo er 1955 in Zürich starb.

Weitere berühmte Werke sind die Novelle „Tonio Kröger" und die großen Romane „Josef und seine Brüder" sowie „Doktor Faustus". Beide Romane entstanden während des Exils in den USA und haben das Leben unter einer Diktatur zum Thema. Das ebenfalls sehr bekannte und viel gelesene Werk „Die Bekenntnisse des Hochstaplers Felix Krull" entstand 1954 in der Schweiz.

Thomas Mann
Der Tod in Venedig, S. 11

Heinz Piontek wurde 1925 in Schlesien geboren. Bekannt wurde er durch seine ersten Lyrikbände „Furt" und „Rauchfahne", sein erfolgreichster Lyrikband „Wie sich Musik durchschlug" erschien 1978. Seine natürliche und zugleich kunstvolle lyrische Sprache zeigt treffsicher und mit scharfem Blick die Abgründe der menschlichen Seele. Pionteks Werk ist außerordentlich vielgestaltig, seine Lyrik wurde in 24 Sprachen übertragen und mit vielen Preisen, darunter dem Georg-Büchner-Preis, ausgezeichnet. Unter seinen Prosawerken ist besonders sein autobiografischer Roman „Zeit meines Lebens" (1994) erfolgreich.

Heinz Piontek
Mit einem schwarzen Wagen, S. 138 f.

Ulrich Plenzdorf, Filmdramaturg und Schriftsteller, wurde 1934 als Sohn einer Arbeiterfamilie in Berlin geboren. Als Mitglieder der KPD wurden seine Eltern während des Dritten Reichs von den Nationalsozialisten verfolgt und mehrmals verhaftet. Ulrich Plenzdorf wurde zunächst Bühnenarbeiter bei der DEFA. Nach seinem Dienst bei der Nationalen Volksarmee studierte er an der DDR-Filmhochschule in Babelsberg und erhielt 1964 ein Engagement als Szenarist und Dramaturg bei der DEFA. In seinem Bühnenstück „Die neuen Leiden des jungen W." (1972) beschreibt er das Lebensgefühl eines ostdeutschen Lehrlings, der sich selbst zu verwirklichen versucht. Das Stück wurde über die Grenzen hinweg in ganz Deutschland ein sensationeller Theatererfolg und kurz darauf in der Bundesrepublik verfilmt.

Weitere bekannte Werke sind unter anderem das Theaterstück „Zeit der Wölfe" (1989), in dem er mit dem Stalinismus abrechnet, und die Fernsehspiele „Vater Mutter Mörderkind" (1994) und „Das andere Leben des Herrn Kreins" (1994). Sein Film „Abgehauen" erschien 1998 in der ARD.

Ulrich Plenzdorf
Die Lehre geschmissen, S. 70 f.

Josef Reding, Schriftsteller, wurde 1929 in Castrop-Rauxel geboren. Er schreibt Erzählungen und Gedichte, die hauptsächlich der Welt der Arbeiter des Ruhrgebiets entnommen sind: „Menschen im Müll" (1983), „Menschen im Revier" (1988) oder „Lesebuch" (1994). Zusammen mit Schriftstellern wie Delius und Wallraff gehörte er der „Gruppe 61" an, einem Arbeitskreis für die künstlerische Auseinan-

Josef Reding
herr brockstiepel bleibt bei lehrling, S. 68

dersetzung mit der industriellen Arbeitswelt. In seinen Werken setzt er sich für die Belange des einfachen Menschen ein und zieht gegen soziale Ungerechtigkeit zu Felde.

Weitere bekannte Werke sind: „Nennt mich nicht Nigger. Kurzgeschichten aus zwei Jahrzehnten" (1975), „Friedland. Chronik der großen Heimkehr" (1985) und „Friedensstifter, Friedensboten. Gegen Unrecht und Gewalt" (1986).

Franziska Gräfin zu Reventlow
1. Januar 1898, S. 22

Franziska zu Reventlow (1871–1918) stammte aus altem holsteinischen Adel, doch sie kehrte ihrer aristokratischen Familie den Rücken. 1985 begann sie in München das Studium der Malerei, schloss sich der Schwabinger Künstlerszene an und wurde schließlich zu deren Mittelpunkt. Sie war Schriftstellerin und Übersetzerin und führte ein für die Frauen jener Zeit ungewöhnlich freies und ungebundenes Leben mit leidenschaftlichen Affären. In Schwabinger Kreisen nannte man sie die „wilde Gräfin". 1897 brachte sie einen Sohn zur Welt, dessen Vater sie nie bekannt gab. Geldsorgen und Krankheit überschatteten ihre letzten Lebensjahre, die sie als Schriftstellerin in Ascona am Lago Maggiore verbrachte.

Gabriele Wohmann
Ein netter Kerl, S. 10 f.

Gabriele Wohmann wurde 1932 in Darmstadt geboren. Von Beruf Lehrerin, arbeitet sie seit 1956 als freie Schriftstellerin. Sie schildert in ihren Romanen und Erzählungen das kleinbürgerliche Alltagsleben mit seinen schwierigen zwischenmenschlichen Beziehungen und Verletzungen. Auch ihre Gedichte haben die Unfähigkeit der Menschen zur Kommunikation zum Thema. Gabriele Wohmann ist auch als Autorin von Fernseh- und Hörspielen hervorgetreten.

Sie wurde mit zahlreichen Literaturpreisen ausgezeichnet. Bekannte Werke von ihr sind unter anderem der Roman „Ausflug mit der Mutter" (1976), die Erzählung „Das Salz, bitte. Ehegeschichten" (1992) und die Gedichte „Passau, Gleis 3" (1984), „Das könnte ich sein" (1989).

Ror Wolf
Erste Leseerlebnisse, S. III

Der Schriftsteller, geboren 1932 in Saalfeld/Saale, trat besonders durch ironische Prosa („Danke schön. Nichts zu danken", 1969) und Moritaten hervor. Er verarbeitet Zitate, z. B. aus dem Fußballalltag, zu kunstvollen Arrangements („Punkt ist Punkt", 1971) und hat mit humorvollen Lexikas eine neue Gattung der Dichtung geschaffen („Raoul Tranchirers Mitteilungen an Ratlose", 1997). 1997 erhielt der in Mainz lebende Schriftsteller den „Kunstpreis des Landes Rheinland-Pfalz".

Stichwortverzeichnis

Redaktion: Bernhard Lutz, Regensburg
Illustrationen: Jens Bonnke, Berlin; Wolfgang Mond, Berlin (S. 209)
Grafiken: Franz Josef Domke, Hannover; Tomasz Kargol
Karte: Achim Norweg, München
Lay-out, Einbandgestaltung und technische Umsetzung: Tomasz Kargol

Dieses Werk berücksichtigt die Regeln
der reformierten Rechtschreibung und Zeichensetzung.
Bei den mit ℝ gekennzeichneten Texten (S. 10 f., 40 ff.)
haben die Rechteinhaber einer Anpassung an die neue Rechtschreibung widersprochen.

Die Internet-Adressen und -Dateien, die in diesem Lehrwerk angegeben sind, wurden
vor Drucklegung geprüft (Stand Dezember 2002).
Der Verlag übernimmt keine Gewähr für die Aktualität und den Inhalt dieser Seiten
sowie solcher, die mit ihnen verlinkt sind.

 http://www.cornelsen.de

1. Auflage   €   Druck 6 5 4 3   Jahr 06 05 04 03

Alle Drucke dieser Auflage sind inhaltlich unverändert und können
im Unterricht nebeneinander verwendet werden.

Druck: CS-Druck CornelsenStürtz, Berlin

ISBN 3-464-63047-1

Bestellnummer 630471

 Gedruckt auf säurefreiem Papier,
umweltschonend hergestellt aus chlorfrei gebleichten Faserstoffen.